本书得到山西省高等学校工商管理优势学科攀升计划项目（晋教研〔2018〕4号）、国家自然科学基金项目"煤炭资源绿色低碳发展理论与政策研究"（71774105）、国家社会科学基金项目"文化旅游需求与产品创新系统建设研究"（15BGL116）、山西省高等学校人文社会科学重点研究基地项目"全球气候变化背景下山西省旅游业低碳转型发展研究"（2017332）资助

星级酒店低碳行为驱动机制及绩效影响研究

RESEARCH ON DRIVING MECHANISM AND IMPACT ON PERFORMANCE OF LOW CARBON BEHAVIOR IN STAR HOTELS

韩 慧 ◎ 著

经济管理出版社
ECONOMY & MANAGEMENT PUBLISHING HOUSE

图书在版编目（CIP）数据

星级酒店低碳行为驱动机制及绩效影响研究/韩慧著.—北京：经济管理出版社，2019.7

ISBN 978-7-5096-6731-6

Ⅰ.①星… Ⅱ.①韩… Ⅲ.①饭店—节能—研究—中国 Ⅳ.①F719.3

中国版本图书馆 CIP 数据核字（2019）第 137219 号

组稿编辑：杜　菲
责任编辑：杜　菲
责任印制：黄章平
责任校对：赵天宇

出版发行：经济管理出版社
　　　　　（北京市海淀区北蜂窝 8 号中雅大厦 A 座 11 层　100038）
网　　址：www.E-mp.com.cn
电　　话：（010）51915602
印　　刷：三河市延风印装有限公司
经　　销：新华书店
开　　本：720mm×1000mm/16
印　　张：14.5
字　　数：226 千字
版　　次：2019 年 9 月第 1 版　2019 年 9 月第 1 次印刷
书　　号：ISBN 978-7-5096-6731-6
定　　价：68.00 元

·版权所有　翻印必究·

凡购本社图书，如有印装错误，由本社读者服务部负责调换。

联系地址：北京阜外月坛北小街 2 号
电话：（010）68022974　邮编：100836

前　言

　　全球气候变暖早已成为社会各界广泛关注的焦点问题，减少能源消耗和二氧化碳的排放量成为应对人类环境问题的重要举措。旅游业对环境的影响虽然没有工业那么直接与显著，但大规模持续增长的旅游业在促进世界经济不断发展的同时也带来了很多负面效应，这个"无烟产业"同样存在碳排放问题。旅游业的碳排放主要是由旅游交通和旅游住宿业引起的，其中酒店企业碳排放占旅游业碳排放的21%，是旅游业的第二大碳排放源。面对能源危机和环境问题的日趋严重，酒店作为主要的旅游企业之一，是城市发展水平的重要代表和现代旅游业的重要服务窗口，它在能源消耗过程中产生的碳排放不容忽视，其低碳行为的实施对于改善和强化酒店行业整体形象，缓解能源和环境污染问题，促进旅游业乃至整个社会的可持续发展具有深远的意义。

　　究竟哪些因素驱动星级酒店实施低碳行为？这些驱动因素之间是否相互作用、相互影响，它们是如何共同推动星级酒店实施低碳行为的？星级酒店在实施低碳行为之后对酒店绩效会产生怎样的影响？如果低碳行为能够为酒店带来利益，那么酒店低碳行为的具体优化策略有哪些？本书围绕这些核心问题进行了研究，首先在系统梳理分析国内外相关文献和理论阐释的基础上，通过对酒店员工及相关专家深度访谈，根据扎根理论编码程序归纳提取星级酒店低碳行为的七大驱动因素，并将酒店低碳行为划分为一般低碳行为和积极低碳行为两个维度，同时确立酒店低碳行为绩效的两个考核维度——直接绩效和间接绩效。其次，在理论分析的基础上进行逻辑推演，构建了驱动因素—低碳行为—绩效的理论模型，分析推演不同的驱动因素与低碳行为两个维度之间、低碳行为两个维度与绩效两个维度之间的关系和相互作用机理，在此基础上提出本书的假设。再次，从具体实证操作的角度对调查问卷进行科学设计、预调研、修正、正式发放和数据收集，并运用SPSS24.0和AMOS24.0统计软件对所获得的研究数据进行统计分析及信度和效度的检验。最后，对所构建的结构方程模型进行检验与修正，进而对预期的研究假设检验，并对研究结果进行分析和讨论。

通过理论分析和实证检验得出了以下主要研究结论：①星级酒店低碳行为驱动力包括内部低碳管理、低碳技术设施、低碳责任意识、人才实力四大内部驱动力和政策法规、社会规范和经济保障三大外部驱动力，它们之间相互关联耦合共同推动酒店低碳行为的实施。②星级酒店一般低碳行为和积极低碳行为的实施程度存在一定的差异，两者的驱动因素也不完全相同。星级酒店一般低碳行为的认知和实施程度比积极低碳行为的认知和实施程度要高。③星级酒店低碳行为对酒店绩效总体来讲存在着正向影响作用。酒店一般低碳行为和积极低碳行为分别正向影响酒店直接绩效；酒店一般低碳行为正向影响酒店间接绩效，而酒店积极低碳行为对酒店间接绩效没有正向影响作用。④星级酒店低碳行为驱动因素之间，酒店一般低碳行为和积极低碳行为之间，酒店直接绩效和间接绩效之间都存在着相互作用。⑤围绕驱动因素提出的优化策略有助于推动星级酒店低碳行为的进一步实施。本书主要围绕七大驱动因素提出了星级酒店低碳行为具体的优化策略，旨在提高星级酒店低碳行为实施水平，促进星级酒店低碳化发展的进程，最终达到经济效益、生态效益和社会效益"三赢"的目标。

通过对星级酒店低碳行为驱动机制及绩效影响的研究，本书实现的创新之处主要有：①构建了驱动因素—低碳行为—绩效的理论模型。国内关于酒店低碳行为的研究甚少，且主要是研究酒店低碳行为的影响因素，有关低碳行为与绩效关系的实证研究十分缺乏。本书系统研究了酒店低碳行为的前因和后果，构建了驱动因素—低碳行为—绩效的理论模型，并识别了各主要变量的构成维度，主要研究了驱动因素对低碳行为和低碳行为对绩效的影响作用。②创新性地研究了星级酒店低碳行为。以往的研究只是笼统地对酒店或者是具体到某地区的酒店低碳经营或节能减排进行研究，而本书将研究的对象定位到星级酒店低碳行为，研究对象进一步具体化并具有典型性。由于星级酒店尤其是高星级酒店的高能耗、高排放状况更严重，其低碳发展状况在酒店业更具有典型性和代表性，而低碳行为的研究较低碳发展和低碳经营的研究更加具体。③构建了星级酒店低碳行为的驱动机制系统。本书在剖析星级酒店低碳行为内外部驱动力及其关联耦合机理的基础上，基于低碳经济和效益理论阐释了星级酒店低碳行为的驱动机制，并构建了政府、区域、酒店和消费者"四轮"驱动模式的星级酒店低碳行为驱动机制系统。④设计开发了研究星级酒店低碳行为驱动因素及绩效的测量量表。本书在参考了相关研究量表的基础上，并结合实际情况，设计了星级酒店低碳行为驱动因素及绩效的量表，实证分析结果表明本书研究设计的量表具有较好的稳定性和有效性。

目 录

第一章 绪论 ·· 001

一、研究背景和意义 ·· 001

二、国内外相关研究进展及述评 ······································ 007

三、研究内容与方法 ·· 032

四、研究思路与技术路线 ·· 035

五、研究工作和创新 ·· 037

六、基本框架 ·· 039

第二章 相关概念界定与理论基础 ······································ 041

一、相关概念界定 ·· 041

二、相关理论基础 ·· 047

三、本章小结 ·· 061

第三章 星级酒店低碳行为驱动机制及绩效影响理论分析与研究假设 ··· 062

一、星级酒店低碳行为驱动因素分析 ······························ 062

二、星级酒店低碳行为分析 ·· 074

三、星级酒店低碳行为绩效分析 ···································· 075

四、世界著名酒店集团低碳行为案例 ······························ 076

五、星级酒店低碳行为驱动机制及绩效影响的理论模型构建 ······ 080

六、星级酒店低碳行为驱动机制及绩效影响理论推导与
研究假设 ·· 082

七、本章小结 ·· 091

第四章 星级酒店低碳行为驱动机制及绩效影响研究设计和数据分析 ·· 092

一、星级酒店低碳行为驱动机制和绩效影响变量的测量 ············ 092

二、星级酒店低碳行为驱动机制及绩效影响问卷设计 ··············· 102

三、星级酒店低碳行为驱动机制及绩效影响预调研与
问卷修正 ·· 105

四、星级酒店低碳行为驱动机制及绩效影响数据获取与
统计分析 ·· 106

五、量表的效度和信度的检验 ·· 117

六、本章小结 ·· 132

第五章 星级酒店低碳行为驱动机制及绩效影响假设检验与结果分析 ·· 134

一、主要变量的相关分析和区别效度检验 ·································· 135

二、结构方程初测模型的构建与检验修正 ·································· 137

三、结构方程修正模型的适配度分析 ·· 148

四、结构方程模型检验结果汇总 ·· 155

五、研究结果分析与讨论 ··· 158

六、本章小结 ·· 165

第六章 星级酒店低碳行为驱动机制系统的构建和优化策略 ············ 167

一、星级酒店低碳行为驱动机制系统的构建 ······························· 167

二、星级酒店低碳行为的优化策略 ·· 173

三、本章小结 ·· 180

第七章　研究结论与未来展望·· 182
　　一、研究结论·· 182
　　二、研究局限与未来展望·· 186

参考文献·· 189

附　录·· 212
　　一、调查问卷·· 212
　　二、访谈提纲·· 218

后　记·· 220

第一章
绪　论

一、研究背景和意义

（一）研究背景

自然生态、资源、环境是人类赖以生存和发展的基础，但是随着世界经济的飞速发展和人口持续不断的增长，环境污染问题日趋严重，以气候变暖为主要标志的气候变化是全球共同面临的严重问题，而应对气候变化的关键是减少二氧化碳等温室气体的排放，未来社会不可避免地要向低碳经济转型，低碳发展理念在较短的时间内深入各个领域。2015 年底，21 届世界气候大会在巴黎落下帷幕，大会通过了《巴黎协定》，为 2020 年后人类社会应对气候变化行动作出了具有法律约束力的安排[1]，开启了"气候治理新纪元"，确立了全球气候治理新机制，制定了控制全球温升不超

---

[1] 解振华气候大会首次发声敦促发达国家出资［EB/OL］. 新华网，http：//www. xinhuanet. com/politics/2016 – 11/14/c_ 1119911256. htm，2017 – 09 – 20.

过 2℃ 的目标，绿色低碳发展成为全球合作应对气候变化的共同出路。节能减排和降低能源消耗是一项重要而紧迫的任务，国家发改委和国家能源局的《能源生产和消费革命战略（2016—2030）》指出，到 2020 年中国单位国内生产总值二氧化碳排放比 2015 年下降 18%，单位国内生产总值能耗比 2015 年下降 15%，并且 2030 年左右二氧化碳排放达峰并努力早日达峰；计划到 2030 年非化石能源占一次能源消费比重提高到 20% 左右。[①]

旅游业曾被认为是资源节约型和环境友好型的产业，对环境的影响虽然没有工业那么直接与显著，但大规模持续增长的旅游业在促进世界经济不断发展的同时也带来很多负面效应，这个"无烟产业"同样存在碳排放问题，会对环境产生负面影响。旅游业的碳排放占全球温室气体排放的 4.9%，2035 年以前来自旅游业的二氧化碳排放量将以每年 2.5% 的速度持续增长。[②] 2005 年中国国内旅游人数为 12.12 亿人次，2018 年中国国内旅游人数达到 55.39 亿人次[③]，快速增长的旅游业势必会带来碳排放量的增加。旅游业是应对气候变化和减少二氧化碳排放的重要领域之一，随着旅游业对气候变化的作用越来越明显，旅游业如何低碳发展将在旅游研究中占据十分重要的位置，绿色低碳旅游问题将受到极大的关注，并且已经受到政府的重视。世界达沃斯论坛关于气候变化与旅游的宣言宣称，旅游的低碳发展是 21 世纪气候变化必须关注的问题（Scott，2010）。2008 年 11 月，中国国家旅游局发布了《关于旅游业应对气候变化问题若干意见》，指出要充分认识旅游业应对气候变化的重要性，积极推动旅游企业的节能减排，按照发展循环经济、低碳经济的要求，积极实施低碳旅游，提高旅游业绿色发展和降低二氧化碳排放。[④] 2009 年 12 月，国务院发布了

---

① 中华人民共和国国家发展和改革委员会. 能源生产和消费革命战略（2016~2030）[EB/OL]. http://www.ndrc.gov.cn/zcfb/zcfbtz/201704/t20170425_845284.html, 2017-09-28.
② UNWTO. Towards a Low Carbon Travel & Tourism Sector [R]. Report in World Economic Forum, 2009: 3-36.
③ 中华人民共和国文化和旅游部. 2018 年旅游市场基本情况 [EB/OL]. http://zwgk.mct.gov.cn/autoz55/201902/t20190212-837271.html?keyworkds=2019-02-15.
④ 中华人民共和国中央人民政府. 旅游局发布关于旅游业应对气候变化问题的若干意见 [EB/OL]. http://www.gov.cn/gzdt/2008-11/04/content_1139802.htm, 2018-12-20.

《关于加快发展旅游业的意见》，首次将"低碳"型行业列为国民经济的战略支柱产业，明确提出要"推进节能环保，支持宾馆酒店、景区景点等旅游经营单位积极利用新能源新材料，广泛运用节能节水减排技术，实施高效照明改造，减少温室气体排放，倡导低碳方式，创建绿色环保企业"。[①] 从《关于加快发展旅游业的意见》中可以看出，国家已经把发展低碳旅游提到战略高度。2017年1月，国务院发布《"十三五"节能减排综合性工作方案》，从11个方面明确了推进节能减排工作的具体措施，指出到2020年全国万元国内生产总值能耗比2015年下降15%。[②] 低碳旅游是旅游业在全球气候变暖以及能源紧缺的时代背景下对低碳经济发展的主动响应，是旅游业实现绿色发展的必然趋势。旅游业的低碳发展势在必行，它的低能耗、低污染、低排放的"三低"发展模式是旅游业应对全球气候变化与能源环境、生态文明建设与节能减排的重要举措，同时也是保护自然生态和提升旅游品质的关键方案，是旅游业可持续发展的新路径。

旅游业的二氧化碳排放主要来自旅游交通和旅游住宿业，两项的能源消耗共占旅游业总能耗的97%以上，其中酒店企业碳排放占旅游业碳排放的21%，是旅游业的第二大碳排放源。[③] 作为旅游业的三大支柱产业之一，我国酒店业近年来取得了长足的发展。中华人民共和国文化和旅游部《2018年第四季度全国星级酒店统计公报》显示，全国星级酒店统计管理系统中有10375家星级酒店，共有8842家星级酒店通过省级文化和旅游行政部门审核，其中包括五星级酒店807家、四星级酒店2315家、三星级酒店4209家、二星级酒店1457家、一星级酒店54家。[④] 酒店业发展非常迅速，对社会经济的发展起着重要的作用，然而酒店业是能源和物质消

[①] 中华人民共和国国务院办公厅. 国务院关于加快发展旅游业的意见 [EB/OL]. http://www.gov.cn/xxgk/pub/govpublic/mrlm/200912/t20091203_56294.html, 2017-09-30.

[②] 中华人民共和国国家发展和改革委员会. "十三五"节能减排综合工作方案 [EB/OL]. http://www.ndrc.gov.cn/gzdt/201701/t20170105_834501.html, 2018-10-03.

[③] World Tourism Organization. Climate Change and Tourism: Responding to Global Challenges [M]. UNEP/Earthprint, 2008: 1-18.

[④] 中华人民共和国文化和旅游部. 2018年第四季度全国星级酒店统计公报 [EB/OL]. http://zwgk.mct.gov.cn/auto255/201907/t20190726_845334.html?keywords=, 2019-08-09.

耗量比较大的行业，酒店在每天日常的运营中，会消耗大量的能源，产生许多垃圾废物和污水，并且有相当数量的酒店，在洗涤、餐饮用水等方面超标排放，对环境造成严重的影响。据统计，一家四星级酒店客房平均每天产生3.6~12千克垃圾，酒店客人平均每天产生的垃圾是普通家庭的3~10倍；全国星级酒店一次性洗漱用品的日消耗量为120万套，金额高达22亿元，一次性用品不能再生，同时给废弃物的处理带来严重的浪费；酒店的碳放量很大，一家中等规模的三星级酒店一年大约消耗1400吨煤的能量，向大气中至少排放4200吨二氧化碳、70吨烟尘和28吨二氧化硫（王丹，2014）；酒店的能源消耗量也是相当大的，有关数据显示，中国酒店业每万元总产出消耗330.99千克标准煤，一座建筑面积在8万~10万平方米的大型酒店全年消耗13万~18万吨标准煤，三星级酒店每平方米建筑面积综合能耗平均值为40.36千克标准煤，四星级酒店每平方米建筑面积综合能耗平均值为47.29千克标准煤，五星级酒店每平方米建筑面积综合能耗平均值为60.87千克标准煤（黄金，2015）；星级酒店单位建筑面积消耗的电能是普通民用建筑能耗的20倍，人均用水量是普通居民的5~8倍（张海，2013）；酒店客人人均每天能源消耗量约是城市普通居民人均每天消耗量的11倍，酒店单位产值消耗能源在第三产业40个部门中处于第9位，同时在全部产业135个部门中处于第37位（刘益，2012）。随着能源价格的不断上升，酒店的能耗成本也呈上升趋势，能耗费用过大直接影响到酒店的经营效益，高能耗、低利润已经是酒店目前经营最突出的问题之一。据统计，目前酒店业的能耗费用占营业收入的13.3%左右，有的甚至高于20%，按照理论标准，酒店的能耗费用占营业收入的比例应该合理地控制在6%~8%（谢富明，2007），能耗费用比例过大直接影响酒店的经营效益。与发达国家相比，中国酒店能耗状况偏高，耗电水平高于发达国家耗电平均值25%左右，节能减排潜力还很大。面对激烈的市场竞争，节能减排、降低成本负担是酒店立足市场，提高企业竞争力的必由之路。2010年，中国国家旅游局制定了《关于进一步推进旅游行业节能减排工作的指导意见》，并出台了饭店节能减排100条，分别从减少能源浪费、减少水资源使用、能源计量、节能管理与操作、建筑节能、设备选型与管理以及节能宣传和培训进行规定与建议。① 面对日益严峻的能源紧缺及环境问题，酒店对低碳的选择势在必行，酒店低碳行为的实施迫在眉睫，其经营管理模式的改革与创新是当前酒店业亟待解决的问题之一。根据《中华人民共和国星级酒店评定标准》，酒店的星级标准是由酒店的硬件设施与软件水平决定的，而酒店的软件水平反映在管理模式与体制上。随着低碳旅游的推广，酒店的管理体制与发展模式必将不断地改变与完善。在国际能源价格持续上涨的背景下，环境成本成为影响酒店经济利润的重要因素，酒店行业急需采取节能减排等环境管理措施，以降低高能耗给酒店带来的负面影响（张海，2014）。中国作为世界大国，其酒店业蓬勃发展为酒店环境行为的研究提供了更多、更全面的样本，但目前国内的相关研究还比较少（魏卫等，2014）。在未来数年内，关于酒店环境行为的研究定会越来越受到相关专家学者的关注。究竟哪些因素是星级酒店实施低碳行为的驱动因素？这些驱动因素之间是否紧密联系，它们如何共同推动星级酒店低碳行为的实施？星级酒店在实施低碳行为之后对酒店绩效会产生什么样的影响？如果低碳行为能够提高酒店的绩效，为酒店带来利益，那么酒店低碳行为的具体优化策略有哪些？如果这一系列问题不解决，就难以为星级酒店的低碳发展提供有效的理论指导。

创新、协调、绿色、开放、共享五大发展理念是"十三五"乃至更长时期中国发展思路、发展方向、发展着力点的集中体现，也是改革开放40年来中国发展经验的总结。党的十九大报告明确指出，要构建政府为主导、企业为主体、社会组织和公众参与的环境治理体系；要提高污染排放标准，强化排污者责任；积极参与全球环境治理，落实减排承诺。② 绿色发展是方向，它的本质是处理好发展中人与自然的关系。生态保护应与发

---

① 中华人民共和国中央人民政府. 旅游局出台指导意见推进旅游行业节能减排工作［EB/OL］. http://www.gov.cn/gzdt/2010-06/12/content_ 1626556.htm，2018-09-30.

② 习近平. 决胜全面建成小康社会 夺取新时代中国特色社会主义伟大胜利［R］. 北京：人民出版社，2017：51.

展统一起来,形成结合在一起的复合概念——绿色发展。面对环保、能源和经济的多重压力,酒店尤其是星级酒店作为现代旅游业的重要服务窗口和旅游企业的重要组成部分,是旅游业节能减排的重点部门,在星级酒店的发展过程中如何才能将绿色低碳的核心价值理念融入酒店管理者和员工的行为中,如何运用低碳技术来建设和运营酒店,从而实现经济效益、生态效益和社会效益的"三赢",是一项长期而艰巨的任务。

(二) 研究意义

1. 理论意义

学术界对于低碳的研究重点一直以来都集中在低碳经济、低碳城市、低碳社会的构建与发展上,而对于低碳在旅游业尤其是具体的旅游企业包括酒店的应用上,尚未得到足够的关注,缺乏系统化的研究。低碳旅游研究势在必行,但作为旅游企业的低碳发展,与工业企业的低碳研究相比,其低碳发展研究相对薄弱,缺乏专项研究成果。另外,酒店低碳发展研究视角各异,研究成果分散,不利于低碳旅游研究的进展,而专门针对酒店低碳行为的研究成果更少。酒店住宿是人们外出旅行必不可少的一个重要环节,随着旅游业的快速发展,酒店低碳行为的研究很重要,而当前该领域的研究深度难以满足酒店业低碳化发展的实际需求。研究星级酒店低碳行为驱动机制及绩效影响,可以对现有酒店低碳发展研究成果进行有益补充,同时对其他类型酒店的低碳发展研究也具有一定的理论价值,可以进一步提升酒店低碳发展的理论研究水平,为旅游企业的低碳发展提供新的研究视角,引起人们对旅游业低碳实证问题的重视。

2. 实践意义

酒店与生态环境密切相关,综合能耗较高,有较大节能潜力,酒店尤其是星级酒店实施节能减排、低碳环保的行为不仅可以降低能源费用、提高酒店经济效益,还可以实现环境效益,促进旅游业的可持续发展。对于酒店而言,选择节能减排、低碳环保不仅可以体现酒店的社会价值观,也是对政府号召的响应,更是为酒店提供全新的视角来审视客户的需求和酒店的运作流程，从而降低成本、增加收益、扩大市场、构建自身独特的竞争优势。加强酒店低碳行为的实施和酒店低碳管理模式的构建要符合低碳经济发展的整体趋势，在保证酒店服务质量的同时，降低能源消耗，减少污染物与废弃物的排放，增加低碳产品的开发，为旅游业及整个社会的低碳发展贡献力量。酒店低碳行为的实施对于提高酒店行业整体形象、提升酒店市场竞争力和社会声誉、促进社会可持续发展具有深远的意义。

对于酒店低碳行为的研究，不仅是发展资源节约型、环境友好型社会的要求，也是未来酒店业发展的必然趋势，对于酒店未来发展具有重要意义。酒店尤其是星级酒店低碳行为实施的研究可以践行低碳经济理念，凸显酒店社会责任，缓解能源短缺和减少环境污染，对城市低碳发展和社会公众低碳意识的提高都有积极的影响，对整个旅游业的低碳发展也有积极作用。对星级酒店低碳行为的实施进行探索，构建符合低碳经济发展模式的酒店业，研究其驱动机制和对绩效的影响，对企业管理层、政策制定者和研究者都具有一定的指导意义。本书的研究对酒店企业的低碳运作与经营、低碳行为水平的提升、能源和资源利用效率的提高、能源费用支出的减少、经营成本的降低和企业利润的增加可以提供有效的路径和方法，同时为相关部门制定低碳减排的政策和法规提供事实依据和决策性参考。通过本书的探讨，旨在加强酒店企业自身控制，增强政府规制，提高社会公众对酒店低碳发展的关注，引起人们对旅游业低碳实证问题的重视。

二、国内外相关研究进展及述评

（一）旅游业低碳发展研究

近年来，随着旅游业的蓬勃发展和全球气候环境的变化，世界各国学者和相关领域的研究专家越来越关注低碳旅游的发展，低碳旅游在国际上正逐渐成为学术界的研究热点。通过对国内外相关文献的分析和解读，可以看出旅游业低碳发展的研究主要集中在以下几个方面。

1. 低碳旅游内涵的解析

（1）低碳旅游的概念。低碳旅游（Low Carbon Tourism）的概念是在2009年5月哥本哈根召开的世界经济论坛会议的报告《走向低碳的旅行及旅游业》（Towards a Low Carbon Travel and Tourism Sector）中首次正式提出的。关于低碳旅游至今尚未形成统一的定义，有学者运用环境伦理来解释低碳旅游的概念，阐述了低碳旅游是实现环境经济价值的新方向；有学者认为，低碳旅游应成为低碳经济的有机组成部分，通过合理规划生态承载量和统筹选择低碳运营模式来实现旅游业的低碳化发展，不同的学者从不同的角度和侧重点定义低碳旅游，如表1-1所示。

表1-1 低碳旅游的概念

定义角度和侧重点	作者	时间	观点
旅游发展方式角度	蔡萌和汪宇明	2010	运用低碳技术、推进碳汇机理、提倡低碳生活方式等以更少的碳排放量而获得更大的经济、社会、环境效益的一种全新的旅游发展方式，属于可持续旅游的范畴
	明庆忠	2010	旅游产业生态化的一种战略选择，能够促进旅游产业生态化
与低碳经济的关系	王辉、宋丽和郭玲玲	2010	低碳经济大背景下产生的一种新型的旅游方式，从旅游活动的细节约束、开展碳补偿活动、加强低碳基础设施建设等角度来发展海岛低碳旅游
发展前景角度	黄文胜	2009	一种全新的旅游理念，在一定程度上是一种绿色旅游、环保旅游，是旅游业可持续发展的目标
	李德山	2010	以"低能耗、低污染、低排放"为基础，要加快低碳旅游的进程

续表

定义角度和侧重点	作者	时间	观点
概念体系的角度	侯文亮、梁留科和司冬歌	2010	不仅是一种新型的旅游方式,而且还是一种先进的经营管理理念,实质表现为"三低三高"——"低能耗、低排放、低污染,高品位、高体验、高责任",同时还构建了包括低碳旅游、低碳旅游者、低碳旅游产品、低碳旅游景区和低碳旅游目的地五个层次的低碳旅游基本概念体系"塔形"图
	侯文亮	2010	探析低碳旅游的内涵和外延时引入了脱钩理论,指出低碳旅游以实现旅游经济增长与旅游业碳排放脱钩为目标

（2）低碳旅游与相关概念的辨析。除了对低碳旅游内涵本身的探讨,不少学者还致力于低碳旅游与生态旅游、绿色旅游、可持续旅游、体验旅游等相关概念的辨析。黄文胜（2009）、梅燕（2010）、蔡萌和汪宇明（2010）、侯文亮（2010）、廖忠明等（2010）都从不同角度阐释与辨析了低碳旅游与生态旅游的关系,认为两者均属于可持续旅游的范畴,它们具有相同的理念和不同的侧重点,并从旅游目的地和旅游规模等方面对两者进行比较,提出了生态旅游即"自然旅游",侧重对自然景观的保护和开发,而低碳旅游核心思想是"节能减排"。史云（2010）认为,低碳旅游和绿色旅游既彼此相异又交互重合,认为低碳旅游的核心在于"碳",强调的是在旅游过程的每一个环节中如何最大限度地节能减排;而绿色旅游的焦点是"绿",着眼于旅游产品和旅游服务的环保特征,强调资源的可持续利用。董观志和龙茜（2011）分析了中国旅游产业发展模式演进路径,阐述了低碳旅游是可持续旅游的主题深化,生态旅游的理念升级,绿色旅游的责任强化和体验旅游的模式创新,生动形象地概括了低碳旅游与几种相关理念的关系,低碳旅游、生态旅游和绿色旅游都是可持续旅游理念层次的实现方式。也有学者强调旅游者的"低碳意识",探讨低碳旅游、

绿色旅游和生态旅游三者内涵的一致性，都强调对环境的保护，但它们的核心思想和强调的侧重点是不同的。石培华、冯凌和吴普（2010）除了以上几种相关的旅游形式外，还提到了健康旅游，并比较了它们之间的侧重点。低碳旅游不仅是一种新型的旅游产品，也不简单的只是一种旅游方式，更不单纯的是一种环保理念，还是一种新型的旅游模式和发展思路。事实上，"绿色"是一种态度，"低碳"是一种行为（谢桂敏，2011）。

2. 旅游业碳排放研究

（1）旅游碳排放的影响因素研究。Gossling（2013）指出，旅游业是碳排放的重要来源之一，并通过对22个发达国家和发展中国家的研究发现，旅游业二氧化碳的排放量在快速地增长。Yin（2013）指出，为了进一步促进旅游业的可持续发展，旅游业碳排放的影响因素值得优先研究。经分析可知，旅游交通、旅游住宿、旅游食品、旅游活动都会对旅游碳排放造成影响。

1）旅游交通。人们出行选择不同的交通方式造成的碳排放量有很大的不同。Howitt等（2010）分析了往返新西兰的国际邮轮旅游造成的碳排放，并指出国际邮轮旅游比航空旅游具有更大的减排空间。旅游业尤其是长途旅行越来越依赖于航空运输，航空运输的碳排放是旅游业碳排放的主要因素之一（Gössling et al., 2007）。Becken等（2003）在对新西兰的旅游交通和住宿等带来的能源消耗量进行研究的过程中发现，国内外游客旅游交通的能源消耗量占65%~73%，其中国际游客的能源消耗量是国内游客的4倍，国内游客私家车的能源消耗量占79%，国际游客租车的能源消耗量占25%，旅游大巴车占14%，游客的出行方式很大程度上影响其碳排放量和能源需求。Mayor和Tol（2007，2010）分析了英国航空税（Air Passenger Duty，APD）的调整对碳排放和游客人数的影响，并通过运用汉堡旅游模型HTM（Hamburg Tourism Model）和敏感性分析，得出2005~2100年出境旅游的迅速发展带来了旅游航空总的碳排放量不断增长，预测国际航空碳排量在2050年前逐年增加，随着能源利用效率的提高和有效政策的制定，21世纪后半叶排放量将逐年减少，呈倒U形。

2）旅游住宿。除了旅游交通外，旅游住宿也是旅游业碳排放的重要组成部分，其主要表现在酒店、旅馆等的碳排放上。Becken等（2001）指出，在一些受欢迎的旅游景区如新西兰，旅游是能源消耗的重要组成部分，而其中的核心部门——旅游住宿是一个高能耗的行业，通过对新西兰地区旅游住宿部门的能源消耗格局的研究表明，旅游住宿部门占新西兰能源消耗总量的0.4%，其中酒店（Hotels）是最大的能源消耗住宿部门，占67%，汽车旅馆（Motels）占16%，野营住宿（Campgrounds）占8%，背包客（Backpackers）住宿占6%，B&B（Bed and Breakfast）住宿占3%，而且每种住宿类别的平均能源消耗强度也是不同的。Gossling等（2010）分析了塞舌尔岛屿酒店的碳排放，指出高档酒店由于通常有自己的发电装置，其能源消耗最高。

3）旅游食品。旅游食品作为旅游产业环节中的重要组成部分，对旅游碳排放会造成一定的影响。Naewen等（2005）研究了中国台湾地区不同包装的盒饭产生的碳足迹不同，因而对环境的影响也就不同。Gossling等（2011）指出，食品生产和消费对减轻气候变化有着重要的影响，不同食品原材料的选择、不同的制作过程、不同的供应方式，单位食物量的碳足迹不同，因而加强对旅游食品的管理能够大大地减少旅游碳足迹。

4）旅游活动。旅游者在旅游活动过程中也会造成碳排放，其中游客造成的二氧化碳排放量占全球排放总量的4.4%，虽然比例不大，但增长速度很快，预测到2035年以每年3.2%的速度增长（Peeters & Dubois，2010）。很多学者对旅游活动造成的温室气体排放进行了研究。Dawson等（2010）研究了加拿大丘吉尔地区北极熊观光旅游活动造成的温室气体排放。Becken和Simmons（2002）通过对新西兰地区107家旅游企业进行调研，分析了新西兰旅游景点各种旅游活动的能源消耗及造成的碳排放。Dwyer等（2010）研究了澳大利亚的旅游业和相关旅游活动造成的二氧化碳等温室气体排放。

（2）旅游碳排放的测度与评估研究。有关旅游碳排放的测度与评估是国外相关领域研究的重要内容，国内的研究成果较少。Becken等（2006）

采用"自上而下"研究法和"自下而上"研究法测量旅游业中二氧化碳的排放量，对新西兰旅游业碳排放进行对比研究。蔡萌（2012）对旅游交通运输部门和旅游住宿部门的碳排放量进行评估，而对旅游活动和旅游食物的碳足迹进行评估和分析。碳足迹在一定程度上能够反映碳排放量。耿涌等（2010）指出，碳足迹为温室气体排放量的测度提供了新方法，并重点介绍了包括投入产出分析方法、生命周期评价法、IPCC 计算方法和碳足迹计算器四种碳足迹的计算方法，提出碳足迹可能会成为树立消费者环保意识和增强产品环境效应关注度的切入点，应准确把握碳足迹的概念并有效运用碳足迹方法实现碳减排目标，应对全球气候变暖问题。罗芬等（2010）通过整理国内外对碳足迹的研究进展，提出了其对低碳旅游研究的启示。

3. 旅游业低碳发展模式研究

不同学者对旅游业低碳发展模式的研究如表 1-2 所示。目前低碳旅游发展模式的研究不应该仅仅局限于低碳化策略和实施路径的研究，而应该深入研究如何实现碳中和目的地的目标。

表 1-2 旅游业低碳发展模式

作者	时间	依据	模式
马勇和刘军	2012	主客观影响因素的作用	"双核"（低碳技术外核和低碳理念内核）驱动发展模式；市场主导型、政府主导型、社区主导型低碳旅游发展模式
陈浩	2014	低碳经济理论	构建了四川省凉山州的低碳旅游发展模式，分别是低碳观光休闲旅游发展模式、低碳民俗文化旅游发展模式、低碳红色文化旅游发展模式
俞棋文	2010	基于城市空间视角和旅游开发的角度	以上海为典型案例，探讨了不同资源条件下低碳旅游的可行性开发模式，尝试构建低碳旅游理论体系

续表

作者	时间	依据	模式
谢桂敏	2011	三主体要素的横纵向关系	以河北野三坡地区为例，通过政府、旅游经营者、旅游者三主体要素所形成的核心要素模块、外围支持模块、行为导向模块分析，构建了低碳旅游的发展模式
李瑞芳	2013	低碳旅游的要素	构建了忻州市低碳旅游发展模式，提出了运行的思路，并选取三个有代表性的景区进行低碳旅游模式的案例分析

4. 旅游业低碳发展的实施路径研究

在低碳旅游实施路径及策略方面，不少学者致力于这一领域的研究，如姚治国（2013）分析了旅游与天气、气候变化之间的相互影响、相互关联和相互作用，指出这是旅游业节能减排、发展低碳旅游的核心。蔡萌和汪宇明（2010）从旅游吸引物、旅游设施、旅游消费方式、旅游体验环境四方面分析了低碳旅游的实现路径。总的来讲，在旅游业碳减排实现低碳旅游可持续发展的研究中，旅游业低碳发展的实施路径主要包括政策制定和技术路径等方面。

（1）旅游业低碳发展实施的政策路径。在对低碳旅游政策制定的研究中，以碳税的制定和碳中和机制为主（肖岚，2015）。其中，对旅游碳税进行研究的主要有 Mayor 和 Tol（2007）分析了英国航空税（Air Passenger Duty，APD）的调整对碳排放和游客人数的影响，研究中分别对四种情境下的航空碳税进行预算，最后指出如果用碳税代替登机税，在相同收入水平下，碳排放将会下降而不是上升。Gössling 等（2015）通过分析 2007～2010 年英国航空税的变化对英国出境旅游的影响，指出英国航空税的增加对英国出境游并没有很大的影响。Seetaram 等（2014）通过自回归分布滞后模型等的研究发现，虽然航空税实施的目的是减少旅行和相关的碳排放，然而航空税的有效性是微不足道的，旅游者愿意花更多的钱来满足自己的需求。除非航空税被提高很多，否则由航空引起的碳排放会持续迅速增长。Scott 等（2010）通过分析揭示了目前旅游业排放温室气体 GHG（The Greenhouse Gas）高增长的发展趋势，指出如果别的经济部门温室气体排放减少，旅游部门将会成为全世界温室气体排放的主要来源，而旅游业碳排放的减少很大程度依靠政策导向和航空旅行习惯的改变。碳中和已经进入旅游可持续发展领域，一些国家和组织围绕碳减排和碳补偿两条主线，对建立"碳中和"目的地的目标确立进行较多的研究，并对建立碳排放交易体系等进行探讨（Gössling et al., 2007）。Gössling 等（2007）指出，越来越多的机构主动提供自愿的碳抵消计划，作为补偿温室气体排放的一种方式，并讨论了碳抵消计划的有效性和可靠性，在提及碳排放量的计算和补偿措施等方面，这些机构选择的方法存在显著的差异。Smith 和 Rodger（2009）针对新西兰出入境国际旅游产生的碳排放问题，进行碳补偿研究，指出有很多碳抵消计划允许游客个人和公司补偿他们的国际航空旅行碳排放。Mair（2011）在调查航空旅行者的自愿碳补偿行为时，发现碳补偿意愿和环境保护意识没有直接关系。旅游者环境保护的态度是积极的，然而在将这种态度转化为实际行动的过程中存在着一定差距。虽然超过 50% 的国际航空运输协会的成员都提供有关环境保护的信息，但事实上只有 14.5% 的给客户提供碳抵消的机会（Gössling, 2015）。不仅国外学者，国内学者对碳中和也有一定的研究。例如，侯文亮（2010）结合旅游业碳足迹计算模型，确定了旅游业碳足迹的主体，从旅游业能源利用角度提出要实现旅游业的碳减排需实施旅游业碳中和。

（2）旅游业低碳发展实施的技术路径。旅游过程中燃烧大量的化石燃料所导致的 CO_2 等温室气体的排放是导致旅游高碳的主要因素。当前，低碳旅游发展的主要技术路径包括可再生能源和清洁能源的利用。Bode 等（2003）较早地关注可再生能源在旅游度假设施中的应用，提出风能和太阳能等可再生能源能够以氢的形式储存，在需要的时候可以利用，这样可以减少旅游度假设施的能源消耗，达到零排放的目标。可再生能源的研究还强调可行性分析和技术方法。Fortuny、Soler 和 Canovas（2008）提出了旅游可持续能源利用的一些技术方法,将西班牙 Balearic 群岛作为案例进行实证研究。当前虽然清洁能源已逐步推广,但仍存在能源利用效率低、存储难等现实问题,因此实现低碳旅游需要清洁能源的充分供给和保障(赵雪如等,2014)。Yaw(2005)通过案例研究表明清洁技术在加勒比海地区旅游业的可持续发展中扮演重要的角色,具有重要的意义。Liu 和 Wu(2010)研究了中国台湾地区金门岛的电力供应可通过可再生能源像太阳能、风能和潮汐能等提供,从而取代传统的能源,这样可以较快地实现节约能源和碳减排的目标。很多学者的研究都认为,可再生能源能替代传统的化石能源,在未来可真正实现低碳旅游,即游客的碳足迹虽较少,但是能够享受同样的旅行经历。

(二)酒店企业低碳发展研究

低碳化是一种全新的经济可持续发展模式,要解决世界气候变化和环境问题,低碳化是一条根本途径,也是人类发展的必由之路。世界经济历经工业化、信息化之后,正在走向"低碳化"。随着旅游业对气候变化的作用日益明显,旅游业的碳排放问题备受社会关注,旅游企业和相关部门应该考虑采取措施节能减排,这也成为旅游管理研究的一个新问题(Hernandez & Ryan,2012)。酒店企业作为现代旅游业的重要服务窗口,它在能源消耗过程中产生的碳排放不容忽视,它的低碳发展对于缓解能源和环境污染问题、促进旅游业的可持续发展具有深远的意义。为对酒店低碳发展的研究动态和发展前沿进行分析,本书外文文献数据来源于 Web of Science™ 数据库的核心合集,检索时间为 2019 年 3 月 29 日。具体检索条件为主题(Topic)含 hotels low carbon,时间跨度选择为 1990~2019 年,共得到 77 条记录;对这 77 条记录的摘要及关键词进行分析后,增加"carbon emission""carbon offsetting""carbon neutralizing""carbon footprint""carbon taxes"5 个高频关键词,并结合"hotels"重新进行检索,得到167 条记录,这说明酒店低碳研究是一个成长中的新兴领域,在未来具有很大的研究空间。从国际上对酒店低碳发展文献的被引情况可看出,每项平均被引用次数为12.81，处于较高水平，如图1-1所示。同时，被引文献呈现逐年递增趋势，尤其是2013年之后被引频次大幅度增长，施引文献为1886篇，去除自引的施引文献为1842篇，所有论文被引频次总计为2140次，去除自引的被引频次总计2041次，h-index指数为24，这些都从一定程度上反映出酒店企业低碳研究正在成为国际领域一个新的学术热点，在今后具有很大的可拓展空间。在中国知网CNKI中以"低碳并含酒店"为主题，对1990~2019年国内相关文献进行检索，得到405条结果。国内酒店低碳的论文最早出现在2007年，当时只有1篇，2010年论文数量达到85篇，占样本总量的21%，之后国内学术界对酒店低碳发展的研究才不断升温。

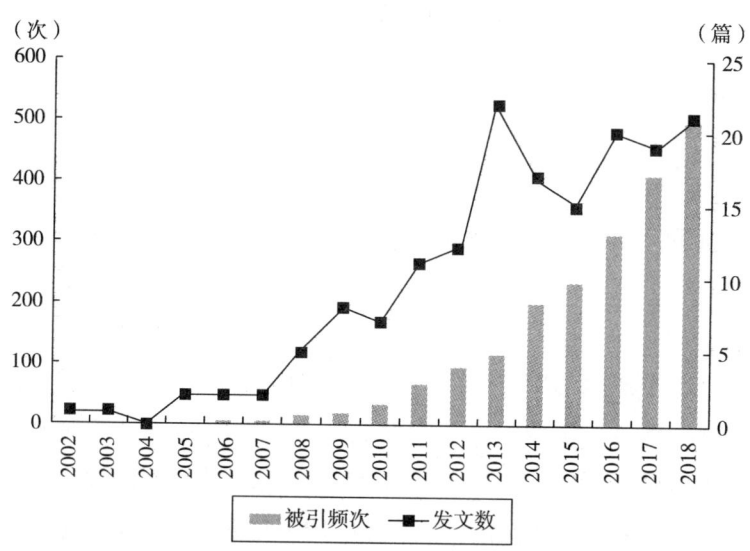

图1-1 国际酒店低碳发展研究发文量和被引频次年度分布

通过对相关文献的阅读和梳理可以看出，酒店企业低碳发展的研究主要集中在以下几个方面：

1. 酒店能源消耗研究

酒店业是高能耗产业，酒店的能源消耗量相当大，对于酒店能源消耗的研究很有必要,很多学者以案例为主,针对不同国家和地区的酒店进行研究。例如,Deng 和 Burnett(2000)通过能量利用指数(Energy Use Index,EUI)进行研究,结果表明,不同酒店能源消耗情况不一样,其中空调大约占酒店能源消耗总量的 1/3,是最主要的能源消耗因素,照明占 12%,电梯占 5%,非电器占 28%,其他占 23%,影响酒店能源消耗还有很多因素,比如酒店的建筑年代、星级标准、总建筑面积和入住率等,最后提出了酒店业急需建立能源管理项目。中国台湾学者 Hu 等(2015)以台湾的一家国际酒店为例,通过一个完整的生命周期从整体上评估了酒店住宿服务业的温室气体排放,构建了酒店碳排放模型。研究结果表明,能源消耗是碳足迹的主要来源,酒店入住率对碳排放影响很大,并提出以一晚一个标准间的入住模式为功能单元,功能单元的选择应该在酒店的发展策略中予以考虑。Xin 等(2012)运用统计分析方法建立海南省的四星和五星豪华酒店的能源消耗定额,相关分析表明,能源消耗和建筑面积高度相关,能源消耗定额的确立能够进一步促进作为国际旅游目的地之一的海南省建筑能效的发展。Rosselló – Batle 等(2010)研究表明,运营阶段使用的能源占总能源消耗的 70%~80%,电力消耗是 CO_2 排放的主要因素。Chan 和 Lam(2002)调查分析了中国香港 17 家酒店用电量的数据,根据用电量衡量酒店污染物的产生量,通过回归分析发现总建筑面积是分析酒店用电量的一个重要因素。结果表明,酒店现有的绿色措施和设备对处理未来增加的污染物排放是不够的,酒店业应该采取更加积极、主动的方法来减少电的使用量。Chan(2012)认为,构建有效而客观的能源基准对住宿行业的可持续发展是很必要的,而确定酒店能源基准最常见的方法是规范化的能源使用强度(Energy Use Intensity,EUI),从自上而下的管理角度来看,它是酒店企业进行标杆学习的有效方式。

2. 酒店碳排放量的测度与评估研究

碳足迹的提出为温室气体排放量的测度提供了新方法,已有学者通过计算酒店的碳足迹,以定量化的方法对酒店的碳排放量进行研究。Filimonau 等(2011)探讨了由用于旅游住宿设施的环境评估的生命周期评价法

(LCA)衍生出的生命周期能耗分析(Life Cycle Energy Analysis, LCEA),用来评估英国普尔与多西特两个城市的旅游住宿设施的CO_2排放量与碳足迹。结果表明,进行节能措施的酒店能源和碳排放强度低于原有水平,并提出了酒店业如何进一步提高能源效率和减少碳排放强度。李鹏等(2010)将碳足迹引入旅游研究,对酒店住宿产品进行生命周期评价,构建了酒店住宿产品碳足迹计算模型,并以昆明市6家四星级酒店进行实证研究。研究结果表明,酒店住宿产品碳足迹是日常生活碳足迹的倍增,主要集中在运营期,占整个生命周期的70%以上;从产生来源上看,包括能源消耗、垃圾释放、制冷剂泄漏三方面,其中直接能源消耗占60.98%;主要影响因素是消耗量和排放系数,酒店规模对碳足迹的影响受环境温度、管理水平等其他因素的扰动,作用不明显。Yi(2011)也从碳足迹的角度研究了酒店的碳排放,调查了济南高星级酒店在经营过程中的碳排放,发现其碳足迹的99%来自直接碳排放,而碳排放的非直接来源则与酒店的接待规模有关,同时指出酒店级别越高,餐饮产品的特征越明显,产生的碳足迹就越多。另外,Wu等(2010)指出,在许多国家,酒店被认为是能源最密集的行业之一,并建立了一套基于回归分析的基准模型,用于评价新加坡29家星级酒店的能源消耗和温室气体排放,在比较不同酒店的能源消耗时,该模型考虑不同酒店在功能和经营方面的差异,最后指出酒店的碳排放强度估算不应该被随意解释,它的分级对于所选择的对比对象很敏感,因而应该按照行业的特性进行研究。例如,五星级酒店的配套设施更为豪华,因而选取每平方米产生的二氧化碳比单个房间每晚产生的二氧化碳作为衡量指标更有意义。

3. 酒店低碳化的评价体系

在酒店低碳相关评价方面,《绿色饭店等级评定规定》是中国目前唯一的一部国家行业标准,对酒店低碳化标准有一定的借鉴意义,但是由于绿色饭店和酒店低碳化的内涵存在一定的差异,其相关的评价标准也会存在一定的差异。国内外学者对酒店低碳化评价体系包括评价指标和评价模型进行了探讨与研究。何茜等(2013)在分析国内外酒店发展现状、评价现状和标准化现状的基础上，指出酒店低碳评价体系不仅应当包括对酒店碳排放进行量化计算的定量评价，还应该包括从酒店的整体低碳设计、经营理念、节能减排管理模式、服务方式等指标进行定性考核。张琼（2012）在选取酒店低碳化的评价指标基础上，通过因子法确定指标的分类，构建酒店低碳化的评价指标体系，并运用层次分析法确定各项指标的权重，将定性与定量相结合，并通过访谈调研饭店管理人员，了解饭店低碳化的过程。金声琅和曹利江（2008）初步建立了酒店服务业生命周期评价（Life Cycle Assessment，LCA）模型，构建了酒店管理生命周期评价体系，指出把生命周期评价方法用于酒店服务业的管理将是未来发展的必然趋势。王丹（2014）在对定量指标无量纲化、正向化和定性指标赋值的基础上，建立了酒店低碳综合评价模型。有些学者对酒店的能源消耗水平进行了评价与分析。例如，刘益（2012）采用投入产出分析方法，对中国酒店业的能源消耗水平进行定量分析。王新宇和阮立新（2012）采用主成分分析法，对江苏8家星级酒店进行综合评价，得到酒店能耗综合评价模型。Beccali等（2009）运用实证方法研究了意大利地区西西里岛酒店能源消耗的情况，发现高星级酒店的能源消耗高于低星级酒店，酒店用电量和客人数量成正比，研究的目的是为了尽可能地节约能源和减少二氧化碳的排放，并设计了一套涉及能源和环境性能的评价指标，这套评价指标可用于能源、环境和经济问题，能源规划者和决策者也可以使用这种方法来定义、监控和提高旅游部门的能源效率，并制定相关的可持续发展政策。另外，有些学者构建了评估酒店节能碳减排和环境发展的综合指标以及酒店低碳化的评价指标。例如，Teng等（2012）通过对酒店高层管理人员、环境专家和政府官员的半结构访谈，构建了中国台湾地区酒店业的节能和碳减排（ECCR）指标，包括交流和参与、高层管理人员的责任、能源、水、废弃物、建筑和购买力共7大类32个指标，同时通过问卷调查确定了各指标相关的权重。研究结果表明，ECCR的成功实施主要取决于管理人员的支持和员工的参与，酒店管理者可以通过建议的ECCR指标来进行实践操作进而提高环境管理。Michailidou等（2015）以希腊北部的旅游目的地为例,提出了旅游环境综合指标(Tourism Environmental Composite Indicator,TECI),这个指标为比较和分析各种规模的酒店所面临的环境压力提供了依据。除了能源和水的消耗以及废弃物的产生外,所提出的方案还运用了生命周期评价(Life Cycle Assessment,LCA),这是为了将酒店住宿和交通所产生的碳足迹也包含在旅游环境综合指标中,这些研究为可持续旅游的利益相关者制定战略政策和策略方案提供了参考。王丹(2014)将酒店低碳化评价指标选取分为五个方面,分别是碳排放指标、低碳管理指标、低碳引导指标、碳汇指标和低碳技术指标。张琼(2012)将饭店低碳化评价指标解析为碳排放、碳源、碳汇、低碳节能产品与技术、低碳消费行为模式引导和低碳管理。魏卫和张琼(2012)基于层次分析法构建了酒店低碳化评价指标体系,该指标体系包括碳减排措施指标、低碳管理指标、低碳引导指标、碳排放指标、碳汇指标和碳源构成指标6个维度21项指标,通过研究表明碳减排措施指标、低碳管理指标及碳排放指标是评价酒店低碳化水平的重要因素。沈杨等(2017)以宁波市的星级酒店为研究样本,建立了酒店碳排放核算框架和酒店低碳指标,并对三种类型的酒店进行分析。郝学军和柴梦(2017)采用专家评分方法和层次分析法,构建了低碳酒店评估指标体系和酒店低碳化等级的评价方法。

4. 酒店和顾客的节能环保意识

在酒店低碳发展中,酒店和客户的节能环保意识起着很重要的作用,很多学者在这方面进行了研究。有的学者运用统计方法对酒店节能环保意识进行了探讨。Molina - Azorin 等(2009)运用聚类分析方法和回归分析方法探讨了西班牙酒店的环境实践和企业绩效的关系,结果表明环保意识越强的酒店绩效水平也就较高。Mensah(2006)运用分层抽样法,调查了加纳52家不同类别的酒店的环境管理情况,并使用卡方检验法证实了三星级到五星级的酒店在环境管理方面做得比较好,努力为酒店创造安全、清洁、健康的环境。还有一些学者针对具体的案例地对酒店和客户节能环保意识进行了分析。Kirk(1998)调查了英国爱丁堡酒店的规模大小、所有权、等级等特征和酒店经理对环境管理的态度之间的关系,研究表明,持有较好环境管理态度的经理会获得较高的市场和经济利益。Erdogan 和 Bavis（2007）调查了土耳其安卡拉酒店的环境保护、废弃物处理、能源使用和保护问题，研究发现，安卡拉酒店行业缺少环保精神，管理人员也没有多少环境保护知识，对环境保护并不太感兴趣，不能达到社会和环境责任基本目标。因此有必要开发一套政策和实践集成系统，不仅使酒店管理层和工作人员，而且使所有关心环境保护与可持续发展的人员和部门共同参与重新考量国家和地方层面的酒店行业政策及培训活动。Zografakis 等（2011）对克里特岛酒店的能耗情况进行了调研，结果发现，87.5%的酒店管理人员认为能源管理具有有效性，酒店节能能够增加利润，而 53.2%的酒店管理人员认为旅游者在选择酒店时会考虑酒店节能的因素，这些研究发现是酒店能效技术投资和改造项目以及相关支持政策制定的基础。Tsagarakis 等（2011）通过在希腊的两个国际机场对 2308 个游客进行面对面的访谈，得到的调查结果表明，86%的受访者愿意选择有节能装置的酒店，87%的受访者愿意选择有可再生能源的酒店，而且分别有 75%和77%的受访者愿意为此支付额外的费用。同时，结果还表明，来自具有较高能源意识国家的游客更愿意选择这样的酒店。Bohdanowicz（2006）通过对瑞士和波兰总共 349 家酒店经理的调研，表明通常酒店管理人员能够认识到环境保护的必要性，也参加了很多环保方面的活动，但要将环境可持续引入酒店业，酒店客户的节能环保意识和行为也是不容忽视的。Ali 等（2008）通过调查发现约旦很少有酒店安装节能设备，但是酒店的管理人员很愿意对酒店进行节能改造以减少不同类型能源的消耗，当提到运用能源有效设备减少能源消耗时，四星级和五星级酒店更愿意进行长期投资以减少不同类型能源的消耗。部分学者通过案例研究对酒店和客户节能环保意识进行了探索。

另外，酒店顾客的节能环保意识也起着很重要的作用。Han 等（2011）通过 422 个案例研究发现客户的"绿色"态度和他们参观绿色酒店的目的、通过口碑效应了解的绿色酒店、为入住绿色酒店要花费更多都有很大的关系，但节能环保的意识并不会由于年龄、教育和家庭收入而受到影响。Manaktola 和 Jauhari（2007）探索了在印度客户对酒店绿色实践的态度和行为，发现客户已经有一定的环保意识，在服务质量相同且不支付额外费用的情况下，客户愿意优先选择环保型酒店。Kang 等（2012）研究发现，美国酒店的客户对环境很关心，愿意为酒店的绿色创新支付额外的费用，且豪华型酒店和中等价位酒店的客户比经济型酒店的客户更愿意支付这个费用。目前中国酒店客户虽然有一定的绿色消费意识，但并未完全转化为真正的绿色消费行为，而且不同的客户之间存在较大的差异（李祝平，2009）。Sánchez-Ollero 等（2014）以西班牙南部 232 家三星级和四星级酒店为样本研究环保措施对房间价格的影响，研究结果表明，如果酒店实施环保措施，房间价格会提高，而有的酒店客户愿意支付这部分增加的价格。Kostakis 和 Sardianou（2012）运用回归模型分析了影响客户对酒店可再生能源的消费意愿，将人口、经济、对可再生能源来源的经验、环境意识、信息传播等作为影响客户消费的因素，实证研究结果表明，中年人更愿意为可再生能源支付额外费用，男性比女性的支付意愿大，有环保意识的人比其他人更具有支付意愿，而婚姻状况和教育水平对支付意愿的影响不大。

（三）酒店企业环境行为研究

由于针对酒店企业低碳行为的研究较少，本书从酒店企业环境行为的研究入手，借鉴已有的研究成果，发现其对本书的启发和参考作用，经过对相关文献的梳理和分析，酒店企业环境行为的研究具体包括以下几方面内容。

1. 酒店企业环境行为定义及分类的研究

人类的某种行为往往依赖的不是某种信息或建议，而是由于某种结果的出现而导致的，例如环境行为是由环境问题而引起的（黎梦娜，2012）。学术界对于环境行为还没有统一权威的定义，不同的学者从不同的角度对环境行为的定义进行了界定。Hsu 和 Roth（1998）认为，环境行为是个体为保护或者改善环境而采取的一系列负责任的行动。Stern（2000）从行为的"影响"和"意向"两个维度来界定环境行为,指出"影响"维度强调人的行为对环境的影响,"意向"维度侧重行为者是否具有环保动机。张兴莲等(2004)将环境行为定义为在人们具有环境知识、态度和技能之后参与各种环境问题的解决而采取的行动。孙岩(2006)强调,环境行为是个人主动参与、付诸行动来解决和防范生态环境问题。王琪延和侯鹏(2010)赞同孙岩的观点,并指出环境行为不只是体现在生态环境的保护上,还应该包括生态环境的防范,因而环境行为主要由环境保护行为、资源回收行为和能源节约行为等方面构成。尽管学术界对环境行为的定义有所不同,但其内涵是一致的,而企业环境行为是指企业在面对来自外部环境包括政府、公众和消费者等方面的压力时,根据自身条件和发展战略所采取的具体的环境保护措施和手段的总称。

酒店作为服务性企业,从广义上来讲,它的环境行为包括酒店环境战略、酒店环境管理和酒店环境文化三个方面,如图1-2所示。这与周曙东(2011)对企业环境行为因子构成的研究一致。从狭义上来讲,酒店环境

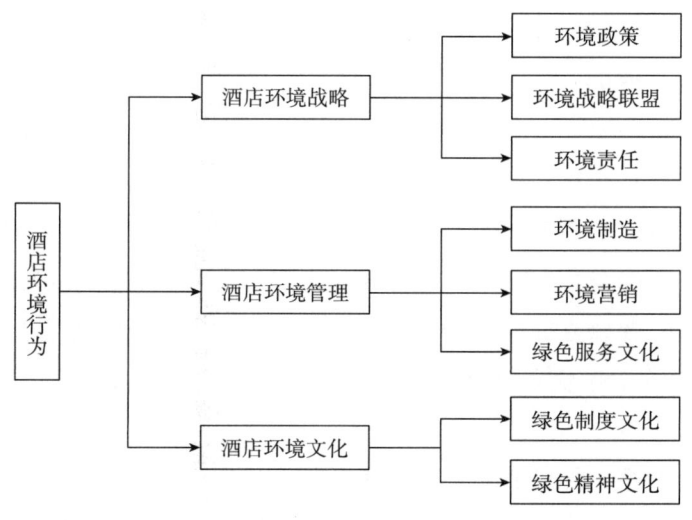

图1-2　酒店环境行为的界定

资料来源:根据张海(2013)的研究绘制。

行为包括承担环境社会责任、对员工进行有关的环保教育及技能培训、节能减排技术的引进和酒店环境管理制度的建立等。张海（2013）指出，酒店企业环境行为是酒店为节约资源和减少环境污染所采取的经营策略和行为方式，是酒店力图通过有效的措施实现酒店经济效益、社会效益和生态效益三者协调发展的有益活动。魏卫等（2016）认为，酒店环境行为是指酒店在其生产、运营和服务管理过程中采取的对环境有利、对生态有益的行为，以减少或降低对环境的危害，实现可持续发展。

酒店环境行为复杂多样，将其进行分类更有利于研究。近年来，学者使用较多的有"积极的环境行为"或"亲环境行为"（Pro - environmental Behavior）（Bonillaprizego et al., 2011），也有学者使用企业自愿环境行为（Corporate Voluntary Environmental Behaviors）（Moon & Deleon, 2007）；而张海（2013）通过实证研究，将酒店环境行为划分为"主动型""防御型""宽松型"和"不作为型"，并对促进酒店环境行为实施的对策进行了研究。

2. 酒店企业环境行为驱动因素的研究

酒店企业环境行为问题的研究备受关注，特别是国外学者对其的研究较为深入和系统化，且以运用计量模型的实证研究为主。Scanlon（2007）通过案例和问卷调查，分析和评估了酒店环境行为，发现目前酒店企业实施的"标杆管理工程"缺乏效率，并不是酒店和度假村的有效基准，并鉴定了普通的运营活动和最好的环境行为。Kasim（2009）探索了马来西亚吉隆坡中小酒店企业经理对环境管理的意识和态度，并进一步预测其环境行为。国内学者魏卫等（2014）以国际学术界旅游管理类期刊中有关酒店环境行为的学术文献为研究文本，对境外酒店环境行为的研究进行了述评。

国内外学者还研究了酒店企业环境行为的驱动因素。国外学者主要从企业内部绩效和外部压力两方面对酒店环境行为的驱动因素进行了研究。例如，Williamson等（2006）通过对31家中小企业的环境行为进行实证研究，论述了企业绩效和政府规制是企业环境行为的主要驱动力；Kamalulariffin 等（2013）通过对马来西亚酒店的研究，指出酒店企业采取环保措施的行为依赖于政府机构监管和其他利益相关者的规范影响。国内学者主要通过实证研究对酒店环境行为影响因素进行定量分析，研究结论存在一定的差异。例如，王凯等（2012）指出，饭店企业环境行为的主要驱动因素包括利润动机、政府环境规制压力和其他利益相关者压力；王秋娜（2013）将酒店低碳化发展的影响因素分为关键因素即政府政策、重要因素即经济因素和信息交流、相关因素即外在环境三类；周曙东（2011）提出企业环境行为的驱动力因素由制度驱动力、战略驱动力、社会责任驱动力、资源能力驱动力四个因子构成；学者李进兵（2010）认为，酒店企业参与自愿环境行动的驱动因素包括市场需求、成本节约、社会制度变化以及酒店自身的管理创新；张海波（2015）运用扎根理论方法将酒店低碳经营的影响因素归纳为低碳经营认知、社会规范压力、低碳利益感知、企业内部资源和外部环境支持；魏卫等（2016）认为，酒店环境行为影响因素中存在来自政府、社区等利益相关者要求与期望的规制性因素和来自酒店内部的激励性因素；万昱磊（2018）指出，企业低碳经营行为的影响因素包括企业内部自身的因素和政府、公众、市场的外部因素。很多研究结果都显示，环境规制压力是酒店企业环境行为的重要驱动因素；李军等（2016）指出，中小企业低碳运营的影响因子包括低碳采购、绿色销售、能源技术、企业低碳运营计划、人力资本、低碳绩效重视程度、企业环境绿化程度等18个因子；张海（2013）研究发现，酒店消费者能够明显感知酒店的环境行为，和没有采取环境管理的酒店相比，消费者更愿意选择实施环境管理的酒店，但是通常不乐意为其支付额外的费用，环境行为的实施可以为酒店带来较强的竞争优势。

3. 酒店企业环境行为实施路径的研究

从国内外学者对酒店企业环境行为的研究，可以看出酒店环境行为的实施主要从以下几方面来实现。

（1）低碳技术的运用和设施设备的改造。Taylor等（2010）运用能源消耗模拟软件ESP-r通过计算机仿真系统建立模型，研究发现，英国最典型的两类酒店（一类是商业园区全新的节能酒店，另一类是老式但进行改造后的城市中心酒店）在不减少客人舒适程度的情况下，通过成熟的技术如纺织品使用上的改进、暖通空调的变化、照明设备的改进和可再生能源发电，到2030年温室气体排放减少50%是有可能的。王新宇和阮立新（2012）运用成功案例说明在硬件及制度建设方面能成功降低能耗，亦对旅游酒店业节能减排有一定的参考价值。有一些酒店通过设施设备的改造来降低能源消耗，如日本虹夕诺雅酒店在屋顶上安装半闭式窗口，可将白天温暖的空气排出去，转换为夜间清爽的凉风，变成了不使用空调的"风楼"；美国 GAIA 酒店安装的"天花板"能够有效利用太阳能，因而减少了 2/3 的二氧化碳排放，它被认为是世界上最环保的酒店（王丹，2014）。刘啸（2010）提出，可采用节能玻璃窗或太阳能玻璃窗等方式使建筑材料低耗能、低排放。还有学者如李勇泉（2009）针对酒店不同部门的特点分别提出节能降耗的具体措施：客房部的节能降耗主要表现为低值易耗品的控制、减少水资源的浪费、用电量的控制；餐饮部的主要能源消耗来自厨房，所以节能措施主要针对厨房进行控制，包括对能源利用进行控制，对采购进行严格管理，控制对布草和餐具的破损率等；前厅部的节能管理主要针对大堂灯光的控制，以及纸张等办公用品的控制与回收利用；工程部对整个酒店的节能降耗作用最大，具体措施包括燃料的使用、节水、合理设置空调的温度和浴室热水温度和电梯的设计等。

（2）提高能源利用率和碳排放效率。Kangting 等（2014）调查了中国台湾地区四种不同类型酒店的 CO_2 排放情况，研究结果表明，服务水平较高的酒店每人每晚产生较高的 CO_2 排放量，在不减少客人总数的情况下，提高能源利用率能够有效地减少酒店 CO_2 排放量。Dalton 等（2008）调查了旅游者对澳大利亚旅游度假酒店使用可再生能源的态度，50%以上的旅游者对良好的住宿环境和可再生能源供给持有积极的态度，并从技术和经济的角度实证分析了大规模的酒店（100张床位以上）和中小规模的酒店（100张床位以下）实施可再生能源的可行性（Dalton，2009）。在能源方面，提倡用太阳能、风能、水能等绿色能源逐步替代现有的传统型能源，建设新型的低碳酒店能源供应系统（张朝和胡道华，2011）。同时，酒店要合理利用常规能源，如煤、石油等，采用节能技术，提高能源效率，尽量利用可再生能源，促使酒店的绿色低碳发展。另外，有学者指出碳排放量与碳排放效率密切关系，只有提高碳排放效率，才能有效减少碳排放，酒店碳排放效率的测算可以为其实施节能减排提供参考依据（程占红和徐娇，2018）。

（3）科学的管理制度和经营方式。Wang（2016）调查了中国台湾地区四种不同类型总共 200 家酒店，讨论了台湾地区酒店的能源消耗，并对提高酒店能效提出了管理上的建议。自上而下的管理对建立酒店能源基准是有益的，酒店能源管理应该首先考虑酒店的基础设施建设（Chan，2012）。酒店应在深入了解自身能源消耗情况、能源比例和种类、能源的使用效率的基础上制订全方位的酒店能源管理计划（周梅，2010）。酒店低碳是低碳经济背景下酒店业发展的新趋势，实施低碳经营也是酒店的必然选择（徐峰，2013）。酒店低碳化的经营路径可通过酒店设计低碳化、能源管理低碳化、酒店服务低碳化、酒店消费低碳化、产业结构低碳化五方面来实现（刘益，2012）。但酒店低碳的推行将面临许多障碍，可通过强化低碳理念、加大技术创新、建立酒店碳文化与制度以及利益补偿激励机制，运用低碳经济的发展模式来经营酒店。中国台湾学者 Wang 和 Huang（2013）运用多元回归模型分析每年到中国台湾来自世界不同地区的游客的能源消耗和酒店总收入的关系，同时指出统计模型的建立对酒店营销偏好和房间价格的确立等都是有益的。

（4）低碳理念和节能意识。酒店和客户的节能环保意识以及低碳理念对酒店发展起着重要的作用。有学者提出，应该通过树立低碳饭店发展理念，制定低碳饭店发展策略，改变经营方式，加强能源管理，降低能源消耗，逐步取消"六小件"一次性日用品和减少床上布草洗涤次数等措施来实现饭店业的节能减排，另外还要确立低碳经济的主流消费价值观，建立低碳消费模式，这样才能实现酒店的低碳发展。2012 年 9 月成立的天津圣光万豪酒店，将绿色理念和环保技术应用到节地、节水、节能、节才、室内环境和运营管理六大方面，通过自身的节能环保设计进而倡导低碳意识，引导人们参与低碳的生活方式，它是中国首家绿色低碳酒店、亚洲首席低碳主题酒店和全球首家全程记录碳足迹的酒店（王丹，2014）。

（5）相关政策和制度的保障。Lall（2003）从政策角度对酒店实现节能减排的路径进行了研究，提出政府征收碳税可有效地促使酒店节能减排。Oluseyi 等（2016）通过研究尼日利亚酒店行业的能源消耗趋势，表明单位客房能源消耗和二氧化碳排放之间显著相关。由于尼日利亚酒店行业活动产生了大量二氧化碳气体，急需采取一定措施降低尼日利亚酒店和其他商业建筑的碳足迹，建议通过系统途径，由政府和酒店行业在减排工程上开展合作（如分别开展立法和投资），将酒店行业二氧化碳排放量控制在可承受范围。李勇泉（2009）通过对泉州市5家高星级酒店进行问卷调查和访谈调研，进一步了解星级酒店的能源消耗情况，对高星级酒店的节能降耗提出了一些建议，主要包括以下几方面：政府应加强对节能改造的支持，星级评定中加强对环保节能的要求，增强全体员工的节能意识，搞好能源计量与统计分析和改进节能管理方法等。翁钢民和刘岩（2011）基于环境成本控制视角分析了低碳饭店的实现路径包括对低碳饭店给予资金和政策支持、采用低碳经营模式和清洁生产工艺和积极开展绿色营销等方面。

还有一些学者对酒店如何低碳发展进行了综合性的分析。徐峰（2013）指出，通过低碳设计与改造、低碳运营与管理、低碳产品与服务、低碳形象与营销等路径可以实现酒店的低碳发展。董鸿安（2012）提出通过低碳化系统规划设计酒店、进行节能改良和技术改造、建立健全低碳消费的奖励机制、制定出台酒店低碳发展的行业标准创建低碳酒店，是星级酒店业未来可持续发展的新模式。张海（2012）以广州市星级酒店、餐饮企业为例，通过因子分析方法，指出了酒店低碳发展不同时期的发展战略，在发展前期，从外部来看，酒店需要承担力所能及的低碳社会责任；从内部来看，酒店应该建立基本的低碳企业文化。在发展中期，要有计划地对酒店设施进行低碳化改造；在发展后期，需要以低碳服务为导向进行管理变革。还有学者指出,酒店低碳发展的途径包括强化"低碳"意识、定位低碳市场、采用低碳技术、开发低碳产品和加强"低碳"沟通等方面。还有学者认为,饭店的低碳化是低碳饭店的实现方式,低碳饭店是"优生"(指饭店的规划、设计、建设)、"优育"(指饭店的运营、管理、服务)综合作用的结果。其中"优生"是关键,"优育"是保障,从低碳生产、低碳消耗、低碳管理、低碳服务、低碳形象五个方面阐述低碳饭店的实现途径,最后得出生态化最终将成为世界饭店业的大趋势结论。陈静(2011)在分析酒店低碳发展的必然性的基础上,从强化"低碳"意识、定位低碳市场、采用低碳技术、开发低碳产品和加强"低碳"沟通几方面阐述了酒店低碳发展的途径。上海市的 Urban Hotel 是中国第一家"碳中和酒店",从外部空间、建筑单体、碳中和策略等方面入手,成为国内酒店低碳化的代表(王洪辉和朱晓明,2011)。

(四)国内外研究述评

通过研究发现,国内外关于旅游业低碳发展虽已经取得一定进展,但总体而言尚处于探索阶段,研究成果较少,总体研究的深度还不够,系统的研究有待于进一步加强。目前国内外对于旅游业低碳发展的研究,其发展轨迹和路径不同,各有侧重点和特点。国外旅游业低碳发展的研究多集中于旅游与气候变化的双边关系,旅游业应如何适应和缓解气候变化,其中包含低碳旅游的研究,但直接以"低碳旅游"为主题的研究仍然较少,多数以旅游业低碳化的发展以及旅游业节能减排的形式出现,旅游业适应气候变化的研究属于低碳旅游研究的探索阶段,旅游业缓解气候变化的研究属于旅游业低碳化发展阶段(周连斌,2013)。国外低碳旅游研究多为实证研究,偏重于定量研究方法的使用和探索,力图针对某一区域取得应用型成果,同时注重选择有特点的研究工具,使用多样的研究方法,使定量与定性方法相结合,但对低碳旅游相关概念尚无系统的讨论和研究。国内低碳旅游研究分析视角多样,有概念研究、碳排放影响因素与测度研究、发展模式与实现途径研究等,研究对象宽泛,但研究结论趋同,偏重定性化说明。了解旅游业低碳发展的研究进展，可以为酒店企业低碳发展的研究提供恰当的研究视角和方法借鉴，以更好地开展研究，有助于针对性地开展研究，更好地选择合适的研究领域和方向以及恰当的研究方法和角度。

通过对国内外酒店低碳发展文献的梳理可以发现，学术界对于酒店企业低碳发展和低碳行为的研究还处于起步阶段，系统的研究有待深化和完善。关于酒店低碳发展的研究，学者分别从酒店能源消耗、酒店碳排放量的测度与评估研究、酒店低碳化评价体系、酒店和客户的节能环保意识等方面进行；而对于酒店企业环境行为的研究主要从其定义和分类、驱动因素和实施路径进行研究。现代酒店管理起源于欧洲等发达国家，酒店环境管理作为新兴的管理战略与技术理所应当受到重视，因此对酒店环境行为的研究相对丰富一些，而在研究欧洲酒店环境行为的文献中，研究西班牙酒店环境行为问题的占到一半多，这是由于2005年6月，西班牙成为通过生态管理与审核法案（Eco-Management and Audit Scheme，EMAS）认证的企业数第二多的国家，而在这些企业里，西班牙的酒店行业占据很重要的地位（魏卫，2014）。关于酒店环境行为的研究，早期主要是对其表象进行描述性的研究，理论研究较为欠缺，最近该领域的研究主题得到了拓展，开始深入挖掘剖析酒店环境行为的一些深层次问题，如酒店环境行为实施的障碍因素研究和酒店环境行为的绩效研究等。早期定性为主的研究所得出的结论是指示性的，是建立在对研究主体表象基础上所得出的判断性的、经验性的结论，有较强的指导性，而近几年的研究则偏重于复杂的数据实证分析和较为严谨的逻辑论证，所得出的结论更具有说服力，学术性更强。

总体来讲，虽然酒店低碳发展受到国内外尤其是旅游业界的普遍关注，也出现了一些相关的研究文献，但国内外关于酒店低碳行为的研究尚存在一些缺陷，如目前国内外对于低碳旅游发展的研究有不少，但针对酒店尤其是星级酒店低碳行为进行研究的论文却很少，实证研究的论文也只局限于酒店低碳化评价指标体系等方面，缺乏对酒店低碳行为的系统深入研究。

通过对国内外酒店低碳发展相关研究的分析可以看出，酒店企业低碳行为的研究在以下几方面有待深入与加强。

（1）拓展和深化理论研究。酒店低碳行为的理论研究需要进一步延伸和深化，开展酒店低碳行为的机理、驱动力和健全机制等方面的理论研究，重视理论体系的构建进而对酒店低碳行为的实施进行有效的理论构建和实践指导。当一个比较新的研究领域刚刚开始起步时，应该更多地关注基础理论的研究，以便为后续的实证研究奠定坚实的理论基础。

（2）创新研究方法。在酒店环境行为研究领域，国外学者多集中于实证研究和单一学科研究，基础理论研究和跨学科研究则需加强。从研究的类型及其方法上看，该领域的研究经历了由定性研究为主向定量研究为主的转变。在2003年之前以定性研究为主，之后定量研究逐步成为研究的主流。其中，定性研究多用于理论研究，定量研究多用于实证研究，并在不同研究对象的比较、相关影响因素的作用机制以及预测酒店环境行为的发展趋势方面起到了重要作用。目前，该领域的研究缺乏一般概念性的系统研究和相关理论体系的构建，数据处理方法也较为单一。在酒店低碳发展的研究过程中，相关学者应尝试利用多样复杂的统计方法充实本学科领域，而不只限于以往该领域主要采用的描述性统计、因子分析和回归分析，需要结合经济、社会和文化等多方面的因素，融入管理学、经济学、社会学、生态学和旅游学等多学科，同时注重数据的采集和分析，并有选择地借鉴低碳经济、低碳社会、旅游经济、旅游统计等相关领域的研究方法，加强理论框架的构建与定量分析。运用跨学科的视角和方法来研究酒店环境行为是未来可拓展的方向。

（3）强化实证研究。现有的研究成果理论阐述性、浅层次探讨性的论文较多，系统性的定量研究成果比较匮乏，特别是基于大样本和相关数据挖掘基础上的复杂的实证研究更少，应该突破目前一般描述性的研究现状，强化酒店低碳行为的实证研究，有效地促进旅游业乃至整个社会的可持续发展。

(4) 注重研究深度，拓展研究思路。当前酒店低碳发展研究主要集中在酒店低碳的概念、碳计量和实施路径方面，研究视角较单一，切入点少，内容稍有重复，应该结合经济、生态、社会等多个领域的研究成果，寻找新的切入点，深入挖掘，多层面、多角度地展开酒店低碳发展研究。国外酒店企业环境行为的研究侧重于环境行为影响因素作用机制以及环境政策、环境管理制度等对酒店经营绩效的影响。今后应该在环境行为绩效的测评和公众消费者酒店环境行为视角方面加大关注力度，例如研究消费者环境行为对酒店企业环境行为的影响等。同时，本领域未来应当更关注环境投资与初始成本之间的关系研究和污染防治效率即环境行为绩效的长短期影响研究。从消费者的角度出发研究酒店环境行为的还比较少，目前已有的研究关注的是消费者微观层面，如消费者信仰、文化水平、对环境的态度等。作为酒店践行环境管理的一个重要驱动因素，有必要从宏观层面探讨公众消费者环境行为倾向对酒店环境行为的影响，如酒店环境行为新生态范式研究等。随着环境行为理论和实践体系进一步完善，其研究方法、测量工具、评价指标体系等都将成为该领域的重要研究内容。

(5) 加强酒店低碳发展的实践研究。酒店低碳发展仅仅依赖旅游业本身是远远不够的，需要多部门的通力合作，需要政策、技术的多重支持，需要多方面的共同努力。

三、研究内容与方法

（一）研究内容

本书是以星级酒店低碳行为为研究对象，研究星级酒店低碳行为的驱动机制及其对绩效的影响，具体研究内容包括以下几方面。

（1）本书在参考国内外学者相关文献研究成果和相关理论分析的基础上，运用访谈的研究方法，根据扎根理论编码程序归纳提取出星级酒店低碳行为的七大驱动因素，从理论上厘清低碳行为和绩效各自的构成维度，在理论分析的基础上进行逻辑推演，构建驱动因素—低碳行为—绩效的理论模型，分析推演不同的驱动因素与低碳行为两个维度之间，低碳行为两个维度与绩效两个维度之间的关系。

（2）本书设计开发了星级酒店低碳行为驱动机制及绩效影响测量的量表，研究酒店内部低碳管理、低碳技术设施、低碳责任意识、酒店人才实力、政策法规、社会规范和经济保障七大驱动因素对酒店一般低碳行为和积极低碳行为的影响，酒店一般低碳行为和积极低碳行为分别对酒店直接绩效和间接绩效的影响，以及酒店一般行为与积极低碳行为之间，酒店直接绩效与间接绩效之间，酒店驱动因素间的相互作用关系。

（3）本书剖析了星级酒店低碳行为的内外部驱动力及其关联耦合机理，在此基础上，基于低碳经济和效益理论阐释了星级酒店低碳行为的驱动机制，同时构建了政府、区域、酒店和消费者"四轮"驱动模式的星级酒店低碳行为驱动机制系统，并围绕七大驱动因素提出了星级酒店低碳行为具体的优化策略。

（二）研究方法

1. 文献研究法

任何一项研究都需要首先进行文献研究，这是理论推导与演绎的基础，文献研究主要是对前人的研究成果进行总结和提炼，找到前人研究的成果和不足，以对所研究的问题进行全面把握和深入思考。文献研究的目的在于结构化研究问题，并且为下一步研究进行定位。本书的外文文献来源于 WOS（Web of Science）核心合集，Elsevier、Wiley、Taylor&Francis 等数据库；中文文献来源于中文社会科学引文索引和中国知网等数据库，通过对旅游业低碳发展、酒店企业低碳发展、酒店企业环境行为的相关文献和理论进行梳理、分析、归纳和总结,为星级酒店低碳行为驱动机制及绩效影响相关概念的界定、构成维度、模型构建以及其后的实证研究提供理论支撑。

2. 社会调查法

本书采用社会科学领域主流的社会调查法进行研究,即访谈法与问卷调查法,其中访谈法研究采用开放性、半结构性深度访谈法,对来自不同星级酒店的管理人员及员工进行深度访谈,根据扎根理论的方法,对访谈所获得的资料进行编码,调查了解并提取星级酒店低碳行为驱动因素的构成因子,为主要变量的测量和调查问卷的设计奠定基础。根据国内外相关文献研究成果以及访谈调研的结果设计调查问卷,并进行预调查和正式调查,以期获得研究所需的数据资料。

3. 统计分析方法

本书采用SPSS24.0统计分析软件对所获得的数据进行处理,进行题项的描述性统计分析、研究样本数据总体正态分布检验和主要变量的相关分析等,通过对量表建构效度检验的探索性因子分析(EFA)和量表的信度检验,对研究数据的质量进行评估,运用AMOS24.0统计分析软件,对量表进行验证性因子分析(CFA),检验测量模型的收敛效度。

4. 结构方程模型分析方法

结构方程模型能够处理多个自变量和多个因变量间的复杂关系,解释多个环节的因果结构,找到各变量更深层次的关系,能够通过计算多个适配度指标参数,对模型的整体适配度进行检测。本书研究星级酒店低碳行为的驱动因素(自变量)、星级酒店低碳行为(中介变量)和星级酒店低碳行为绩效(因变量)之间的影响系数和路径关系,根据统计分析结果来验证提出的研究假设,最后形成结论。本书涉及多个自变量和多个因变量,要进行模型设定、模型辨识、模型估计和模型评价与修正,基于以上研究期望,本书采用AMOS24.0版本软件,选择结构方程模型(SEM)的研究方法进行研究。

5. 系统分析方法

　　系统分析方法也称系统方法，是以系统的整体最优为目标，对系统的各个方面进行分析。它是一个有目的、有步骤的探索和分析过程，为决策者提供直接判断，其应用范围很广，如政策与战略性问题的分析等。本书从系统的角度出发，分析星级酒店低碳行为的内外部驱动力及其关联耦合的机理，构建星级酒店低碳行为驱动机制系统，对其发展的需求驱动力、支持驱动力以及管理驱动力进行分析和研究，揭示系统内部各要素之间的因果关系及动态变化，就星级酒店低碳行为驱动机制系统的内部关系进行解析，并在此基础上提出星级酒店低碳行为的优化策略。

四、研究思路与技术路线

　　本书围绕星级酒店低碳行为驱动机制及绩效影响这一主题，沿着文献梳理与述评—多理论视角剖析—访谈调研与研究假设—问卷设计与数据获取—模型构建与验证—驱动机制和优化策略—结论与展望的研究思路展开，系统地对星级酒店低碳行为驱动机制及其对绩效的影响进行研究。本书在对国内外相关文献研究进行梳理的基础上，系统分析星级酒店低碳行为的前因——驱动因素和作用机理及后果——对酒店经营绩效的影响，将它们置于一个研究框架中，即构建相关驱动因素—酒店低碳经营行为—酒店低碳经营绩效的研究模型，并进行实证研究。本书的研究思路与技术路线如图1-3所示。

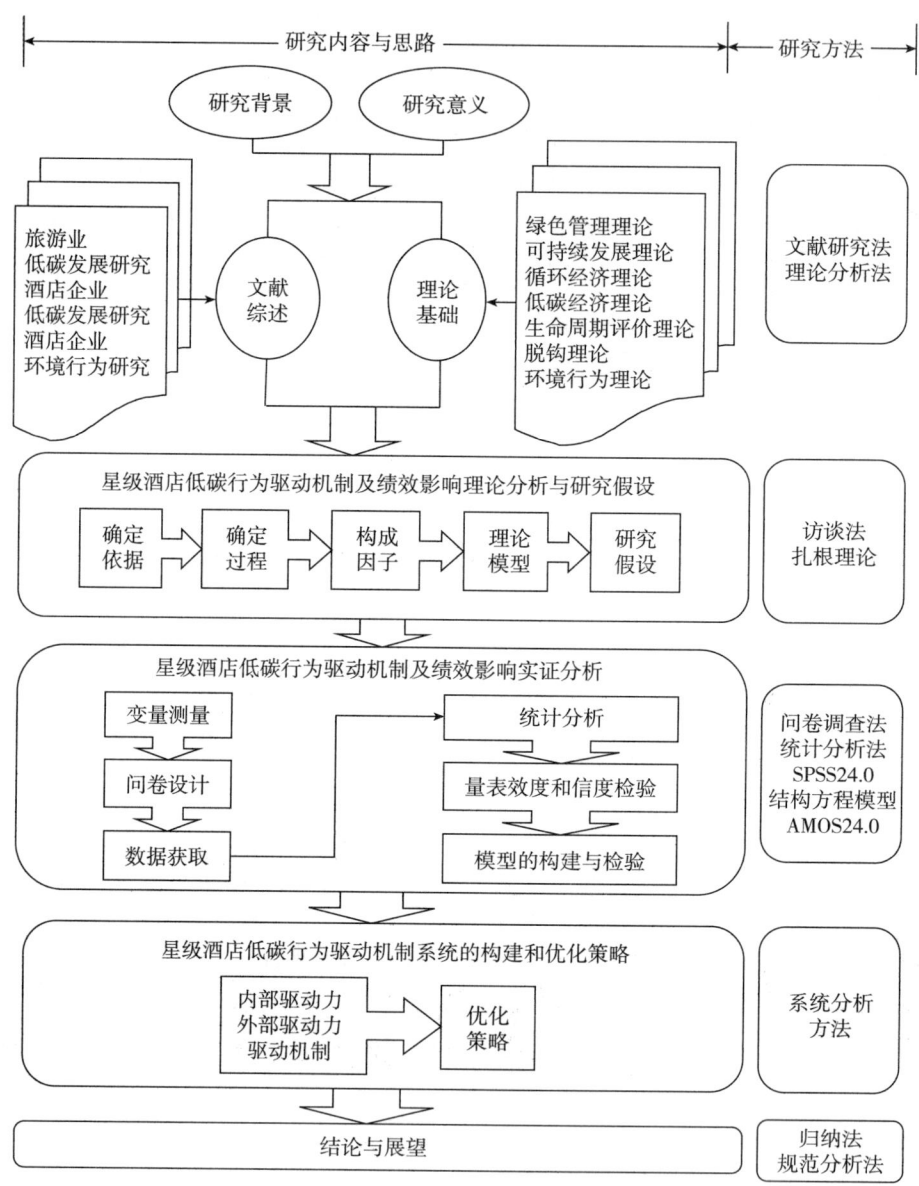

图 1-3 研究内容与思路及技术路线

五、研究工作和创新

(一) 研究工作

本书根据研究内容的需要主要开展了以下几项研究工作。

第一,通过对酒店管理层、酒店员工及酒店管理相关专家进行开放性、半结构性深度访谈,根据扎根理论编码程序最终确定星级酒店低碳行为的驱动因素,从理论上厘清酒店低碳行为的构成维度和酒店低碳行为绩效评估的维度。

第二,运用理论分析和逻辑推演的方法,构建驱动因素—低碳行为—绩效的理论模型,研究七大驱动因素与低碳行为两个维度之间、低碳行为两个维度与酒店绩效两个维度之间的相关关系,在此基础上提出本书的假设。

第三,基于相关文献的研究和本写作的实际情况,确定本书所涉及的11个主要变量的测量量表,然后从具体实证操作的角度对本书的调查问卷进行科学设计、预调研、修正、正式发放和数据收集,并运用SPSS24.0和AMOS24.0统计软件对所获得的研究数据进行统计分析,以保证数据的质量。

第四,对本书涉及的主要变量进行相关分析和区别效度检验,采用AMOS24.0统计软件对结构方程模型进行构建、检验与修正,根据适配度指标对结构方程模型进行适配度分析,在此基础上对前文所提出的研究假设进行检验,并对研究结果进行分析和讨论。

第五,在实证分析的基础上,深入剖析星级酒店低碳行为的内外部驱动力及其关联耦合机理,在此基础上基于低碳经济和效益理论阐释星级酒店低碳行为的驱动机制,同时构建星级酒店低碳行为驱动机制系统,在此基础上提出星级酒店低碳行为优化的具体策略。

(二) 研究创新点

通过对星级酒店低碳行为驱动机制及绩效影响的研究,本书实现的创新之处主要有以下几方面。

(1) 构建驱动因素—低碳行为—绩效的理论模型。国内关于酒店低碳行为的研究甚少,且主要是研究酒店低碳行为的影响因素,有关低碳行为与绩效关系的实证研究十分缺乏。本书运用理论分析和逻辑推演的方法,构建驱动因素—低碳行为—绩效的理论模型,并识别各主要变量各自的构成维度,主要研究驱动因素对低碳行为和低碳行为对绩效的影响作用。

(2) 创新性地研究星级酒店低碳行为。以往的研究只是笼统地对酒店或者是具体到某地区的酒店低碳经营或节能减排进行研究,而本书将研究的对象定位到星级酒店低碳行为,系统研究酒店低碳行为的前因和后果。由于星级酒店尤其是高星级酒店的高能耗、高排放状况更严重,其低碳发展状况在酒店业更具有典型性和代表性,而低碳行为的研究较低碳发展和低碳经营的研究更加具体。

(3) 构建星级酒店低碳行为的驱动机制系统。本书分析内部低碳管理、低碳技术设施、低碳责任意识、人才实力四大内部驱动力和政策法规、社会规范和经济保障因素三大外部驱动力以及内外部驱动力之间关联耦合的机理,在此基础上基于低碳经济和效益理论阐释星级酒店低碳行为的驱动机制,并构建政府、区域、酒店和消费者"四轮"驱动的星级酒店低碳行为驱动机制系统。

(4) 设计开发星级酒店低碳行为驱动因素及绩效影响测量量表。由于关于酒店低碳行为的研究缺乏,目前还没有成熟的量表,相关研究的量表也较少,且是针对不同的研究范畴而设计的。本书在参考相关研究的量表的基础上,结合本书的实际情况,设计星级酒店低碳行为驱动因素及绩效的量表,实证分析结果表明本书设计的量表具有较好的稳定性和有效性。

六、基本框架

本书系统地研究星级酒店低碳行为的驱动因素、构成维度及其对星级酒店绩效的影响,并在深入分析星级酒店低碳行为驱动机制的基础上,重点提出星级酒店低碳行为的优化策略。全书共分七章,具体安排如下。

第一章首先阐述本书的研究背景和意义,在对旅游业低碳发展、酒店低碳发展和酒店环境行为等相关文献进行梳理和分析的基础上,提出本书的研究内容和方法、研究思路和技术路线、研究工作及创新点。

第二章对相关的概念进行清晰准确的界定,对本书所依据的相关理论进行系统阐述,为后续研究的开展奠定理论基础。

第三章运用访谈的研究方法,根据扎根理论编码程序归纳提取出星级酒店低碳行为的七大驱动因素,从理论上厘清低碳行为和绩效各自的构成维度,运用理论分析和逻辑推演的方法,构建驱动因素—低碳行为—绩效的理论模型,推演不同的驱动因素与低碳行为两个维度之间,低碳行为两个维度与绩效两个维度之间的关系和相互作用的机理,提出本书的假设。

第四章首先确定本书所涉及的 11 个主要变量的测量量表,然后从具体实证操作的角度对本书的问卷进行科学设计,并通过预调研结果对问卷进行修正,之后对正式问卷进行发放和数据收集。在此基础上对所获得的研究数据进行统计分析,研究样本的特征描述、题项的描述性统计分析、研究样本数据总体正态分布检验、探索性因子分析即量表建构效度检验、量表信度检验均采用 SPSS24.0 统计分析软件进行,潜变量的验证性因子分析即测量模型收敛效度的检验运用 AMOS24.0 统计分析软件进行。

第五章首先对本书所涉及的主要变量进行相关分析和区别效度检验,其次采用 AMOS24.0 软件根据适配度指标对结构方程初测模型进行构建、检验与修正，从模型基本适配评估、整体模型适配评估、模型内在结构适配度评估三方面对修正后的结构方程模型进行适配度分析，在此基础上对第三章所提出的研究假设进行检验，判定其是否成立，并对研究结果进行分析和讨论。

第六章首先剖析星级酒店低碳行为的四大内部驱动力和三大外部驱动力及其关联耦合机理，在此基础上基于低碳经济和效益理论阐释星级酒店低碳行为的驱动机制，并构建政府、区域、酒店和消费者"四轮"驱动的星级酒店低碳行为驱动机制系统，在此基础上提出星级酒店低碳行为优化的总体思路和具体策略。

第七章在前文理论分析和实证检验的基础上总结概括全书的研究结论和研究贡献，最后提出本书的局限，并对后续研究进行展望。

第二章
相关概念界定与理论基础

本章在相关文献研究的基础上，首先对星级酒店、低碳、低碳酒店、低碳行为和绩效5个相关概念进行清晰、准确的界定，以确定本书研究的对象和范畴；然后对绿色管理理论、可持续发展理论、循环经济理论、低碳经济理论、生命周期评价理论、脱钩理论和环境行为理论等相关理论进行系统的阐述，为研究的开展奠定理论基础。

一、相关概念界定

（一）星级酒店

传统意义上，酒店是指能够向旅游者或当地居民提供配有餐饮及相关服务的住宿设施。现代酒店是指具有商业性质的综合性服务场所，向旅游者提供商务、会议、休闲、度假即食住娱等综合性服务（郑向敏，2014）。按照不同地域的不同习惯，酒店还被称为饭店、宾馆、旅社、旅店、旅馆、宾舍、度假村等（刘杰，2015）。一般将"星级旅游饭店"简称为

"星级饭店"或"星级酒店"。

2010年国家旅游局颁布的《旅游酒店星级的划分与评定》（GB/T14308—2010）根据酒店规模、功能、服务质量等方面对星级酒店的划分进行详细的规定。目前在国际上比较通用的是五星等级划分标准，即一星到五星，如表2-1所示。酒店星级等级用星的数量和设色表示。最低为一星级，最高为五星级（含白金五星级），星级越高，表示酒店的等级越高，设施和服务也就越好（刘嫣红，2015）。我国在酒店星级评定领域具有严格的评定机构和审批程序，其流程一般为受理申请、评定检查、组织评审、组织批复，评定委员会每年都要对酒店进行复核。根据旅游酒店现有的星级评定规范，评定星级酒店的项目分为必备条件和选择项目两个部分。必备条件是申请星级审批的资格，只有各项条件全部达标之后才能进行下一步的评定。选择项目是酒店根据不同的级别来选择其可以提供的产品或服务，星级不同，提供选择的项目数量也不同。旅游酒店星级评定机构根据酒店的建筑设备、酒店规模、服务质量、管理水平等方面所符合的等级标准确定酒店星级。酒店的星级综合体现出酒店的建筑环境、功能环境、服务环境与管理环境的专业化水平（刘辰等，2014）。

表2-1 星级酒店划分标准

星级	划分标准	适用经济等级
一星	实用性酒店，设备简单，具备食宿两个基本功能，能满足客人最简单的旅行需求，提供基本服务	经济能力较差者
二星	经济型酒店，设施一般，设有购物、理发等综合服务设施，服务质量较好	经济能力中下等者
三星	中档酒店，设备齐全，除提供优良的住宿外，还有会议室、酒吧、咖啡厅等综合服务设施	中等经济水平者
四星	高档酒店，设备豪华，各种服务齐全，设施完善，服务质量优良，室内环境高雅	上层旅游者和公务旅行者
五星	豪华酒店，设备十分豪华，设施十分完善，服务设施十分齐全，服务质量高	上层资产阶级、上层管理人员、社会名流等

资料来源：根据苏鸿（2008）、李俊（2014）和刘杰（2015）的研究整理而得。

（二）低碳

"低碳"（Low Carbon）这一名词是在各领域发展战略中出现的，它首先是一个生态学名词，是指在生产和管理过程中排放较少的以二氧化碳为主的温室气体。目前的温室效应，地表和大气温度上升的原因70%~80%是由大气中二氧化碳的增加造成的。一般情况下，可以从三个层面来理解低碳：一是温室气体排放增长的速度小于国民生产总值的增长速度；二是温室气体绝对排放量减少；三是温室气体实现零排放。而实现以上三方面的前提是经济的正向增长，即GDP增长率大于零（黎梦娜，2012）。随着低碳概念的出现，"碳足迹""碳源""碳汇""碳中和""碳抵消"等一系列新名词、新概念应运而生。碳足迹是指个人或企业的碳耗用量，而碳源与碳汇是两个相对的概念，碳源是指自然界中向大气释放碳的母体，碳汇是指自然界中碳的寄存体，减少碳源一般通过二氧化碳减排来实现，增加碳汇主要采用固碳技术。碳中和是通过植树造林等方式，吸收或抵消因生产生活活动产生的碳排放，使之达到零排放的环保状态。低碳的内涵因而也延伸到诸多领域，低碳经济、低碳社会、低碳技术、低碳生产、低碳消费、低碳生活、低碳世界、低碳城市、低碳旅游、低碳酒店，几乎涵盖所有的领域。

（三）低碳酒店

低碳酒店目前学术界尚没有确切、统一的定义，但许多学者从不同的角度提出对低碳酒店的认识，如表2-2所示。曾丽婷（2011）指出，低碳酒店是运用低碳经济的核心价值理念、应用低碳经济的发展模式、利用低碳的科学技术来建设和运营的酒店，它把降耗减排标准化，用指标的形式进行硬性化管理；翁钢民和刘岩（2011）认为，低碳饭店是以环境保护和可持续发展为理念经营的饭店，它是低碳经济在饭店发展中的实现形式，作为一种资源节约型、环境友好型、可持续发展型饭店，低碳饭店的基本特征是"低能耗、低排放、低污染"，具备"餐饮节能、住宿节能、建筑节能"等多元功能。还有学者认为，低碳饭店就是通过一系列技术管理措施，减少饭店运营中的碳排放量，以一种"低能耗、低污染、低排放和高效能、高效率、高效益"的发展模式来进行经营管理；有的学者指出，低碳酒店就是把低碳观念渗入酒店工作、管理的各个环节，利用先进、科学的低碳技术建设、运营酒店，其目的就是追求经济效益和环境效益的最优组合。另外，学者洪文艺（2010）、徐峰（2013）也都提出了他们对低碳酒店的认识。综上所述，低碳酒店的内涵应包括三方面：第一，低碳理念贯穿酒店的整个生产运营和管理全过程，酒店不仅要坚持节能减排，实现资源的循环利用，还应该利用旅游业的服务功能和特点传播低碳理念；第二，低碳酒店是一个持续性的过程，从遵循低碳理念、引进低碳技术到进行低碳的经营和管理，都是一个持续的过程，要保证减碳的持续性，酒店必须有足够的措施和条件保障低碳运营；第三，衡量酒店低碳水平应以量化指标作为初始门槛，以二氧化碳排放量作为降耗减排指标依据，分阶段设立行业基准值，切实提高酒店的低碳化水平。低碳酒店具有产品服务低碳化、设施构建低碳化、制度管理低碳化、能源利用低碳化的特征（王丹，2014）。低碳酒店的创建和推广，一方面，可以提高酒店的市场形象；另一方面，可以降低酒店的营运成本。低碳酒店是酒店业可持续发展的目标，是酒店的未来之路。

表2-2 低碳酒店含义相关研究汇总

学者	时间	主要观点
洪文艺	2010	将低碳消耗贯穿于整个生产过程，且以低能耗、低污染、低排放为主要生产方式和消费模式运营的饭店
曾丽婷	2011	在保证酒店顾客消费经历不减少的前提下，以实现酒店经济增长与酒店碳排放"脱钩"为目标的新型消费方式与管理理念
翁钢民和刘岩	2011	以环境保护和可持续发展为理念经营的酒店
徐峰	2013	以"三低"为运营特点，以实现酒店经济增长与酒店碳排放"脱钩"为目标的酒店

与低碳酒店相关的概念还有绿色酒店,绿色酒店是为旅客提供的产品和服务充分利用资源,保护生态环境要求和对人体健康无害的酒店(韩冬,2002)。绿色酒店发展较早,可以看作低碳酒店的前身,两者的侧重点不同,绿色酒店侧重"安全、健康和环保",这也是绿色酒店的三大标准,低碳酒店则更关注低污染、低能耗以及低碳排放,但是绿色酒店和低碳酒店的核心理念并没有太大的不同(黎梦娜,2012)。中国绿色酒店国家标准将绿色酒店分为从一叶到五叶五个等级,改变了之前由国家旅游局发布的绿色酒店标准中金叶和银叶两级体系(罗东霞和李春颖,2013)。赵晓芳(2010)从低碳经济和绿色酒店的概念来谈酒店业低碳化概念,指出低碳是绿色酒店的必要因素,在酒店运营的过程中,要降低日常消耗以及设备运行中的能源消耗,降低酒店对环境造成的污染,促进酒店产品的生产、消费过程与环境相容。

从以上不同学者的观点可以看出,低碳酒店是指酒店的经营管理以低碳为理念,通过低碳技术的运用和设施设备的改造,提高酒店能源利用率,减少能源消耗,降低二氧化碳排放量,关注碳足迹,积极碳中和,从而实现酒店的可持续发展。

(四) 低碳行为

低碳行为是一种环境友好型、资源节约型的行为。低碳旅游行为是指公众通过低碳生活和低碳消费方式,在食住行游购娱等旅游活动各个环节降低碳排放、保护旅游目的地生态环境的一种旅游方式(赵黎明等,2015),其实质是一个有关旅游消费决策并实施的过程。企业低碳行为是指企业一系列主动、积极地减少碳排放的行为。目前学术界对酒店企业的低碳行为尚无统一的被广泛接受的概念,一般是通过其外延来界定的。酒店低碳行为的外延界定包括四类:第一类是节能行为,即合理使用资源、照明节能等;第二类是绿色消费行为,即购买节能的物资、设备、环保建筑材料等;第三类是积极行为,即绿色营销,环保知识的培训和学习,使用清洁能源等;第四类是减量行为,即减少浪费和废弃物排放,降低换洗频率等（黎梦娜，2012）。

（五）绩效

绩效的英文为 Performance，通常可被理解为成绩、效绩、业绩等，作为组织中所有工作流程和活动的最终累积结果和目标，它是一个综合性的概念。绩效的含义可从组织、团体、个人三个层面来理解，层面不同，绩效所包含的内容、影响因素及其测量方法也不同（窦学飞，2015）。从广义上讲，绩效是反映人类生产经营活动产出的成绩、效益和效率。从管理学角度分析，绩效是指组织或个体在实现组织目标或个人目标的过程中所取得的工作成绩和效果，是组织或个人为实现一定的目标而做出的有效输出。对于绩效的内涵，国内外学者通常持有两种观点，一种观点认为绩效就是结果，是人们在特定的时间、空间范围，根据特定的活动或行为最终出现的结果进行的记录，这一结果与组织的战略目标、客户满意度及所投资金的关系都密切相关，这种观点的代表人物是 Bernadine；另一种观点对绩效是工作成绩、目标实现、结果、生产量的观点提出挑战，认为绩效是一种行为，侧重于过程，其代表人物是 Murphy 与 Campbell，他们认为绩效是与个人所在组织的目标相关的行为（刘碧虹，2014）。公司绩效可划分为个体层次上的绩效和组织层次上的绩效两个层次，而本书所指的绩效是组织层次上的绩效，即企业绩效（赵科峰，2015）。目前学术界对企业绩效没有统一公认的定义。李纪明（2009）认为，企业绩效应包括企业的盈利能力、综合竞争力和发展能力等多个方面；孙璐（2013）认为，企业绩效是企业一定经营期间的生产经营成果、资本运营效益与效率、经营者业绩等，包括行为和结果两方面，企业绩效可概括为企业经营效益和经营者绩效在某一段时间的总和。

二、相关理论基础

(一) 绿色管理理论

20世纪90年代以来，资源耗竭和环境污染问题成为全球关注的焦点问题。随着环境观念深入人心，绿色理念被运用到企业的经营管理领域中，从而产生了绿色管理（Green Management）。1990年，德国学者Waldemar Hopfenbeck在《绿色管理革命》一书中较早正式使用"绿色管理"一词。1991年，美国的Patrick Carson和Julia Moulden在合著的《绿就是金：企业家对企业家谈环境革命》提出了"绿色管理是更好的管理"以及"绿色管理哲学"的概念。由于我国对绿色管理的认识时间较短，且缺乏深入的研究，所以对于绿色管理的概念没有统一界定。尽管如此，许多学者从不同角度对绿色管理进行了解释，绿色管理的概念可以界定为：企业在公众日益增长的绿色消费需求和环境保护舆论督促下，在国家适当的财税优惠激励与法律政策规制监督下，主动将生态环境保护和可持续发展观念融入现代企业的生产、运营与管理中，对产品的设计、开发、生产、营销等过程实施全面"绿化"，从企业经营的各个环节控制污染与节约资源，使企业的生产经营过程朝着低消耗、低污染、高附加值的方向发展，通过生产和经营绿色产品，在市场上获得竞争优势，在社会上获得政府的鼓励和保护，赢得公众的信赖与支持，满足消费者的绿色消费需求，实现经济、社会和环境三维效益的有机统一，从而促进社会经济和企业自身可持续发展的企业经营管理活动的总称。国内外许多学者都对绿色管理进行了研究。其中，赵君（2012）将国外的绿色管理研究成果归纳为绿色管理的企业环境观、绿色管理的企业战略观、绿色管理的企业营销观；将国内的绿色管理研究成果归纳为产品绿色观、绿色环境观、绿色利益观、长远发展观和政府主导的绿色观。

绿色管理以可持续发展思想为基础,是时代发展的必然产物。企业应实行绿色管理,保证温室气体和其他污染废弃物等的排放达到外部环境标准的要求。企业只有通过大力推行绿色管理,将绿色环保的理念融入企业生产运营的各个环节,建立绿色机制,完成内部环境的优化升级,为消费者提供绿色产品和服务,才能在市场上以绿色竞争优势谋求长远发展。企业在追求经济利润的同时又必须达到生态环境保护的要求,两者相互联系而又彼此矛盾,其共同的作用决定了企业绿色管理的效果,最终要达到谋求经济利益和环境效益的"双赢"(赵君,2012)。在企业全面质量管理与环境综合管理的协同方面,企业业务流程与价值流程的再造方面,企业生存发展质量与生态环境质量互适方面,企业运行效率与社会综合效益和谐方面,实施绿色管理对于企业而言是一场革命,具有很大的挑战性。伴随着"绿色环保浪潮"的兴起,绿色生产和绿色消费逐渐成为社会经济的主流,绿色管理是企业决策者在分析企业战略环境、对比企业优劣势、对谋求企业竞争优势而进行理性选择的必然结果(施放和宋竹生,2000)。绿色管理作为现代市场经济条件下企业经营效益与环境保护相结合的新型管理,是一种全新的管理理论和方式,是企业实现可持续发展的新战略。绿色管理的核心是对资源、环境的管理,通过集约型的科学管理,使企业所需要的各种物质资源最有效、最充分地得到利用,使单位资源的产出达到最大最优,使各种废弃物的排放最大限度地减少,产品实现绿色化。企业实施绿色管理就要树立绿色经营观念与价值观,塑造绿色企业文化,创建绿色企业形象,大力推行绿色生产,积极使用绿色技术,开发符合市场需求的绿色产品,开展绿色营销,并取得绿色认证。绿色技术是解决资源浪费和环境污染产生的主要办法,是企业履行环保义务的关键和基础,而绿色产品是绿色管理的支撑点。绿色管理可以使企业降低环境污染,减少资源耗费,开辟新市场,增强企业发展潜力,实现企业可持续发展。绿色管理是现代企业管理的一个新领域,必将成为未来企业经营管理的主要模式(余蓉等,2004)。

企业在经营过程中,对环境造成的影响不可避免地会带来一定的环境成本。环境成本是指为了保护环境、防范生态破坏,从资源开采、生产、运输、使用、回收到处理废弃物所需的全部费用。为了降低酒店的环境成本,作为酒店的经营管理者,就必须将绿色环境管理纳入酒店管理体系中,进行绿色管理是酒店实现其环境效益的必要手段(黎梦娜,2012)。酒店经营过程中所涉及的三个方面,构成绿色管理的三个视角。第一,从社会视角来看,保护环境、减少污染是人类生存之必需。酒店在为客人提供舒适食宿条件的同时,不能以牺牲和破坏环境为代价。因住店客人的舒适而让社会大多数人的环境利益受损是行不通的。第二,从酒店自身的视角来看,酒店是企业,就必须讲效益,在激烈竞争中,低成本策略已经成为每家酒店企业必须采用的手段。酒店利润的来源之一就是节能降耗。绿色低碳酒店的内涵也就是环境效益型的酒店。第三,从客户的视角来看,酒店要为客户提供一个美好的环境。这里的"美好"不仅指自然环境优美,住宿环境高雅,还应该理解为酒店要成为人性化的家居场所,因而绿色低碳酒店又被称为环境友好型酒店(奚晏平,2012)。

(二)可持续发展理论

随着经济的不断发展,人类的活动对环境的影响越来越大,环境问题成为全球共同关注的焦点,可持续发展(Sustainable Development)应运而生,它是在1980年由世界自然保护联盟、联合国环境规划署、野生动物基金会共同发表的《世界自然保护大纲》中首次作为术语提出的(韩鲁安,2011)。可持续发展理论是由联合国环境与发展委员会主席布伦特兰女士于1987年在《我们共同的未来》报告中首次提出的,即"可持续发展是既能满足当代人的需求又不危及后代人、满足其需求之能力的发展"。可持续发展理论强调的是社会、经济与生态三个领域的协调发展,即经济建设和社会发展要与自然承载能力相协调,注意社会经济的发展不能超出资源环境的承受力,既要维持生态平衡又要减少环境污染和环境恶化,既要追求经济和社会发展、生活质量和幸福指数的提升等正效应也要考虑资源损耗和环境损伤等负效应。经济可持续是基础，生态可持续是条件，社会可持续是目的（王丹，2014），要实现可持续发展，就要在保持经济快速增长的同时，不断改善发展质量，使人类的发展控制在地球承载能力之内，防治环境污染，保护生态环境，建立良性循环发展模式，最终实现社会文明进步程度、环境舒适程度与经济发展水平相协调（赵君，2012）。

可持续发展理论要求人类在发展中注重经济效率、关注生态和谐和追求社会公平，在现代酒店管理中则具体表现为酒店经营活动与生态环境的协调统一，保证客户利益、酒店投资者利益、员工利益和社会环境利益等各方面的实现以及需求的满足（黄志斌，2003）。酒店能否在有效保护环境和合理利用资源的同时，保障客户利益和员工利益，并尽力维护社会利益，直接关系到酒店业的可持续发展（黎梦娜，2012）。因而，酒店业的可持续发展可以理解为，在环境承载能力范围内，既能满足客户住宿、餐饮、康乐等的消费需求，保证客户利益，又能保障酒店自身利益，且不损害社会环境利益，在外部各种因素的影响下，依然可以实现酒店与经济、社会、环境的协调健康发展，从而实现酒店业的长期稳定和良性发展（李红缺，2015）。

（三）循环经济理论

循环经济（Circular Economy）的思想产生于美国，它是资源节约型和环境友好型社会的经济发展模式。循环经济的概念最初是在20世纪60年代由美国经济学家肯尼斯·鲍尔丁（Kenneth Ewert Boulding）提出的。他认为，循环经济是以资源闭路循环使用为手段，主张投入最少的生产资料，进行清洁生产，达到最低限度的污染环境的有毒有害废弃物的排放，并进行高效回收，以资源—生产—消费—再生资源的模式，将环境污染控制在最低程度。循环经济是符合可持续发展理念的一种经济增长模式，是以资源的高效利用和循环利用为核心，以低消耗、低排放、高效率为基本特征，以"3R"为行为准则，对"大量生产、大量消费、大量废弃"等传统经济进行根本变革的经济增长模式。"3R"原则要求在经济活动的输入端采取减量化（Reduce）方法，减少产品生产和消费过程中的物资取量；在生产和服务过程中采取再利用（Reuse）方法，提高产品生产和服务过程物资利用效率；在生产和消费末端采取再循环（Recycle）方法，输出的废物经过加工、处理、改造重新转化为再生资源，以减少废物垃圾的数量（高兴等，2007）。循环经济以协调人与自然的关系为准则，在资源投入、企业生产、产品消费及其废弃物产生的过程中，把传统的主要依赖大量消耗资源来发展经济的线性开放式经济增长模式转变为依靠生态型资源循环来发展的环形经济增长模式（钱俊生，2012）。循环经济倡导的是一种与环境和谐发展的经济模式，侧重于整个社会资源的循环利用，强调的是循环和生态效率，所有的物质和能源在生产、流通和消费的过程中得到合理和持久的利用，以把经济活动对自然生态环境的影响降到最低限度（王丹，2014）。循环经济的本质是一种绿色经济，属于生态经济的范畴，它是相对于传统经济而言的，与传统经济相比较，循环经济能够形成生态型资源循环系统，保证资源的动态循环，重视环境及社会价值，以最优化取代最大化，并进行清洁生产和生态消费（赵君，2012）。发展循环经济可以拉长生产链，使经济活动中投入的物质资源循环利用，有效地将清洁生产和废弃物的剩余价值有效地结合在一起，产生经济效益，进而促进循环经济的健康发展（张琼，2012）。

  循环经济应从不同层面协调发展，即企业层面的小循环如单个企业的清洁生产，到区域层面的中循环如区域的生态工业园建设，再到社会层面的大循环如循环型社会的建设（李红缺，2015）。在全球经济增长与环境资源之间矛盾日益加剧的今天，酒店企业间的竞争越来越激烈，酒店必须考虑如何才能在竞争中生存并持续发展下去，循环经济理论所倡导的发展方式在酒店可持续发展的过程中有着重要的参考价值和战略指导意义，且与酒店的节能环保管理和低碳发展具有根本的相融性和契合性。酒店发展过程中纳入循环经济，在国家和地方环保法规及相关行业标准监督下，从设计、采购到产品的生产过程，通过清洁生产技术、废物利用技术和污染治理技术等，促进资源的循环利用，最终创建低碳环保酒店，这样不仅可以节约资源，降低能源消耗，获取经济效益，而且还能够倡导绿色消费和文明发展，提高酒店管理水平，提升酒店形象，获得新的竞争优势（见图2-1）。只有在循环经济的推动下酒店业才能实现可持续发展的战略目标，进而实现经济、社会和环境的协调发展（曾丽婷，2011）。

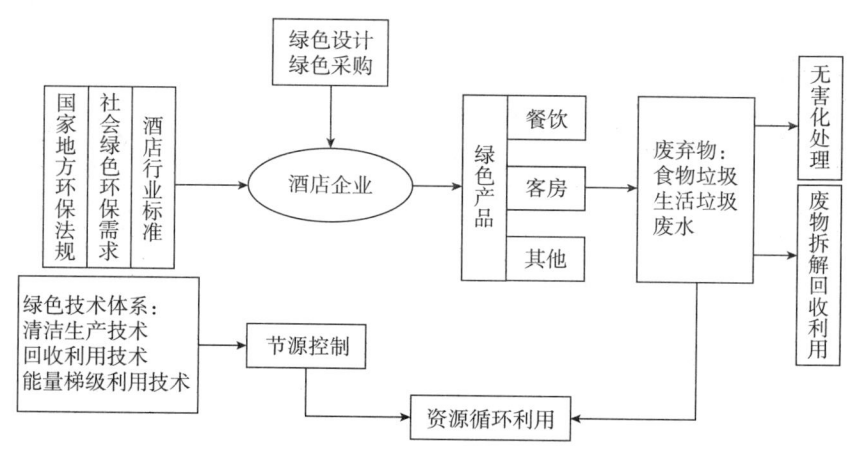

图2-1 酒店可循环经济模式

资料来源：根据黎梦娜（2012）研究绘制。

（四）低碳经济理论

低碳经济（Low Carbon Economy）是在全球气候和环境变化的背景下产生的，是继知识经济、循环经济之后人类经济发展方式上的新变革，是人类关注经济社会可持续发展的新领域（陶伦康和鄢本凤，2011）。其概念的首次提出是在2003年英国时任首相布莱尔发表的能源白皮书《我们未来的能源——创建低碳经济》中（Trade，2003）。作为具有广泛社会性的前沿经济理论，低碳经济目前仍然没有统一的定义，在众多研究中较为普及的一种解释是：低碳经济是在可持续发展理念指导下，通过产业转型升级、制度创新、技术创新以及经营创新等，采用先进的新能源开发等多种手段，提高能源和资源的利用效率以及低碳产品和服务的使用范围，从根本上改变人类对煤炭、石油等高碳石化能源的依赖，积极探索碳捕集与封存技术，最大限度地减少二氧化碳等温室气体的排放，从而实现减缓大气中二氧化碳浓度增长的目标，走"低能耗、低排放、低污染"和"高效能、高效率、高效益"为特征的可持续发展道路，以较少的温室气体排放获得较大的产出，最终达到社会经济发展与生态系统平衡共赢的一种经济发展模式（黎梦娜，2012；王丹，2014；黄金，2015）。低碳经济是以低碳产业为依托，节能减排为实施手段，在产品生产的各环节上实施低碳化（王丹，2014）。低碳经济以能源消耗低、环境污染小、碳排放量少为特征，以能源高效利用、清洁能源开发、追求绿色 GDP 为发展实质，其核心是能源技术创新、减排技术创新、产业结构和制度创新，最终要达到经济效率和生态效率的统一。低碳经济不仅仅是一种全新的经济发展模式，也是一次新型的人与自然关系的社会探索，其实质上是对现代经济运行的深刻反思，是一场涉及生产方式、生活模式、价值观念和国家权益的全球性能源经济革命。低碳经济既是社会发展的必然选择，也是人类理性的选择，它的出现不是某一种因素单一作用的结果，而是多种因素合力作用的结果，是人类反思传统经济发展模式、矫正"制度失灵"和与自然重复博弈理性选择的结果，其中"制度失灵"是由"市场失灵"和"政府失灵"共同构成的，而它们是资源环境问题的制度根源（陶伦康和鄢本凤，2011）。

酒店的低碳化是低碳经济理念在酒店业的运用与发展，在内涵和核心要求上，低碳酒店与低碳经济是一致的，低碳酒店在一定程度上是低碳经济的衍生品。酒店低碳发展程度的提高和低碳行为的普及，可以促进酒店业的低碳化转型，并与其他产业一起共同实现由传统经济模式向低碳经济模式的转变（张琼，2012）。

（五）生命周期评价理论

生命周期有狭义和广义之分。狭义的生命周期是指生物体从出生、成长、成熟、衰退到死亡的全过程。广义的生命周期是狭义生命周期的拓展和延伸，泛指自然界和人类社会各种客观事物的阶段性变化及其规律。酒店的生命周期是指从酒店建造期开始到停止营业为止，包括酒店设计、建造、装修、改造以及日常经营活动，涵盖酒店生产经营和管理的全过程。根据酒店的生命周期理论，不同的发展阶段投入的物质和能量的消耗是不同的，通过正确定位酒店所处的发展时期，科学、有效地评价酒店所需能量和物质的投入、产出以及对环境造成的影响，来寻求减少资源能源消耗和改善生态环境的有效途径。低碳酒店的生命周期是从规划开始的，经过设计、建筑施工、装修装饰、运营到最终再利用或拆除为止的全过程。将酒店低碳化程度作为目标，把绿色低碳理念贯穿到酒店规划、设计、建设、运营直至报废处理的每一个环节，实现酒店在整个生命周期中对环境的影响或污染最小化、对资源与能源利用的最大化，同时为社会提供安全、舒适、有利于人体健康的产品与服务（王丹，2014）。

1990年，国际环境毒理会与化学学会首次召开举办有关生命周期评价的国际研讨会，首次提出了生命周期评价（Life Cycle Assessment，LCA）的概念。生命周期评价是一种分析和评估产品、活动或服务从原材料采集和加工到产品生产制造、运输与销售、使用、回收、维护和废弃物最终处理的整个生命周期阶段有关的环境负荷的客观过程。对生命周期评价的通俗定义有很多，其中以国际标准化组织的定义最具有权威性。国际标准化组织指出生命周期评价是汇总和评价一种产品或服务体系在其整个生命周期内所有投入及产出对环境造成的潜在的影响方法，是通过对能量和物质的利用及环境废物排放对环境的影响进行识别和量化，来寻求改善环境质量的机会。随着环境保护需求的增长，国际标准化组织尝试对环境问题的分析方法进行标准化。1997年6月，国际标准化组织公布有关生命周期评价的第一个国际标准，即ISO14040《环境管理—生命周期评价—原则与框架》（王慧瑾，2005）。

生命周期评价被应用到新产品的开发、高技术产品的优化、战略规划、公共政策的制定和市场开拓等方面。生命周期中每个阶段是相互关联的，酒店建设期所确定的建筑物朝向、装修用材都对运营期的能量消耗产生重要影响，良好的选址、生态建筑材料都有可能降低运营期的能源消耗（李鹏等，2010）。在酒店企业尚缺乏有效的环境影响评价工具的情况下，利用生命周期评价可以有效地对酒店各个阶段所有能量和物质投入、产出及对环境的影响进行定量检查、分析和解释，进而寻求减少酒店能耗、资源消耗和改善环境的路径措施（王慧瑾，2005）。低碳酒店生命周期评价框架主要包括目标和范围的确定、数据收集与分析、环境影响评价和酒店环境负荷改善评价四个相互联系的阶段性的工作，如图 2-2 所示。目标和范围的确定是低碳酒店生命周期评价的首要工作，是其后评价过程的基本立足点，主要用来说明评价的目的、原因、标准及评价范围。数据收集与分析是低碳酒店评价的基础工作，收集各阶段酒店原材料和能源的需要量以及所排放的废弃物及污染物，并以数据为基础进行客观量化，以确定酒店在各阶段对环境的影响。环境影响评价是生命周期评价的重要阶段，是定性和定量相结合的评价，具体是将众多对环境有影响的物质进行总结和分类，其中影响的类型包括对资源的影响、对生态环境影响以及对人类健康影响三大类，然后通过所确定的环境影响类型与该类影响总值的相对比值将其标准化，从而可以对结果进行评价。根据评价结果确定酒店最重要的环境影响因素及其主要来源，并通过针对性的改进措施去改善其对环境的影响，明确其环境责任，寻找合理的管理策略，这样有利于企业实现环保与经济效益"双赢"的局面，促进整个酒店行业的可持续发展（金声

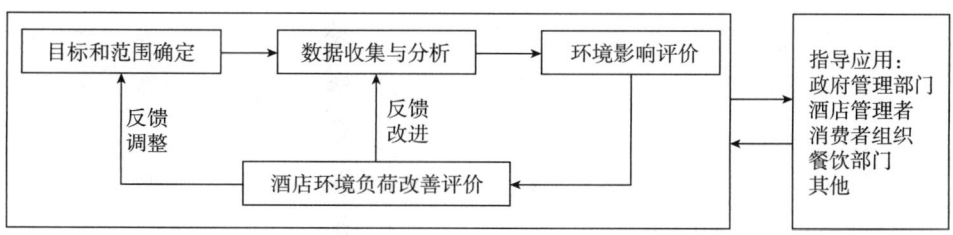

图 2-2　酒店生命周期评价框架

资料来源：根据付检新（2010）和金声琅（2008）研究绘制。

琅和曹利江,2008)。生命周期评价是评估产品或服务对环境影响的综合、客观的评价工具,日趋系统化和完整化,体现了人们对环境影响从摇篮到坟墓全过程的关注,作为提高产品或者服务生态绩效的一种方法,必将在环境管理和人类社会可持续发展进程中发挥越来越重要的作用(王慧瑾,2005)。随着人类对环境的关注程度越来越高,把生命周期评价方法应用于酒店企业管理将是未来发展的必然趋势。

(六) 脱钩理论

"脱钩"(Decoupling)一词最初来源于物理学领域,最早由德国学者提出,在西方特别是欧洲国家普遍采用。脱钩通常情况下被理解为解耦,与耦合是相对的,指原本具有响应关系的两种事物经过一段时间后不再存在依存关系。早在20世纪60年代国外学者就提出了经济发展与环境压力的脱钩问题(Cater,1966),首次将脱钩概念引进了社会经济领域。脱钩是主要用来分析经济增长与物质资源消耗之间依赖关系的指标。对经济增长与物质资源消耗之间关系的大量研究表明,物质消耗总量在经济发展初期随经济总量的增长而一同增长,然而当经济发展到一定程度,物质消耗不会与经济增长保持同步关系,相反有可能会呈现下降趋势,出现反向变化,呈倒U形,即在经济增长的同时物质消耗下降。物质资源消耗和经济增长由同步到不同步的变化被称为脱钩理论。脱钩理论的初步成立表明物质消耗会不断降低,未来物质资源会有一定的保障,环境污染压力也会不断减轻,走势乐观(王崇梅和毛荐其,2010)。近年来脱钩理论的研究进一步拓展到农业政策、能源与环境、循环经济和产业低碳发展等领域,并取得了一定的阶段性成果。脱钩理论也是测度各国各地区低碳经济发展与温室气体排放的主要理论基础。

经济合作与发展组织OECD(2002)为探讨如何切断经济增长与环境污染之间的联系,提出经济增长与二氧化碳等温室气体排放之间关系不断弱化乃至消失的过程也是脱钩,开启了脱钩指标的理论研究,并将其作为衡量经济发展可持续性的工具。脱钩指标的构建有两种模式,分别为

OECD（2002）基于驱动力（Driving Force）、环境压力（Pressure）、环境状态（State）、影响（Influence）、反映（Response）即 DPSIR 等层面而设计的脱钩指标和 Tapio（2005）运用脱钩弹性观念而创建的脱钩指标。OECD（2002）的脱钩指标分为初级脱钩（自然资源利用与经济增长之间即能源与 GDP 的脱钩）、次级脱钩（环境污染与自然资源即二氧化碳与能源的脱钩）和双重脱钩（同时达到初级脱钩与次级脱钩）。Tapio（2005）在此基础上依据不同的弹性值，进一步将脱钩细分为负脱钩（包括扩张负脱钩、强负脱钩和弱负脱钩）、脱钩（包括弱脱钩、强脱钩和衰退脱钩）、联结（包括增长联结和衰退联结）共 8 个等级，对环境压力指标与经济驱动力指标的各种可能组合给出合理的定位，推动脱钩指标构建的科学性与完整性，使脱钩指标进入新阶段，推动脱钩理论的发展（李忠民等，2010）。虽然目前发展中国家在某些时段出现过弱脱钩特征且不稳定，但是发达国家的发展实践表明，脱钩过程是可以实现的（王秋娜，2013）。

由脱钩理论可知，酒店低碳发展的最终目标就是要阻断酒店经济增长与温室气体排放之间的联系，实现酒店业发展与能源消耗的脱钩，一旦实现脱钩，酒店业的发展对环境的危害将会减轻。当酒店二氧化碳排放增长率与经济增长率不同步时，就认为酒店发展与温室气体排放产生脱钩现象。如果酒店的经济增长率高于二氧化碳排放增长率，则称为相对脱钩；如果酒店经济增长稳定，而二氧化碳排放量反而减少，则称为绝对脱钩。酒店低碳发展就是要实现酒店的经济增长与能源消耗及碳排放增长从耦合到脱钩的过程（王秋娜，2013）。

（七）环境行为理论

环境行为学领域主要的理论包括计划行为理论、ABC 理论、规范激活理论和价值—信念—规范理论。

1. 计划行为理论

由 Ajzen（1991）提出的计划行为理论（Theory of Planned Behavior，TPB）是目前环境行为研究中影响最广泛的理论之一，是由理性行为理论

(Theory of Reasoned Action，TRA）发展而来的。理性行为理论认为，个体是否实践某一特定行为是由其参与该行为的意愿所决定的，而行为意愿又主要受个体态度和主观规范的影响。相比而言，计划行为理论认为个体的主观意志在特定情境下并不能够完全控制其行为，来自外界的一些非意志因素同样会对其行为意向产生决定性的影响（如资金、时间等），于是引入"知觉行为控制"这一控制变量。

计划行为理论包括三个主要变量，即行为态度、主观规范和知觉行为控制。行为态度是个体对实施某种行为持有的积极或消极的情感性评价；主观规范主要是指个体在决定是否执行某一特定行为时所感知到的社会压力，主要反映身边重要个人、团体和组织认同的行为对主体行为决策的影响；知觉行为控制是行为主体对实施特定行为的难易程度的感知度，反映个体行为能力、机会、资源等多方面因素对行为的制约作用，以及在执行特定行为时对促进或阻碍因素的感知。行为态度、主观规范和知觉行为控制从概念上可完全区分开来，但有时它们可能拥有共同的信念基础，由特定的某种信念控制，因此它们既彼此独立，又两两相关，其关系如图2-3所示。行为信念控制态度变量，即对实施行为后可能产生结果的信念；规范信念控制主观规范，即与外界重要群体行为规范保持一致的信念；控制信念决定知觉行为控制，即能够对影响行为实施的相关因素进行有效控制的信念。个体对行为持有的态度越积极、来自重要他人或团体的支持影响越大、对该行为所感知到的控制越多，个体实施行为的意向就越大，反之就越小。个人以及社会文化等因素如人格、智力、经验、年龄、性别和文化背景等通过影响信念间接影响行为态度、主观规范和知觉行为控制，并最终影响行为意向和实际行为（段文婷和江光荣，2008）。

作为研究主观心理与行为关系的一个心理学领域的经典理论，计划行为理论一直被普遍视为是可持续消费行为研究的核心理论依据，被广泛应用于可持续消费和亲环境行为领域的研究中。

2. ABC 理论

Guagnano 等（1995）提出了预测环境行为的 ABC 理论，该理论指出环

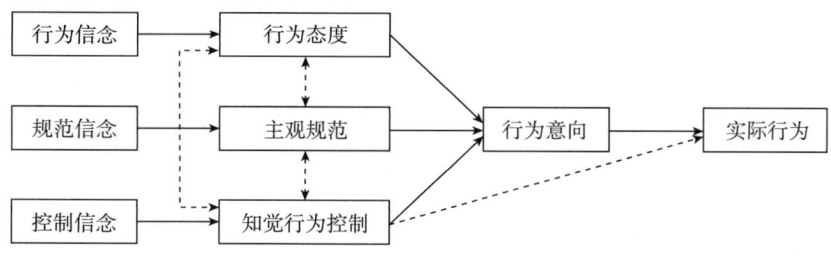

图 2-3 计划行为理论结构

资料来源：根据段文婷和江光荣（2008）研究绘制。

境行为（B）是由态度变量因素（A）和外部环境因素（C）共同作用的结果，环境行为不仅仅受行为主体的态度影响，更多地会受外部环境因素的限制。外部环境对个体行为具有积极或消极的两方面影响，当外部环境极为有利或者不利的时候，可能会大大促进或阻止环境行为的发生，此时态度变量对环境行为的影响力度就会显著变弱；当外部环境的影响比较中立或者趋近于零的时候，环境行为和环境态度的关系最强。该理论的贡献在于强调外部情境因素对环境态度和环境行为之间关系的调节作用。

3. 规范激活理论

Schwartz（1977）提出了以个人规范为核心因素的规范激活理论（Norm Activation Model，NAM），该理论主要用于预测和理解亲社会行为和利他行为。环境责任意识和个人规范等变量构成规范激活理论模型的核心变量。环境责任意识反映人们对人与自然之间关系的看法，其主要目的是要探讨它在多大程度上可以转变为人们具体的环境行动。个人规范是指出自于内化的责任意识而对亲社会行为具有强烈的执行义务，这种作用又可以称为"道德规范"（Schwarts，1973）。当个体没有遵守道德规范，内心会自我谴责，将造成的不良后果归结为自身的责任，这时个人规范就会被激活，个体出于自我规范补救将会进行利他主义行为。个人能否产生利他行为，有赖于其所形成内化规范的性质（积极的还是消极的），道德义务感是否被成功激活。

为了预测人们是否会作出利他行为的决定，Schwartz 设定了四步骤的利他行为模式：①激活阶段——个人开始意识到别人的需要和知觉到自己可以对这种需要采取积极行动；②义务阶段——唤起一种早已掌握的个人义务感或建构起一种新的义务感；③防御阶段——个人打算去帮助时估计卷入的代价，并可能因此否认在这种情境中的责任，这是倒退的一步；④反应阶段——个人采取行动帮助人或者不采取行动。

目前关于规范激活理论各变量间关系存在两种解释模型——调节模型和中介模型，如图 2-4 所示。调节模型认为，个人规范是利他主义行为的直接影响因素，而行为后果意识与责任归属是两个调节因素，起调节作用；中介模型认为，行为后果意识首先影响责任归属，而后责任归属激活个人规范，最后个人规范促使利他行为发生。

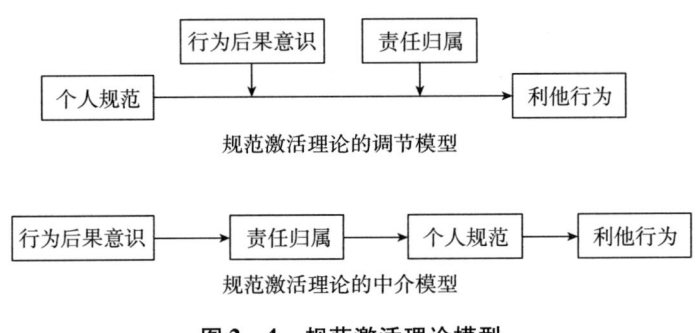

图 2-4　规范激活理论模型

4. 价值—信念—规范理论

Stern 等（1999）在规范激活理论中介模型的基础上，通过融入心理学的价值理论和新环境范式理论，提出价值—信念—规范理论（Value - belief - norm theory，VBN），并建立了相应的理论模型，通过价值观、信念和规范三种变量之间的作用来解释环境行为的形成，如图 2-5 所示。个人价值观体系中与环境行为最为相关的三种价值观分别为生态的、利他的和利己的价值观。新环境范式强调环境因素对人类社会的影响和制约，是一种认为人类的行为已经对脆弱的生态环境造成持续不利影响的世界观。

价值—信念—规范理论通过因果链把三种理论涵盖的价值取向、新环境范式、结果意识、责任归属和个体规范五个变量连接起来,每个变量依次作用影响于下一个变量,并且还可能与更后面的变量直接相关,进而激发环境行为。因果链从相对稳定和一般的价值观到人类环境关系的信念,这被认为会影响个人关于环保行为后果的特定信念及其担负的责任感,最后激活个体的个人规范,促发环境保护行为。

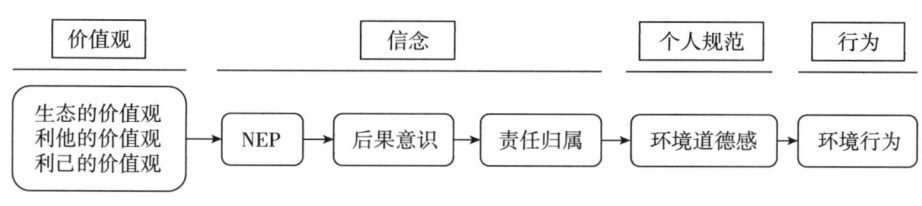

图 2-5　价值—信念—规范理论模型

注：NEP 指新环境范式。

三、本章小结

本章在系统梳理文献的基础上,对本书所涉及的相关核心概念进行界定,首先指出星级酒店的划分标准,其次在界定低碳含义的基础上,界定低碳酒店和低碳行为的概念及内涵,同时也对本书涉及的核心概念绩效进行界定;之后对星级酒店低碳行为的相关理论进行系统的阐释,其中包括绿色管理理论、可持续发展理论、循环经济理论、低碳经济理论、生命周期评价理论、脱钩理论和环境行为理论,详细解析了以上七种理论的产生、概念与内涵、理论内容、所研究问题的适用性及其对于酒店低碳行为实施的理论指导作用,为本书的后续研究和展开提供了理论支撑。

第三章
星级酒店低碳行为驱动机制及绩效影响理论分析与研究假设

本章通过前文相关的文献梳理以及星级酒店低碳行为相关概念界定和相关理论的系统阐述,运用访谈的研究方法,根据扎根理论编码程序归纳提取出星级酒店低碳行为的七大驱动因素,从理论上厘清低碳行为和绩效各自的构成维度,运用理论分析和逻辑推演的方法,构建驱动因素—低碳行为—绩效的理论模型,推演七大不同的驱动因素与低碳行为两个维度之间,低碳行为两个维度与绩效两个维度之间的关系和相互作用的机理,在此基础上提出本研究的假设。

一、星级酒店低碳行为驱动因素分析

(一) 星级酒店低碳行为驱动因素确定依据

环境行为驱动因素研究的主要理论包括计划行为理论、ABC 理论、规范激活理论和价值—信念—规范理论(VBN),不同的企业其环境行为的影响因素也不同(Baylis et al., 1998)。星级酒店低碳化的发展过程中,

第三章 星级酒店低碳行为驱动机制及绩效影响理论分析与研究假设

其低碳行为也受到很多不同因素的影响,学者运用不同的方法从不同角度进行分析,如表 3 – 1 所示。

表 3 – 1 酒店低碳行为驱动因素汇总

作者	年份	案例地	研究方法	驱动因素
Stern	2000			态度变量:环境信念、规范、感知到的行为成本和收益 个人能力变量:文化、经济资源、社会地位、行为知识与技能 情境因素:成本与报酬、法律法规、技术手段、政策支持及人们的习惯和惯例
Revilla	2001	墨西哥	访谈法	社会、法律和政治压力
Rivera	2004	哥斯达黎加	实证分析法	政府监管和利益相关者压力
Zhang	2008	江苏省	计量经济学	政府监管、社区参与和市场需求
Bonilla	2011	西班牙	访谈法	法律压力
Becken	2013	尼泊尔		环境认知
赵思香	2011	广东省	因子分析法	节能管理、经济因素、外在环境、信息交流、政府政策
曾丽婷	2011	长沙市	主成分分析法	原料低碳化、标准体系、意识引导、节能降耗、制度管理
张琼	2012	粤港澳	因子分析法	碳减排措施、低碳管理、低碳引导、碳排放、碳汇、碳源
王凯和黎梦娜	2012	张家界	回归分析法	利润动机、政府环境规制压力、其他利益相关者压力
Kamalu-lariffin 等	2013	马来西亚	回归分析法	政府机构监管、其他利益相关者的规范
Blankson	2013	加纳阿拉克	因子分析法	员工的环境教育与培训、社区支持措施、遵守环境法规、废物处理和自愿项目
黄雪丽和路正南	2013		模型构建、测量题项设计	计划行为理论:态度(环境信念、环境道德、环境意识)、主观规范(社会规范、个人规范)、知觉行为控制(知识等);规范激活理论:个人规范、责任归因;价值—信念—规范理论:价值、信念、个人规范

续表

作者	年份	案例地	研究方法	驱动因素
王秋娜	2013	海南省	社会调查法	关键因素：政府惩罚力度、财政政策、立法情况 重要因素：经济因素、信息交流 相关因素：外在环境
张玲	2014	北京、大连等六城市	访谈法	低碳管理、低碳技术设备、社会责任、低碳感知效益、政府规制、社会规范、微观市场
王丹	2014	北京	层次分析法	碳排放、低碳管理、低碳引导、碳汇、低碳技术
赵黎明等	2015	天津	结构方程模型	社会规范压力、低碳利益感知、低碳责任意识、外部环境支持、内部资源实力
张海波	2015	三亚	扎根理论	低碳经营认知、社会规范压力、低碳利益感知、企业内部资源、外部环境支持
李红缺	2015	乌鲁木齐	层次分析法	酒店低碳化环境保护、酒店低碳化技术与措施、酒店低碳化引导、酒店低碳化管理、酒店低碳效益
江燕玲	2016	重庆	实证分析与评价	低碳设计、低碳能源供给、低碳管理、低碳消费
魏卫	2016	中国	方差分析 相关分析 回归分析	规制性因素：利益相关者如法律、政府和社区 激励性因素：新技术设施设备
郝学军	2017	中国	层次分析法	减碳运行、减碳技术、酒店低碳管理、酒店低碳经营、酒店低碳宣传指导

Revilla 等（2001）、Rivera（2004）、Bonilla 等（2011）指出，政府监管、社会、政治和法律压力以及利益相关者压力是酒店实施环境行为的重要因素。Becken 等（2013）通过对尼泊尔安纳普尔纳峰地区 30 名旅游者的调查研究发现，旅游者对当地环境知识的了解影响他们的低碳旅游行为，增强旅游者环境认知水平对当地旅游管理部门落实应对气候变化的措施会起一定的积极作用。Zhang 等（2008）通过研究指出，政府监管、社区参与和市场需求对企业施加越来越大的压力，使公司参与到环保行动中来。赵思香（2011）基于广东省星级酒店的调查数据，通过因子分析法推

第三章 星级酒店低碳行为驱动机制及绩效影响理论分析与研究假设

断出酒店业推广节能减排的五大影响因子,即"节能管理""经济因素""外在环境""信息交流"和"政府政策",并构建了酒店业低碳化发展的影响因素模型。曾丽婷(2011)在问卷调研及专家意见的基础上,总结出饭店低碳化的关键因素为原料低碳化、标准体系、意识引导、节能降耗、制度管理。张琼(2012)选取粤港澳中高星级饭店为调研对象,将饭店低碳化水平评价指标体系归纳为"低碳管理、低碳引导、碳汇、碳排放、碳源"6个维度。王凯和黎梦娜(2012)指出,饭店企业环境行为的主要驱动因素包括利润动机、政府环境规制压力和其他利益相关者压力。Blankson(2013)采用随机分层抽样法,对加纳阿拉克地区不同类型酒店的200名经理进行了调查,并运用因子分析法,提取了影响环境行为的6个因子,即员工环境教育和培训、社区支持措施、保护项目支持、遵守环境法规、废弃物管理和自愿项目等。王秋娜(2013)将海南省酒店低碳化发展的影响因素分为关键因素、重要因素和相关因素三类,其中政府政策是关键因素,经济因素和信息交流是重要因素,而外在环境是相关因素。Kamalulariffin等(2013)通过对马来西亚饭店的研究,指出政府机构监管和其他利益相关者的规范对饭店企业采取有利于实现环保目标的经营行为有重要影响。王丹(2014)概括出由"碳排放、低碳管理、低碳引导、碳汇、低碳技术"五方面构建的酒店低碳化的指标体系,并以北京市酒店作为目标酒店进行实证分析。赵黎明等(2015)以天津市酒店企业为例,运用结构方程模型方法对酒店企业低碳经营行为的影响因素进行了研究。研究将酒店低碳经营分为一般减排行为和积极低碳行为两类,社会规范压力、低碳利益感知、低碳责任意识、外部环境支持和内部资源实力是影响酒店低碳行为的五类因素,其影响显著程度不同。张海波(2015)以三亚市酒店作为调查对象,运用扎根理论方法将酒店低碳经营的影响因素归纳为低碳经营认知、社会规范压力、低碳利益感知、企业内部资源和外部环境支持。李红缺(2015)基于酒店低碳化发展的影响因素角度,从酒店低碳化环境保护、酒店低碳化技术与措施、酒店低碳化引导、酒店低碳化管理、酒店低碳效益五个方面对星级酒店低碳化水平评价体系进行构建。江燕玲（2016）选取重庆60家星级酒店为样本，对酒店低碳化经营的影响因素及环节进行实证分析与评价，通过研究得出对酒店的低碳化经营影响最大的是低碳设计，其次是低碳能源供给，低碳管理对酒店低碳化经营存在直接影响，而有一定影响的是低碳消费。李怡娜和叶飞（2011）通过研究发现，强制性的政府环境法律法规和竞争压力对企业绿色环保实践有显著的正向影响，而激励性的政府环境法律法规和客户环保压力对企业绿色环保实践的影响并不显著。魏卫等（2016）认为，酒店环境行为影响因素中存在规制性因素和激励性因素，规制性因素主要是来自政府、社区等利益相关者的要求与期望，是被动型影响因素；而激励性因素由于新的技术设施设备采用等方面的因素，来自酒店内部，是主动型影响因素。郝学军和柴梦（2017）在对国内33家星级酒店调研的基础上，采用专家评分方法和层次分析法，构建了低碳酒店评估指标体系和酒店低碳化等级的评价方法。另外，酒店低碳行为的驱动因素，还参考了国外学者Marshall等（2005）以及国内学者周丹和徐红罡（2010）、周曙东（2011）等的研究，最终形成驱动因素的构成维度。

（二）星级酒店低碳行为驱动因素确定过程

星级酒店低碳行为驱动因素的确定经过国内外相关文献的分析研究、酒店企业管理层和普通员工的调研与深入访谈，以及对从事酒店管理实践和研究的相关专家进行咨询等几个程序。首先，对国内外相关文献进行梳理解读分析，并编制星级酒店低碳行为驱动因素及绩效影响访谈提纲（见附录二）。其次，随机选择10家不同类型酒店的20名受访者进行开放性、半结构性深度访谈。受访者包括这10家酒店的中高层管理人员和一线员工。其中，五星级酒店5人，四星级酒店5人，三星级酒店4人，三星级以下的酒店6人。根据扎根理论方法，对访谈等资料进行开放性编码（一级编码）、主轴编码（二级编码）、选择性编码（三级编码）三重编码步骤操作程序：①对收集的资料进行整理、重组、分析和归纳，按照开放性编码的程序，以适当的方式对访谈资料进行概念化和范畴化，最终抽象得

第三章 星级酒店低碳行为驱动机制及绩效影响理论分析与研究假设

到星级酒店低碳行为驱动因素的21个初始范畴,如表3-2所示;②按照主轴编码程序,利用已有的文献资料,将相似度高的驱动因素初始范畴归纳抽象出7个对应范畴,分别为内部低碳管理、低碳技术设施、低碳责任意识、人才实力、政策法规、社会规范和经济保障;③在前两级编码的基础上,进行选择性编码,依据选择性编码的要求,需要对已经抽象出的对应范畴进行进一步确定,所以通过向山西省太原市华康帝景酒店人力资源部经理、广州凯悦酒店工程部总监、广州南沙酒店总经理以及中山大学酒店管理专业教授的咨询,再次确定星级酒店低碳行为驱动因素的7个对应范畴,即7大驱动因素。

表3-2 星级酒店低碳行为驱动因素初始范畴

编号	初始范畴	相关解释
1	节能管理	节能培训、节能工作和计划、节能管理体系等
2	经济因素	更新改造成本高、融资困难渠道少、资金缺乏
3	外在环境	节能信息的传播渠道、市场提供的节能设施设备、客户的配合情况
4	信息交流	行业组织的宣传与推广、酒店之间的有效交流
5	政府政策	财税优惠政策、对酒店能源浪费及排污的惩罚力度
6	低碳管理	制度管理、过程管理、渠道管理;低碳管理规划、低碳管理机构和低碳管理制度
7	低碳引导	低碳消费提示卡、低碳消费激励措施、低碳知识宣传和介绍、提供可租借的低碳出行工具、餐厅和客房一次性消费品的使用率
8	碳排放	酒店单位面积、单位收入、单位客房二氧化碳年排放量
9	碳汇	酒店每床位公共绿地面积、室外绿化率、垂直绿化和屋顶绿化的做法
10	碳源	煤炭在酒店能源总消耗中所占比例、可再生能源的使用比例
11	低碳技术设备	在线监测系统、酒店建筑装修隔热保温建材使用率、能源统计系统、低碳保温措施、太阳能可再生能源使用比例等
12	社会责任	对生态环保意义重大、愿意牺牲一定利益、愿意承担应负担的碳排放治理费用、企业低碳自愿性、主动性和决策层重视程度

续表

编号	初始范畴	相关解释
13	低碳感知效益	客户对酒店环境的满意程度、得到良好的社会反映、降低成本、提高经济效益、提升品牌价值和市场竞争力、维护公共关系提升社会声誉、保护生态环境、提升企业形象、有利于营销
14	政府规制	能源价格引导、许可证制度、经济奖惩、制定碳排放标准、财政补贴、公布禁令、押金返还制度
15	社会规范压力	政府、酒店行业协会、社会生态环保组织、民众及当地居民等公众舆论、同业竞争者等市场主体的低碳督促
16	微观市场	供应商提供低碳产品、消费者要求饭店低碳、竞争对手把低碳列为竞争战略、社区要求低碳
17	外部环境支持	政府鼓励扶持政策、市场供应的技术设备能满足需要、客户支持配合、行业内部有相关的互助交流活动、低碳信息的传播渠道和中介机构
18	内部资源实力	资金实力、先进的经营管理水平和技术设备、足够的专业人才
19	减碳运行	酒店用电运行效果、电梯运行效果、空调运行效果、碳排放指标
20	低碳经营	酒店绿色环保产品使用情况、外包服务中的低碳化
21	人才资源	足够的专业人才支持低碳经营、专业技术人才和员工素质水平

（三）星级酒店低碳行为驱动因素构成因子

根据扎根理论编码程序及以上的分析结果，本书将从内部低碳管理因素、低碳技术设施因素、低碳责任意识因素、人才实力因素、政策法规因素、社会规范因素和经济保障因素七个维度分析其对酒店低碳行为的影响作用。

1. 内部低碳管理因素

内部低碳管理即是酒店内部的低碳管理或节能管理。低碳管理是酒店

第三章　星级酒店低碳行为驱动机制及绩效影响理论分析与研究假设

采取一系列管理措施降低日常运营的能源消耗，提高能源利用率，这些管理制度不仅能够节能减排，而且能够提高员工节能意识，保障酒店用能安全（王丹，2014）。低碳考核、低碳培训、低碳管理体系、低碳工作和计划以及全员低碳意识的培养等方面都属于酒店低碳管理的范畴。酒店的低碳发展是酒店全体员工积极参与、不断改进的持续过程，要求有规范的管理制度的支撑，比如酒店主要场所室内温度按有关规定设置，这样能有效控制用电量，减少能源浪费；建立新风系统和送风控制制度可以降低室内 CO_2 浓度，保证在室内也可呼吸新鲜空气；定期进行节能测试和能源审计，监测不同用能设备的能源使用情况，从而制定合理的节能制度措施，提高能源利用率；定期对用能设备进行检查和保养，保障用能安全等（张琼，2012）。建立节能减排责任管理部门；制定节能减排操作技术指南；建立能源消耗监测机制，定期对主要耗能设备进行统计、对比和分析；酒店按部门单独安装水、电、气等能耗计量仪表，每月统计，纳入考核等都是对低碳管理指标的细化（李红缺，2015）。作为系统化的管理体系，酒店内部低碳管理包含管理计划、管理制度、管理行为和管理控制等一系列要素，其中低碳管理指标体系对低碳行为的实施发挥重要的导向作用，也是管理控制的主要标准。在此基础上，酒店低碳管理的实施需要包括员工和消费者在内的全员参与。作为领导层，可以将酒店低碳目标逐层细化，不同部门和员工之间相互分工、相互协作，按照目标要求和标准规范实施低碳行为，并通过科学的考核控制体系确保低碳目标的达成。

2. 低碳技术设施因素

如何利用节能材料与低碳技术设施设备进行节能减排是酒店低碳发展的关键。该因素主要包括以下几方面：酒店建立碳排放在线监测系统能够测算酒店每天的综合能耗，并对不同部门的能耗状况进行统计、对比分析，该系统是酒店低碳发展的有效工具；建筑装修低碳材料（如墙材、漆料等）、隔热保温建材均具有绿色节能环保的优势，这些材料的使用率是节约能源的一个重要方面；太阳能等可再生能源与酒店建筑一体化长期以来被认为是酒店低碳化发展最有效的手段之一；环保型设备用品（如节能空调和节能灯具等）的使用比例以及酒店废热、余热的回收率等（王丹，2014；魏卫，2012）。郝学军和柴梦（2017）指出，减碳技术指标包括可循环使用物品、能源统计系统、低碳保温措施、空调供暖系统、照明、供水系统减碳技术措施等几方面。除了以上因素，酒店客房朝南向的比率、酒店食材当地化的比例也都是酒店低碳化技术与设施评价指标体系的重要因子（李红缺，2015）。低碳技术设施设备既是酒店低碳行为实施的保证，也是低碳酒店的重要特征与发展动力。

3. 低碳责任意识因素

低碳不仅是一种态度、一种文明，更是一种义务、一种责任。低碳责任意识主要是指酒店对实施低碳环保行为所持有的责任感和使命感。Stern（2000）提出的价值—信念—规范理论（VBN）提及个体如果具有很强的环境责任感，那么它们就会具有积极的保护环境的行为。Williamson等（2006）通过对31家中小企业的环境行为进行实证研究，论述了企业的社会责任是其环境行为的重要动因，对环境行为具有重要影响。Bansal和Roth（2000）通过访谈和档案研究等方法，指出竞争性、企业合法化和生态责任因素是企业生态响应的因素，这些因素受到领域的凝聚力、问题的显著程度和个人关注三个情境因素的影响。张玲（2014）认为，酒店在追求利益的同时也会承担一定的社会责任与义务，主要包含企业低碳自愿性、主动性以及决策层重视程度。企业的社会责任意识必定是影响企业低碳经营的重要因子，社会责任感强的企业更加注重低碳问题，但是在缺少外部控制因素的条件下，企业更加注重的是经营成本或收益，而不是碳排放等环境问题。企业的社会责任主要是通过减少能源消耗，提高能源效率实现。目前比较突出的问题是许多酒店即使意识到低碳环保是社会责任，也不愿意采取措施来解决碳排放问题，因此需要通过外力将企业社会责任意识转变为行动。低碳不仅是企业的社会责任，而且也可以为酒店提供一种全新的视角来审视酒店的定位和管理，从而降低成本、增加效益，还能提高自身的市场竞争力，提升酒店的社会形象。

第三章 星级酒店低碳行为驱动机制及绩效影响理论分析与研究假设

4. 人才实力因素

作为一种长期的战略选择，星级酒店低碳经营的实施需要可靠的人才实力作为推动力量。赵黎明等（2015）在研究酒店企业低碳经营影响因素中指出，有足够的专业人才支持低碳经营是影响酒店低碳经营的内部资源实力之一。张海波（2015）也认为，专业技术人才和员工素质水平是保障酒店顺利实施低碳经营的重要因素。高效的低碳经营人才团队能够充分发挥各自的优势和特长，通过相互分工和相互配合达成经营目标。星级酒店由于具有较为雄厚的经济实力，人才的待遇水平较高，发展空间较大，在人才的获取、培育和激励方面具有较为明显的优势，如果能够将人才政策加以有效地组合应用，可以形成稳定可靠的人才队伍，他们所具有的专业知识水平将成为酒店实施低碳经营的独特优势，有利于保持经营策略的长期性和稳定性。同时，这些人才通过跟踪国内外先进技术水平的发展进步，并在酒店付诸实施，使企业能够在同行业中的技术领域保持领先水平，进而在市场竞争中赢得主动地位。酒店在低碳经营领域的人才战略规划要契合于酒店的战略经营目标，通过系统化的人才制度设计、人才管理策略的实施，使人才因素真正转化为酒店实施低碳经营的内部驱动力。此外，酒店低碳行为的实施与每一个员工密切相关，体现在酒店管理和服务的各个环节，除专业人才外，让酒店的每个员工树立低碳意识、践行低碳行为，同样构成企业低碳经营的必备要求。因此，从酒店低碳行为的驱动角度分析，酒店的低碳领域专业人才是低碳行为的重要驱动力，而每一位员工同样构成实现低碳目标不可或缺的因素。人才实力作为酒店低碳经营的内部驱动力，可以从低碳管理和低碳技术等多个层面发挥专业优势，通过合理配置和高效利用酒店低碳资源，实现低碳发展目标。有稳定和高效的专业化人才团队，就能盘活酒店的各种低碳资源，充分利用和发挥资源的功效及优势，在实现低碳发展的过程中更好地兼顾酒店的经济效益、生态效益和社会效益。

5. 政策法规因素

中国酒店行业将低碳发展作为管理战略的时间较短，缺乏经验，在发展过程中必然会遇到很多困难,因此政府应该提供足够的鼓励和扶持政策,进行宏观调控和引导,建立有效的节能减排机制进而实现低碳发展。与此同时,制定、完善与酒店业低碳发展相关的法律、法规,使酒店业在低碳发展中有法可依、有据可寻,有一个良好的政策环境(赵黎明等,2015)。由于国家的财税优惠政策没有吸引力,很难调动酒店开展低碳经济的积极性;另外,政府对酒店的能源浪费及排污的惩罚力度不够,很难调动酒店实施低碳经营的积极性。这些均从政府角度提出,属于政府政策因素(王秋娜,2013)。Ramus 和 Steger(2000)通过对欧洲一些前沿公司的研究表明,企业的环境政策和环境行为之间存在积极的联系。基于制度理论,法规被认为是组织迫于压力而实施的强制机制。他们通过研究发现,政府规制是影响酒店企业环境管理实践最重要的动因,政府规制和环境管理实践之间存在着积极重要的关系(Kamalulariffin et al., 2013)。政策法规在酒店低碳经营过程中既包含对酒店碳排放行为的规制,也包含对酒店低碳行为的鼓励和支持。对于酒店而言,政府碳排放标准的制定要考虑其行业特点以及所处的发展阶段,制定合理适度的排放标准,使酒店能够采取循序渐进的行为步骤逐步达到减排的控制目标。

6. 社会规范因素

社会规范是指社会普遍认可的,组织必须遵循的价值观、标准、传统、惯例、准则、规则和规范等。企业在运营过程中不仅要遵守政策法规,还要遵守法律法规明文规定之外的社会规范。Marshall 等(2005)通过对美国葡萄酒业的研究表明,社会规范是企业积极主动的环境行为强有力的驱动力。社会压力可能是企业环境行为的驱动力,社会规范压力主要来自包括股东、政府、非政府组织和供应商等利益相关者(Álvarez et al., 2001)。Holden(2003)在环境伦理学的背景下,对旅游利益相关者的行为进行评估。环境伦理和道德立场使利益相关者哪方面受益是可持续行为产生的原因,如果变成社会规范,便会对企业行为产生影响。如今社会普遍接受环保对人类的重要意义、对环境行为具有重要作用(Newsome et al., 2003)。从一定程度上讲,社会规范是国家政策法规的基础,公众和

第三章　星级酒店低碳行为驱动机制及绩效影响理论分析与研究假设

新闻舆论等社会媒体的低碳督促对政府低碳政策的制定有很大影响，政府政策法规是社会规范的升华，然而企业角度的低碳行为影响因素研究和社会规范作用还处于起步阶段。

7. 经济保障因素

酒店作为企业，追求经济利益最大化的本质决定经济因素必然成为酒店业推行节能减排的关键因素（赵思香，2011；魏卫和张琼，2012）。经济保障因素主要考虑酒店实施低碳行为的成本和收益，以及政府和金融机构对低碳行为采取的税收政策和融资政策。作为追求经济利益的组织，以较低的成本投入获得较高的产出收益是企业经营行为的主要出发点。经济因素是酒店低碳化发展的重要因素，酒店在经营管理过程中要综合考虑低碳投资回收期的长短，只有当低碳发展的成本利润率较高时，才能充分调动酒店低碳发展的积极性（王秋娜，2013）。对于星级酒店而言，如果投入资金用来改善硬件设备、提高服务质量和降低服务价格等，可以在较短时间内显著提高酒店经济效益。酒店在实施低碳行为之初同样需要在资金、技术和人力等方面进行大量投入，在短期内增加酒店经营成本，这些行为所带来的经济效益可能在较短时间内难以显现，但从长期来讲可以提升酒店形象，扩大酒店知名度，提高客户满意度，从而促进酒店经济效益的改善。因此，星级酒店低碳行为的实施需要酒店高层从长远利益出发，通过加大资金投入而获得长期收益。在经济保障因素中，来自外界的经济激励政策也是酒店低碳行为的重要驱动力。政府的财税政策对微观经济行为具有重要的导向作用，政府在低碳经营方面的税收优惠政策会鼓励酒店采取低碳行为，降低经营成本，增加酒店利润。从金融机构的角度看，对酒店低碳经营的支持主要来自融资方面，在低碳经营方面帮助酒店降低融资门槛和融资成本，拓宽融资渠道，对酒店的低碳行为会产生积极的正向激励作用。

二、星级酒店低碳行为分析

根据 Scott 和 Becken（2010）提出的能源使用分类的方法，酒店低碳行为可以分为低碳决策行为、低碳管理行为和低碳执行行为。其中，低碳决策行为是指企业高层领导在低碳方面所做的方向、计划、目标等重大行为；低碳管理行为包括日常的规章制度、员工的低碳教育和培训，能源的使用管理等多方面的管理行为；低碳执行行为是指基层员工日常的对低碳规章制度的落实行为、自律控制和节约能源等行为（张玲，2014）。张海波（2015）将酒店企业的低碳经营行为分为技术改造行为、节能减排行为、低碳营销行为、交流合作行为和低碳管理行为。赵黎明等（2015）运用结构方程模型对公众在酒店情境下低碳消费行为进行了微观探讨，研究结果表明，公众酒店低碳消费行为包含一般行为和积极行为两个维度。张玲和王尔大（2013）认为，酒店低碳行为旨在降低碳排放的酒店产品生产和经营管理的行为，并指出酒店低碳行为有三种分类方法，即根据企业环境行为的分类将酒店低碳行为分为硬件或技术和软件或组织管理两个方面；从行为的目的方面划分，分为低碳控制行为和低碳保护行为；从行为的执行层面划分，可分为低碳投资行为、管理行为和缩减行为。

本书主要以赵黎明等（2015）、张玲（2014）、张玲和王尔大（2013）等的研究为基础，并参照其他学者的相关研究，最终将酒店低碳行为分为一般低碳行为和积极低碳行为两大类。一般低碳行为主要是指与酒店日常节能减排降耗相关的环保行为，包括减少一次性用品的提供、采用多种节水设施、垃圾分类处理等行为；积极低碳行为主要是指为了减少碳排放采取的管理措施等，包括酒店不断提高低碳投资力度等投资行为和酒店定期进行节能测试、能源消耗监测、节能信息和经验交流等低碳管理行为。

三、星级酒店低碳行为绩效分析

随着企业绩效的盛行,学者对酒店绩效的研究也越来越多。一方面是有关酒店绩效管理的研究。例如,朱敏荣(2006)对如何完善中国酒店员工的绩效管理体系进行了定性研究;吴三忙和李树民(2006)从产权结构和市场结构双重视角对制约中国酒店业绩效的深层原因进行分析;刘碧虹(2014)对H酒店绩效管理存在的问题与对策进行研究;余慧(2016)对如何优化长沙7天连锁酒店员工绩效管理体系、如何更好地发挥绩效管理体系应有的效能进行研究。另一方面,研究的内容和方法不断扩展,如内容扩展到酒店营销、服务产品的生产和消费等。再如,范秀成和曹花蕊(2009)重点研究服务营销管理体系对酒店绩效的影响,通过研究发现,在酒店服务营销管理体系中,服务创新、服务补救和人员管理决定着酒店绩效;杨云(2008)则以湖南省、广东省中高档星级酒店为例,研究了中国星级酒店企业高层管理团队的组成特征均值对企业绩效有影响;窦学飞(2014)运用DEA方法对上海三星级饭店经营绩效及如何转型升级进行了研究。另外,Chen(2018)研究了电子商务和碳排放减少的证明对我国台湾地区国际旅游酒店绩效的影响,还讨论了酒店业的低碳绩效怎样保持不断地改善。

绩效有多种分类方法,如可分为绝对绩效和相对绩效、长期绩效和短期绩效、直接绩效和间接绩效(赵科峰,2015);经济绩效、社会绩效和环境绩效(孙璐,2013);人力资源绩效、市场绩效和财务绩效(刘善仕和周巧笑,2007)。而周曙东(2011)将企业环境行为绩效分为环境绩效、财务绩效、运营绩效。很多管理实践和研究都以绩效作为主要目标和结果变量。张海波(2015)在研究酒店企业低碳经营影响因素和行为机理时,从经济绩效、环境绩效和社会绩效等方面对低碳经营绩效进行低碳评估总结。贡文伟等(2011)在研究合作绩效时,将合作双方既定目标实现的程度作为直接绩效,将企业的盈利能力和企业的竞争优势得到提升的程度作为间接绩效。熊伟和冯施博(2014)、赵科峰(2015)在研究环境管理和节能减排对酒店绩效的影响时,将酒店绩效分为直接绩效指标和间接绩效指标。基于以上学者的研究,本书将酒店绩效分为直接绩效和间接绩效两个维度进行研究。直接绩效可以在较短时间内反映,并与企业的盈利情况直接相关;间接绩效在长时间内才可以体现,与客户维护、品牌价值提升相关。

四、世界著名酒店集团低碳行为案例

通过访谈研究得到酒店低碳行为的驱动因素,为了验证这些驱动因素的作用,现通过案例研究,进一步确认访谈的研究成果。

世界著名的一些酒店集团如凯宾斯基酒店集团、香格里拉酒店集团、雅高酒店集团、洲际酒店集团、喜达屋酒店与度假村国际集团、万豪酒店国际集团和凯悦酒店集团等都在低碳经营上下功夫,重大的节能技术、减排措施在广泛地普及,积极实施低碳行为,从而使它们处于国际竞争的优势地位。

(一) 内部低碳管理在酒店低碳行为方面的作用

凯宾斯基酒店是欧洲历史最悠久的豪华酒店集团,创建于德国,现旗下酒店遍布欧洲、中东、非洲、南美和亚洲,在全球33个国家拥有75家五星级酒店。20世纪90年代初,凯宾斯基进入中国市场,1992年10月正式开业的北京凯宾斯基是其步入中国的第一站,成为同行业的先驱之

第三章 星级酒店低碳行为驱动机制及绩效影响理论分析与研究假设

一。酒店拥有526间客房、套房、7间风格独特的餐厅和酒吧、8个设施完备的宴会会议厅可最多容纳1200人，可以满足不同规模会议及宴会的需求，是具有国际一流水平的大型豪华五星级酒店。之后凯宾斯基在大连、深圳、贵州等地先后开业，在中国各地分布广泛。

凯宾斯基酒店在不降低客户满意度的前提下，在餐饮区、客房区以及康乐区等公共区域提供了一系列以低能耗、低污染、低排放为核心的低碳产品与服务。例如在餐饮区为客人提供点半份菜的服务，主动引导客户合理消费，减少浪费；在客房区，用瓶装液取代原来独立包装的洗发水和沐浴液，鼓励客人重复使用床上用品和浴巾，尽可能做到"一客一洗"，在客房醒目地方放置酒店低碳相关的宣传资料、报刊书籍与环保节能提示牌等；在公共区域的走廊以及电梯，采用声控与光控相结合的电源系统，无行人的时候，只有低瓦数的光源运行，大大降低了酒店的能源消耗，减少了二氧化碳气体的排放。北京燕莎凯宾斯基是我国最早一批响应环保节能行动的绿色旅游酒店之一，早在十几年前酒店所有机电设备及系统就均由德国设计师设计，并由享誉欧洲的豪华酒店管理公司参与，体现了当年最新节能理念，至今凯宾斯基酒店始终应用最前沿的节能技术，运用先进节水节电技术来实现能源节约以减少碳排放。

在能源节约管理方面，北京凯宾斯基酒店工程部建立了完善的能源消耗数据库，可以查找到最早的能源数据为1995年的电、1996年的水和1999年的天然气。中央空调系统采用中央控制系统，即BAS，90多台空调处理机组（AHU）每一台至少20~50个点位的监控，且每一台机组都带有热回收装置，并且冷库的制冷液均采用环保制冷剂，所有泵系统均采用变频控制等。锅炉由燃煤改为燃天然气，锅炉燃烧管高效充分燃烧达90%以上，在冬季最大限度地使用废弃的热能，最大限度回收冷凝系统能量；不同区域尽量循环利用水，使用无水小便池节约用水，用中水进行园林绿化等。北京凯宾斯基酒店大堂顶部照明灯以前长期开启，为了节能，酒店增加了一台时间继电器对其控制，白天关闭，夜间开启，经计算全年节约38560元。同时酒店还根据一年四季的变化，及时调整景观照明开启时间，避免了无效的能源浪费。

（二）技术设施设备在酒店低碳行为方面的作用

酒店服务设施的低碳化不仅是指在经营管理过程中注重节约环保以减少碳排放对生态环境的影响程度，还指运用先进的节能技术设施设备进行节能减排。凯宾斯基酒店在策划设计和建造施工阶段就遵循低碳环保的理念，采购低碳环保的建筑材料和设施设备，并且有专业的人员设计科学合理的节水节电系统，严格控制施工过程中的废弃物和污染物的排放，提高了可再生能源的利用率，在整个生命周期中采用先进可靠的节能技术和设备，在整个范围内践行低碳理念，真正做到节约能源，减少了二氧化碳排放，在一定程度上为当地环境保护做出了贡献。

太原凯宾斯基酒店于 2013 年 8 月开业，地处"龙城"的核心地段，主楼高 28 层，酒店客房共 363 间（套）。酒店位于太原市商业繁华地带，采光良好，交通便利。房间内现代化设施比较完善，既是欧式风格和中国元素相结合的现代化高端奢华酒店，也是太原市第一家国际豪华五星级酒店品牌。酒店基础设施配备齐全，提供中西餐厅、烧烤吧、红酒吧等服务，还有室内游泳池、健身中心和水疗等各式休闲、健身设施和会议室、宴会厅等服务设施。太原市凯宾斯基酒店借助集团的技术优势，低碳化发展良好。

（1）节约用电方面，太原市凯宾斯基酒店采用"夜间制冰、白天融冰"的冰蓄制冷系统，利用日间和夜间的电价差来降低用电成本。这种做法能够在满足制冷要求的前提下减少用电高峰期的负荷，通过电价差节省电费。照明系统多采用 LED 节能灯，增加聚光效果的同时减少了能源消耗与碳排放，并采用变频技术和智能化控制技术来节约用电，在楼梯、走廊以及厕所等公共区域采用感应式的照明系统，做到人过灯灭。采用三联供应设备，利用天然气为酒店供热和制冷提供能源。凯宾斯基饭店每栋建筑的外挂板交接处，都有一层 2 厘米厚的深灰色海绵夹层，与酒店的深蓝色建筑融为一体。冷水机组的耗电量非常大，因此，酒店新投入使用冬季制冷系统，可以利用室外低温对空调水进行冷却，然后将冷气输送到各个房间。这种做法不仅使客人的舒适度得到保证，同时，酒店也达到了节约能源的目的。

（2）在节约用水方面，酒店在客房、餐厅等区域的水龙头安装了节水器，并采用智能化的控制技术，可以选择用水的模式来控制水的流量大小以及加热状况。为了检测用水的情况，酒店在每个独立功能的分区域都安装区域水表，用来监测每个区域的用水情况和节水情况。酒店是用水量大的场所，在工程建设方面，酒店建设了中水处理系统，加强了对空调水和雨水的收集和循环再利用。此外，凯宾斯基酒店还在每个客房卫生间都安装了节水装置，洗手池和淋浴室的废水可以直接通过装置来冲洗马桶等，进行二次利用。

（三）责任意识在酒店低碳行为方面的作用

只有管理者和相关工作人员充分认识到低碳的重要性，具有低碳责任意识，酒店低碳化才能真正付诸实行和实现。凯宾斯基酒店不仅在全酒店的范围内树立低碳环保的价值观，而且把低碳化视作酒店企业文化塑造的一部分，在日常活动和培训中向员工灌输低碳理念，鼓励员工开动脑筋，多为节能减排提建议，并且建立相应的制度奖励员工的低碳行为。此外，酒店还将低碳理念纳入企业文化建设的体系中，力求在全酒店形成低碳环保的理念，真正把节能减排、低碳环保的工作落到实处。

香格里拉酒店集团不但坚持不懈地为客户提供最优质的服务，而且还对环保使命的承担也不遗余力。香格里拉旗下35家酒店已获得国际环境管理ISO14001（International Environmental Management System Standard）的认可证书，它是亚洲地区或国内第一家取得该证书的酒店。取得ISO14001认证的酒店，致力于在经济效益和保护环境管理上取得平衡，为该地区环境生态做出及时的回应和长期的努力。其中包括安装节能电灯泡，使用环保的清洁工具及原料，安装水源控制系统，妥善处理污水及避免造成水资源污染。香格里拉是亚太酒店环保协会的创办成员之一，根据集团的环保政策，所有香格里拉和商贸酒店均实行绿色环保计划。杜绝浪费，清除有害环境的隐患，同时推广环保意识（奚晏平，2012）。

环境保护需要全球参与，基于此，雅高发起了"地球客人项目"。其所属的近900家北美Motel 6经济型连锁旅馆发起一项全美废电池和日光灯管回收活动。

（四）人才实力在酒店低碳行为方面的作用

经济的发展和管理人性化在全球的兴起使人才成为酒店业竞争的主要方面。尤其是世界著名酒店集团在经营管理时多采用合同管理方式，所以其竞争的实质也是人才资源的竞争，人才实力在酒店低碳行为方面起着重要的作用。例如，香格里拉酒店集团一直致力于吸引和留住人才。香格里拉的服务水准众所周知，并能不断加以保持和改进，关键在于拥有那些积极进取和努力实现集团目标的员工。香格里拉十分重视集团内部管理人员的事业发展，鼓励一种全方位的培训方法培养人才，包括低碳管理研发的专业人才。集团内部管理人员的提升和调动达到90%。香格里拉酒店的理想员工是综合运用个人素质和集团培训塑造而成的。集团十分重视雇用那些工作态度好、有发展潜力的员工，并为他们提供必要的技能培训，员工培训一直被奉为香格里拉集团的首要任务。集团每年至少投资员工工资总额的2%用于员工培训与发展，另外，公司每年还拨出大量经费用以员工掌握专业化的知识、技能，从而使他们在各自的岗位上包括低碳管理运营与技术方面取得最佳成绩，香格里拉因此成为最受欢迎的雇主之一。

五、星级酒店低碳行为驱动机制及绩效影响的理论模型构建

基于已有的绿色管理理论、可持续发展理论、循环经济理论、低碳经

第三章 星级酒店低碳行为驱动机制及绩效影响理论分析与研究假设

济理论、生命周期评价理论、脱钩理论和环境行为理论，参考已有的相关研究成果，以及在调研过程中对星级酒店情况的实际考察，咨询来自中山大学、北京第二外国语大学酒店管理专业教授、广州南沙酒店总经理、太原华康帝景大酒店人力资源部总监等从事酒店管理实践和研究的专家的意见，并运用扎根理论方法，本研究在选择性编码时基于确定的主范畴的典型关系结构提炼核心范畴。主范畴的典型关系结构多以"故事线"的形式展现，本研究的"故事线"可以总结为内部低碳管理、低碳技术设施、低碳责任意识、人才实力、政策法规、社会规范和经济保障7大因素，共同驱动酒店低碳行为的实施，而随着酒店低碳行为实施的水平不断提高，酒店形象和社会声誉得到不断的提升，酒店的绩效也不断提高。基于以上"故事线"，本研究确定了星级酒店企业低碳行为驱动因素和低碳行为对绩效的影响这一核心范畴，并围绕该核心范畴，最终构建星级酒店低碳行为驱动因素及绩效影响的理论模型来考察驱动因素、酒店低碳行为以及酒店绩效之间的相互作用关系，如图3-1所示。

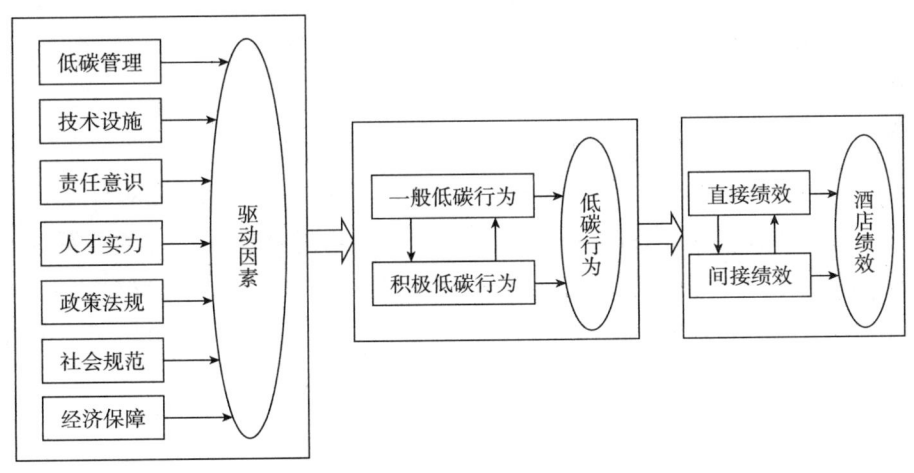

图3-1 酒店低碳行为驱动因素及绩效影响的理论模型

六、星级酒店低碳行为驱动机制及绩效影响理论推导与研究假设

（一）酒店内部低碳管理与酒店低碳行为的关系

酒店的低碳化是酒店全员参与、持续不断的改进过程，需要规范的管理保障。赵思香（2011）、魏卫等（2010）在对酒店业推行节能减排影响因素的研究过程中将酒店节能考核、节能培训、节能管理体系作为第一个影响因子"节能管理"，酒店建立完善的节能管理体系，并落实到每位员工的岗位职责上。Sharma（2000）以加拿大99家公司为例，指出公司如有环境战略，则更有利于采取主动的环境行为。Cordano 和 Frieze（2000）应用计划行为理论，使用结构方程分析美国环境管理人员减少污染的行为偏好是对相应环境保护的相关规范与规定的积极响应。有研究表明，对于一些环境行为，成功的结果取决于企业环境管理范式（Anderson & Batemevn，2000）。Henriques 和 Sadorsky（1999）指出，组织管理对环境行为具有重要影响，企业内部管理与员工低碳行为之间存在着一定的关系。低碳管理指标体系对低碳行为的实施发挥重要的导向作用，不同部门和员工之间相互分工、相互协作，按照低碳管理的目标要求和标准规范实施低碳行为。基于以上分析，本书提出以下研究假设：

H1a：酒店内部低碳管理对一般低碳行为有正向影响。

H1b：酒店内部低碳管理对积极低碳行为有正向影响。

（二）酒店低碳技术设施与酒店低碳行为的关系

酒店技术设施如果老化，缺乏维护保养，就会增加能耗，碳排放也会

增多。企业技术设施是企业环保行为的重要影响因素之一，先进的技术设施可以为企业低碳行为提供良好的基础（Lynes & Andrachuk，2008）。Scott 和 Becken（2010）指出，技术进步和旅游环保行为一样都会减少全球碳排放。Mair 和 Jago（2010）在构建旅游部门商业活动领域的绿色概念模型时指出，技术设施是企业低碳环保的重要驱动因素，企业先进的技术设施会对低碳行为造成重要的影响。Álvarez 等（2001）在研究西班牙酒店的组织环境对环境管理行为的影响时强调，酒店的技术设施先进与否会对酒店实施环境管理实践产生持久的影响。周丹和徐红罡（2010）探讨了环境技术在酒店的扩散及影响因素，影响酒店采用环境技术的重要因素包括供应商的互动、技术特征和酒店的创新能力。从技术层面看，技术设施是酒店低碳行为实施和低碳目标达成的刚性约束。一方面，技术设施的引进和使用可以对酒店的硬件设施进行节能环保改造，使低碳行为的实施具备技术基础，提高低碳管理效率和科学化水平；另一方面，先进的技术设施可以对酒店的低碳运行情况进行实时监测，对偏离低碳目标的行为进行及时矫正，为管理控制的实施提供技术支持。因此，在酒店低碳行为的实施过程中，技术设施构成其他驱动要素最终发挥作用的强力助推器。基于以上分析，本书提出以下研究假设：

H2a：酒店低碳技术设施对一般低碳行为有正向影响。

H2b：酒店低碳技术设施对积极低碳行为有正向影响。

（三）低碳责任意识与酒店低碳行为的关系

责任意识即企业社会责任是企业环境行为的重要影响因素之一（Scanlon，2007）。企业社会责任就是企业在追求经济利益的生产经营过程中应当对社会承担的责任和义务。Carroll（1979）提出，企业社会责任有四个维度，即法律责任、经济责任、道德责任和可自由支配的责任。企业环境伦理责任就是企业对社会所承担的环境保护义务，它要求企业在生产经营活动中不能因一味追求利润最大化而对生态环境造成破坏，而是必须尊重生态环境，具有保护自然生态环境的责任意识，企业的运营管理要以可持续发展为指导原则（裴广川，2002）。黎梦娜（2012）从伦理学的角度探讨了企业社会责任与饭店社会效益的实现。近年来，企业管理正从全面质量管理、环境管理走向社会责任管理，企业的社会责任已经成为增强企业竞争优势的新来源（杨春方，2009）。Lynes 和 Andrachuk（2008）旨在通过建立一个模型，说明如何解释企业社会和环境责任（CSER）的各种外部的、特定的和内部的影响，然后在公司层面上形成行动，并开发适当的机制，以确保 CSER 是公司决策机制的一个重要方面。Garay 和 Font（2012）分析了中小型住宿企业社会责任的履行情况及影响，而 Kasim（2007）揭示了精品连锁酒店运营中应纳入环境考虑，以及可能会妨碍中小型酒店实施环境责任的障碍，鼓励更多的中小企业履行环境责任；周曙东（2011）通过研究得出，社会责任对企业环境行为实践有显著正向影响的结论。近年来，随着酒店业在全球范围内的不断发展，社会、政府对酒店有了新的关注点——社会责任。酒店企业在生产经营过程中应履行其社会责任，实施低碳行为。低碳责任意识对酒店低碳行为没有强制性和约束性，但星级酒店特别是高星级酒店作为行业的"领头羊"，应该具有更为长远的战略眼光、先进的管理理念和可持续的发展观念，通过主动承担社会责任，树立良好的酒店企业形象。酒店高层可以将低碳责任意识所蕴含的使命感和驱动力通过低碳管理活动转化为酒店全员的低碳行为，注重平衡短期利益和长期利益、经济效益和社会效益的相互关系，在实现低碳目标的同时为酒店长期发展练好内功，提高市场竞争力。基于以上分析，本书提出以下研究假设：

H3a：低碳责任意识对酒店一般低碳行为有正向影响。

H3b：低碳责任意识对酒店积极低碳行为有正向影响。

（四）酒店人才实力与酒店低碳行为的关系

人才对酒店低碳行为的驱动力主要来自管理和技术领域。在低碳经营管理方面，专业化的管理团队首先需要制定企业低碳经营的战略目标，并且对目标进行逐层分解，进而形成系统化的低碳经营目标管理体系，使每

第三章 星级酒店低碳行为驱动机制及绩效影响理论分析与研究假设

个部门和员工明确各自在低碳经营方面需要承担的职责，保证企业全体员工低碳行为的实施与低碳目标的达成。同时低碳经营管理团队注重对低碳行为全过程的监督，对低碳经营目标达成情况进行定期考核，并通过有效的奖惩机制促使良好低碳行为的持续实施。在低碳技术方面，专业化的技术团队能够掌握低碳领域的最新技术标准，为酒店低碳经营目标的制定提供技术指导，可以对酒店低碳行为的实施从技术层面做好监督管理，还可以对实现低碳目标的技术和设备进行定期更新维护与保养，保证低碳设施的正常运行。为了配合星级酒店提高市场竞争力的需要，低碳专业技术领域的人才需要及时跟踪国内外低碳技术发展前沿，通过研发和引进并重的方式，确保酒店的节能环保和低碳技术设备在同行业中保持领先水平，从技术角度对低碳行为的实施和低碳目标的达成提供保障。基于以上分析，本书提出以下研究假设：

H4a：酒店人才实力对酒店一般低碳行为有正向影响。

H4b：酒店人才实力对酒店积极低碳行为有正向影响。

（五）政策法规与酒店低碳行为的关系

企业发展受到各种各样的外部因素和行业因素的影响，例如可用的技术、政治领导、经济状况、行业标准和协议等，其中政策制度体系是影响企业的四大系统之一，如果得不到政策支持，企业可持续发展就会受阻，而政策领导者对企业环境行为具有影响作用，延迟或规避法规行为的愿望对环保行为的动机具有作用（Lynes & Andrachuk，2008）。国内外许多学者对制度理论都有研究。例如，Marshall 等（2005）指出，制度理论是理论研究的基础，制度环境对企业的环保行为有着重要的作用，现有的规章制度是积极主动的环境行为强有力的驱动力之一。魏卫等（2016）认为，制度理论强调社会等不同角色的压力对企业实践行为的影响。Mair 和 Jago（2010）指出，规章制度是企业环保行为的壁垒，绿色法规的缺乏将会降低企业环保的积极性，如果标准低，会引起不满和业务的损失。Bramwell 和 Alletorp（2001）在研究丹麦可持续旅游发展问题时，也提到了政府规制问题。Schaefer（2007）对比了环境管理系统的制度和绩效，指出制度压力是企业环境行为的主要驱动因素，能够提高企业的经济绩效。Williamson 等（2006）指出，规制是企业环境行为的驱动力。Park 和 Boo（2010）指出，旅游税和法规是低碳行为的关键因素。谢雨和毕魏强（2013）、赵黎明等（2015）都就低碳旅游推广过程中地方政府和旅游企业的博弈进行分析，指出政府部门作为低碳进程的主导推动力，应该积极地为旅游企业营造良好的低碳转型环境，开展相关监管工作，政府的监管力度对低碳旅游的实现具有重要作用。政府对酒店低碳行为的鼓励和支持需要考虑产业政策、经济政策和能源政策的组合使用，激发酒店实施低碳经营的动因，从正向角度引导和调节酒店的低碳行为。基于以上分析，本书提出以下研究假设：

H5a：政策法规对酒店一般低碳行为有正向影响。

H5b：政策法规对酒店积极低碳行为有正向影响。

（六）社会规范与酒店低碳行为的关系

社会规范的概念最早来自著名的理性行为理论，该理论将社会规范定义为"个体依从于各种社会压力的信念"。界定社会规范的内涵包括社会规范的强制成分和内化成分两种。根据理性行为理论，社会规范的强制机制是指人们依从于周围社会环境的群体压力而被迫做出非个体自愿进行的行为上的改变，是对用户外显行为的影响机制；根据社会影响理论，社会规范的内化机制是指来自社会环境的评估对个体信念和评价结构的形成产生潜移默化的作用，是对心理感知的影响机制。作为人类对某项信息技术的接受或拒绝行为的重要影响因素，社会规范在可持续发展领域行为的作用已经受到关注（李霆等，2005）。多项研究表明，无论社会规范的哪种机制都对个体行为具有重要的影响作用（Hill，1977）。公众的低碳环保意识和新闻媒介等的社会规范舆论导向能够形成一股力量，促进国家和政府低碳政策法规的制定，政策法规在一定程度上是公众社会规范的体现与升华（龚成威和黎友焕，2008）。

第三章 星级酒店低碳行为驱动机制及绩效影响理论分析与研究假设

在决定哪些问题会受到公众较高的关注，媒体起到了重要的作用（Thøgersen，2006）。报纸、电视和电影等大众媒体都对气候变化和公众对气候的感知进行过报道（Lowe et al.，2006），大众媒体对气候变化的报道不仅是报纸文章和电视片段的随机组合，而且是科学家、政策参与者和公众之间的一种社会关系，新闻活动在气候科学、政策和公众的互动中起着重要作用（Boykoff & Boykoff，2007）。媒介生态能够对社会环境进行重构，媒体环境在创造良好的社会环境方面具有独特而不可替代的作用。由于媒体具有社会属性、公共属性和政治属性三重特性，媒体具有公共服务功能、政治倡导功能和商业服务功能，在公共政策法规的制定过程中媒体扮演着精英成员和信息传递双重角色。现代媒体在公共政策制定过程中的作用更加多元化，逐步走向回归社会责任和体现公民话语权的发展道路（谢静，2011）。媒体报道在组织中对环保行为具有影响方面的作用，今后还需要进一步研究媒体对企业行为的影响方式和影响程度（Mair & Jago，2010）。酒店作为参与市场竞争的主体，其经营行为涉及不同的利益相关者，社会规范可以从伦理学的视角对酒店碳排放行为进行规制。不同利益相关者的低碳督促对酒店的经营行为会形成无形的压力，酒店出于自身形象的维护和长期经营的需要，会在低碳督促的影响下矫正自身的碳排放行为，使酒店的碳排放水平逐步达到行业碳排放标准，实现低碳经营目标。基于以上分析，本书提出以下研究假设：

H6a：社会规范对酒店一般低碳行为有正向影响。

H6b：社会规范对酒店积极低碳行为有正向影响。

（七）经济保障与酒店低碳行为的关系

关于经济状况与环境管理的关系有学者研究认为，经济状况与环境策略正相关（Russo & Fouts，1997）。Goodall（1995）研究指出，在大的旅游公司环保行为比小的旅游公司更为突出，究其原因，可能是大的旅游公司的经济实力更为强大。酒店采取低碳行为的源动力来自对经济利益的追求，为了从长期获得更多的收益，酒店低碳行为的实施首先需要进行资金投入。因此，酒店自身的资金实力成为其实施低碳行为的重要考量。酒店经济实力越强，酒店实施低碳行为的可能性越大。与普通酒店相比较，星级酒店的经济实力相对雄厚，如果酒店高层领导已经就低碳经营理念达成共识，他们会在自身经济状况允许的范围内加大低碳投入力度，注重低碳经营所需人才的引进，加强对低碳技术和设备的升级改造步伐，形成长期稳定的低碳经营投资机制。当然星级酒店的资金实力和经济效益会受到内外多种因素的影响，包括酒店内部管理、人员流动、资金流转，以及外部宏观经济波动、旅游淡旺季交替、其他酒店的竞争等方面，为了从经济层面鼓励酒店采取持续低碳经营行为，政府和金融机构经济政策的导向作用至关重要。政府在低碳经营方面的税收优惠政策会强化酒店的低碳行为，而金融机构在酒店低碳经营方面给予的融资支持可以为实施低碳行为提供资金保障。经济保障因素所包含的酒店自身资金实力和外界经济激励政策可以为酒店低碳行为的实施提供稳定的资金支持，是管理、技术和人才等要素发挥作用的物质基础。在此基础上，酒店可以评估资金使用的成本和收益，通过对资金的合理规划和有效使用促进酒店低碳行为的制度化和规范化，确保低碳效益的逐步显现，实现酒店可持续发展的目标。基于以上分析，本书提出以下研究假设：

H7a：经济保障对酒店一般低碳行为有正向影响。

H7b：经济保障对酒店积极低碳行为有正向影响。

（八）酒店低碳行为与酒店绩效的关系

学者通过对企业环境行为和企业绩效的研究表明，两者之间的关系存在正相关、负相关和不相关。Molina – Azorin 等（2009）运用质性研究方法对绿色管理和财务绩效的关系进行了文献综述，但是没有分析环境管理对环境绩效的影响。而周曙东（2011）经过研究得出企业环境行为能带来企业绩效提高的结论。关于酒店环境行为和酒店绩效的研究，众多研究的角度不同，但结论大致相同。大多数研究表明，酒店环境行为和酒店绩效存在正相关。从企业性质来看，经济绩效是企业采取环境行为最重要、最

第三章 星级酒店低碳行为驱动机制及绩效影响理论分析与研究假设

根本的动机。酒店采取环境行为最重要的动力应该是经济绩效,如果一个企业的环境管理与其经济收益不相关,那么企业环境行为就会备受争议。Claver–Cortés 等(2007)研究表明,酒店积极主动的环境行为增多,其经济绩效就会增加。从中长期看,酒店实施自愿环境行动有利于提高其经营绩效(李进兵,2010)。Carmonamoreno 等(2004)探讨了环境管理是酒店竞争优势的来源之一,分析了西班牙酒店环境活动与其经济绩效之间的关系,酒店绩效水平随着积极环境行为实施的增加而提高。Álvarez 等(2001)以西班牙 296 家酒店为例,量化分析了酒店环境管理实践和酒店经营绩效之间存在积极的关系。研究结果表明,实施环境行为的酒店床位空置率较低并且酒店利润也显著增加。Segarra Oña 等(2012)、Ayuso(2007)研究了环境管理工具 ISO14001 标准、生态标签和环境管理系统等外界环境政策和制度给酒店企业带来的绩效。Tari 等(2010)则从环境行为的企业管理角度分析环境行为与酒店经营效益之间的关系,环境行为的企业管理角度包括质量和环境管理、企业社会环境责任、目的地环境计分卡等,这三类研究的结论基本相同,即环境行为的实施可以提高酒店企业的经营效益。Garay 和 Font(2012)以西班牙近 400 家中小住宿企业为研究样本,分析了企业社会责任和绩效的关系,企业资源基础观的各个方面都是通过环境成本节约对财务绩效方面的积极影响来验证的。李怡娜和叶飞(2011)通过研究发现,企业绿色环保实践显著正向影响环境绩效,并没有直接地显著正向影响经济绩效,但会通过环境绩效间接影响经济绩效,环境绩效起到中介作用。Leonidou 等(2013)以希腊 152 家酒店为样本,通过实证研究表明,环保营销战略有利于获得竞争优势,进而增加获得优越市场和财务绩效的潜力。熊伟和冯施博(2014)研究环境管理对酒店绩效的影响、赵科峰(2015)研究酒店节能减排对绩效的影响时,都将酒店绩效测度条款分为直接绩效指标和间接绩效指标,并且通过研究得出酒店环境管理和节能减排对酒店绩效有明显的影响,基于以上分析,本书提出以下研究假设:

H8a:酒店一般低碳行为对酒店直接绩效有正向影响。

H8b：酒店一般低碳行为对酒店间接绩效有正向影响。

H8c：酒店积极低碳行为对酒店直接绩效有正向影响。

H8d：酒店积极低碳行为对酒店间接绩效有正向影响。

（九）酒店一般低碳行为与积极低碳行为的关系

赵黎明等（2015）在研究酒店企业低碳经营的影响因素和行为机理时，将酒店低碳经营行为划分为一般减排行为和积极低碳行为两个维度。酒店一般低碳行为是指与酒店日常节能相关的环保行为，类似于熊伟和冯施博（2014）在研究环境管理对酒店绩效的影响时提出的基本环境管理行为、张玲和王尔大（2013）在研究饭店低碳行为的内部驱动因素时提出的低碳控制行为，酒店积极低碳行为是指为减少碳排放采取的管理措施或投资行为等（赵黎明等，2015），类似于高级环境管理行为（熊伟和冯施博，2014）或低碳保护行为（张玲和王尔大，2013）。酒店减少一次性用品的提供和提倡电子化办公，节约办公用纸等都属于一般低碳行为，会对酒店员工低碳意识和技能培训、客户的低碳消费引导和激励措施等积极低碳行为具有正向影响作用；而酒店不断提高投资力度，酒店对外进行低碳交流等积极低碳行为，会对酒店减少浪费和废弃物排放、提供低碳产品和服务等一般低碳行为具有正向影响作用。基于以上分析，本书提出以下研究假设：

H9a：酒店一般低碳行为对积极低碳行为有正向影响。

H9b：酒店积极低碳行为对一般低碳行为有正向影响。

（十）酒店直接绩效与间接绩效的关系

熊伟和冯施博（2014）在研究环境管理对酒店绩效的影响，以及赵科峰（2015）在研究酒店节能减排对酒店绩效的影响时将酒店绩效分为直接绩效和间接绩效。酒店直接绩效可以在较短时间内反映，并与企业的盈利情况直接相关；间接绩效在长时间内才可以体现，与客户维护、品牌价值提升相关（赵科峰，2015）。酒店新业务推出率增加后会有利于发展新客户，减少老客户的流失率，而酒店低碳行为增加了酒店新业务推出率与企

第三章 星级酒店低碳行为驱动机制及绩效影响理论分析与研究假设

业的盈利情况相关,属于酒店直接绩效,而酒店低碳行为可以减少老客户流失率和有利于发展新客户,均与客户维护有关,因此归属于酒店间接绩效,可见酒店直接绩效正向影响间接绩效;低碳行为提高客户满意度和顾客忠诚度后,就会提高酒店的客房入住率和提高酒店年销售总额,前者与客户维护有关属于酒店间接绩效,后者与酒店企业盈利有关,属于酒店直接绩效,可见酒店间接绩效影响直接绩效。基于以上分析,本书提出以下研究假设:

H10a:酒店直接绩效对间接绩效有正向影响。

H10b:酒店间接绩效对直接绩效有正向影响。

七、本章小结

本章首先在梳理和分析研究相关文献的基础上,对酒店管理层和普通员工及酒店管理相关专家进行了开放性、半结构性深度访谈,根据扎根理论编码程序最终确定了内部低碳管理、低碳技术设施、低碳责任意识、人才实力、政策法规、社会规范和经济保障7大星级酒店低碳行为的驱动因素。其次,本章在已有文献研究和本书研究思路基础上,将酒店低碳行为划分为一般低碳行为和积极低碳行为两个构成维度,随后确立了酒店低碳行为绩效的考核维度——直接绩效和间接绩效两个维度。虽然酒店低碳行为的划分有很多不同的方法,酒店绩效也可以从不同的分类和角度评价考核,但是一般低碳行为和积极低碳行为的维度划分,直接绩效指标和间接绩效指标可以涵盖其他各种不同的维度,使分析更加全面和准确。最后,根据主要变量之间的逻辑关系,初步构建了星级酒店低碳行为驱动因素及绩效影响理论模型,建立了相应的研究假设,进一步研究7大驱动因素与星级酒店低碳行为两个维度之间、星级酒店低碳行为的两个构成维度之间、低碳行为与酒店绩效之间、酒店绩效两个维度之间的相关关系。本章为接下来的定量研究做了基础性的工作。

第四章
星级酒店低碳行为驱动机制及绩效影响研究设计和数据分析

本章首先基于文献研究并结合本研究的实际情况,确定本书所涉及的 11 个主要变量的测量量表,然后从具体实证操作的角度对本书的问卷进行科学设计,并根据预调研结果对问卷进行修正,之后对正式问卷进行发放和数据收集。在此基础上对所获得的研究数据进行统计分析,运用 SPSS24.0 统计分析软件对研究样本的特征、题项的描述性统计、研究样本数据总体正态分布、探索性因子分析即量表建构效度、量表信度进行检验,运用 AMOS24.0 统计分析软件进行验证性因子分析即测量模型收敛效度的检验,以保证数据的质量。

一、星级酒店低碳行为驱动机制和绩效影响变量的测量

根据第三章所提出的理论模型,可知本书主要研究星级酒店低碳行为的驱动因素和低碳行为对酒店绩效的影响,进而得出本书需要测度的研究变量主要有星级酒店一般低碳行为、积极低碳行为、内部低碳管理、低碳

技术设施、低碳责任意识、人才实力、政策法规、社会规范、经济保障、直接绩效和间接绩效共11项。

（一）酒店低碳行为的测量

对于酒店低碳行为的测量，王凯等（2012）将饭店环境低碳行为划分为绿色建筑设计、节能管理、节水管理、废弃物减量、环境管理沟通、环保知识掌握6个度量项目共33项测量指标，同时也开发了饭店环境行为驱动因素测量的量表，包括15项测量指标。Erdogan和Baris（2007）构建了旅游住宿部门测量环境行为指标评价体系，包括39项测量指标。张玲和王尔大（2013）将饭店低碳行为分为低碳控制行为和低碳保护行为。其中，低碳控制行为包括"减少能源使用""浪费行为减少""进行低碳采购""物品循环利用""采用低碳材料"和"使用低碳设备"6个测量问项；低碳保护行为包括"制定低碳工作条例""制定低碳激励制度""愿意承担碳排放税收""能源使用有规章"和"设备更换有计划"5个测量问项。张玲（2014）分别对城市旅游饭店员工、管理者和决策层的低碳行为水平进行调查，共23项测量指标。周曙东（2011）认为，企业环境行为由环境战略、环境管理、环境文化因子构成。Molina – Azorin等（2009）分析了32项研究使用的环境行为变量和财务绩效变量的测量指标。赵黎明等（2015）将酒店低碳经营行为分为一般减排行为和积极低碳行为，共设置8个测量题项。其中，一般减排行为包括"使用节能低碳技术设备""节约能源，减少消耗""减少浪费和废弃物排放"和"提供低碳产品和服务"4个测量题项；积极低碳行为包括"客户低碳消费激励措施""建立低碳监督管理制度""员工低碳意识和技能培训"和"对外低碳交流"4个测量题项。魏卫等（2016）从环境战略管理、环境实践措施和绿色酒店形象三方面考察酒店环境行为。熊伟和冯施博（2014）将酒店环境管理的测度分为基本环境管理行为和高级环境管理行为两个层次。其中，基本环境管理行为包括酒店采用多种节水设施，减少提供一次性用具，提倡电子化办公室节约办公用纸等；高级环境管理行为包括针对环保问题进行全员培训,在客人活动区域以告示等形式引导客户节能环保等。酒店低碳行为的测量问项主要以赵黎明等(2015)、熊伟和冯施博(2014)、张玲和王尔大(2013)等对酒店低碳行为的分类为基础,同时参考了Álvarez等(2001)、Mensah(2006)、Zhang等(2008)、潘霖(2011)、赵科峰(2015)、张海(2013)、魏卫和张琼(2012)等的研究,从中提取相关测量指标,最终将酒店低碳行为划分为一般低碳行为和积极低碳行为两大类。其中,酒店一般低碳行为主要是指与酒店日常节能相关的环保行为,包括减少一次性用品的提供、采用多种节水设施、垃圾分类处理等7个测量问项;积极低碳行为主要是指为了减少碳排放采取的管理措施等,包括酒店不断提高低碳投资力度,对员工进行有关低碳的教育和培训等投资行为和酒店定期进行节能测试、能源消耗监测、节能信息和经验交流等低碳管理行为,最终设置5个测量问项,如表4-1所示。

表4-1 酒店低碳行为测量量表

变量名称	变量代码	测量题项	参考依据
酒店一般低碳行为	ACT11	酒店垃圾分类处理	Erdogan(2009)
	ACT12	酒店减少废弃物的排放	王凯等(2012)
	ACT13	酒店提倡电子化办公,节约办公用纸	Molina-Azorin等(2009)
	ACT14	酒店减少一次性用品的提供	赵黎明等(2015)
	ACT15	酒店定期对用能设备进行检查和保养	魏卫等(2016)
	ACT16	酒店采用多种节水设施	熊伟和冯施博(2014)
	ACT17	酒店合理控制空调温度和开关时间	Álvarez等(2001)
			Mensah(2006)
酒店积极低碳行为	ACT21	酒店定期进行节能测试和能源消耗监测	张海(2013)
	ACT22	酒店对员工进行有关低碳的教育和培训	张玲和王尔大(2013)
	ACT23	酒店之间进行节能信息和经验交流	Zhang等(2008)
	ACT24	酒店不断提高低碳投资力度	赵科峰(2015)
	ACT25	酒店对低碳消费有引导和激励措施	潘霖(2011)
			张玲(2014)

第四章 星级酒店低碳行为驱动机制及绩效影响研究设计和数据分析

(二) 酒店内部低碳管理的测量

对于内部低碳管理的测量,张玲(2014)设置了"有节能责任部门,有具体节约措施或标准,定期对员工进行能源节约的教育或培训,开展节能宣传活动,有能源节约奖励机制,定期分析能源消耗数据,定期通报各部门能耗,针对低碳的薄弱环节,提出改进措施"8项测量题项;张琼(2012)和王丹(2014)认为,酒店低碳管理指标包括"酒店主要场所有室内温度控制制度,酒店定期进行节能测试和能源审计,酒店有新风系统和送风控制制度,酒店定期对用能设备进行检查和保养";李红缺(2015)将"酒店编制专项的低碳发展规划,酒店建立节能减排责任管理部门"等作为酒店低碳化管理的评价指标体系;郝学军和柴梦(2017)将低碳管理指标分为低碳管理规划、低碳管理机构、低碳管理制度三项,具体的评价项包括具备低碳管理目标,具备专项规划,具备常设的低碳管理机构,具备完善的低碳管理制度等。本书对于内部低碳管理的测量题项将一些具体的措施归属为酒店低碳行为,共设置6项测量题项,如表4-2所示。

表4-2 酒店内部低碳管理测量量表

变量名称	变量代码	测量题项	参考依据
内部低碳管理	MAN1	酒店高层对低碳经营达成战略共识	郝学军和柴梦(2017) 张玲(2014) 熊伟和冯施博(2014) 赵科峰(2015) 李红缺(2015)
	MAN2	酒店有明确的低碳经营目标和专项规划	
	MAN3	酒店设立了专门的低碳管理机构	
	MAN4	酒店有完善的低碳管理制度和奖惩机制	
	MAN5	酒店针对低碳薄弱环节提出改进措施	
	MAN6	酒店有具体的节能减排措施和标准	

(三) 酒店低碳技术设施的测量

低碳技术是实施酒店低碳行为的关键,利用节能材料和节能设施设备可以降低酒店能耗,酒店应用低碳技术主要是为了节能减排。张玲

(2014）开发的量表中将"酒店定期进行节能改造，淘汰低能设备和产品，节能设备使用率不断提高和饭店不断提高节能技术利用率"作为低碳技术设备的测量题项。王丹（2014）指出，衡量酒店低碳化程度的主要技术指标包括"酒店有碳排放在线监测系统、环保型设备、用品使用比例、太阳能等可再生能源在酒店的使用比例"等；李红缺（2015）将"酒店废热、余热回收利用率，酒店建筑装修中隔热保温材料的利用率，酒店节能空调的使用及其节能率，酒店可再生能源的利用率"作为星级酒店低碳化水平评价体系的要素层，均属于"酒店低碳化技术与设施"这一准则层。对于技术设施的测量主要参考以上学者的测量指标，并结合本书的研究重点，设计以下6项测量题项，如表4-3所示。

表4-3 酒店低碳技术设施测量量表

变量名称	变量代码	测量题项	参考依据
低碳技术设施	TEC1	酒店建筑装修中隔热保温材料的使用率较高	张玲（2014） 王丹（2014） 李红缺（2015）
	TEC2	酒店定期进行建筑节能改造	
	TEC3	酒店有碳排放在线监测系统	
	TEC4	酒店空调废热、锅炉余热等回收利用率较高	
	TEC5	酒店环保型设施设备（如节能空调）使用比例不断提高	
	TEC6	可再生能源（如太阳能等）在酒店的利用率较高	

（四）低碳责任意识的测量

对于低碳责任意识的测量，赵黎明等（2015）在研究酒店企业低碳经营影响因素时，将"低碳责任意识"作为一个重要的影响因素，测量题项包括"低碳经营是酒店的社会责任，低碳经营是正确应当的，酒店愿意牺牲一定的利益实施低碳经营"等。张玲（2014）开发的量表设计了"饭店愿意接受碳排放税费单独支付；饭店愿意承担应负担的碳排放治理费用；饭店低碳是不可推卸的社会责任；高层管理者高度重视碳排放问题"

4个测量题项测量饭店的社会责任。基于本书研究的重点，在测量题项的选取过程中，主要参照赵黎明等（2015）有关低碳责任意识的题项以及张玲（2014）在研究城市旅游饭店低碳行为驱动因素中对社会责任考量的基础上，结合Williamson等（2006）关于企业社会责任含义的观点和Kasim（2007）关于酒店部门环境责任的观点，以及广州凯悦酒店工程部总监、广州南沙酒店总经理、中山大学酒店管理专业教授等从事酒店管理实践和研究的专家意见，对题项的内容和表述进行适当的调整，最终设计4个测量题项，如表4-4所示。

表4-4 低碳责任意识测量量表

变量名称	变量代码	测量题项	参考依据
低碳责任意识	RES1	低碳经营是酒店的社会责任	赵黎明等（2015）
	RES2	酒店低碳经营对生态环保意义重大	张玲（2014）
	RES3	酒店愿意承担应负担的碳排放治理费用	Williamson等（2006）
	RES4	酒店愿意牺牲一定的利益实施低碳经营	Kasim（2007）

（五）酒店人才实力的测量

对酒店人才实力的测量，赵黎明等（2015）在研究酒店企业低碳经营影响因素时，内部资源实力用酒店"有足够的专业人才支持低碳经营"进行测量。张海波（2015）指出，专业技术人才和员工素质水平是保障酒店顺利实施低碳经营的重要因素，将"人才资源"作为能够支撑酒店企业实施低碳的内部资源四个测量条目之一。根据本书研究的需要，并结合广州凯悦酒店工程部总监、广州南沙酒店总经理、中山大学酒店管理专业教授等相关专家的意见，对题项的表述做了适度的调整，最终设计以下4个题项，如表4-5所示。

（六）政策法规的测量

政府在酒店业低碳化发展方面起着主导作用，酒店的低碳行为离不开政府的宏观调控和法律规制。王秋娜（2013）从政府的惩罚力度、国家的财政政策和政府的立法情况三方面反映政府在酒店低碳化发展过程中的作用，并将这三方面归结为"政府政策"。国家财税政策在调动酒店的积极性方面起着重要的作用，政府需要充分发挥市场和税收的作用，在财政、税收和信贷方面制定经济激励政策；政府需要加强奖惩机制，充分发挥低碳法律法规的作用，从法律和制度两个层面将低碳酒店发展的标准化和制度化。张玲（2014）开发的量表中政府规制主要包括能源价格引导、法规、监管、碳排放标准的制定、许可证制度、经济奖惩、财政补贴、公布禁令、押金返还制度等。本书在设计政策法规的测量题项时，主要借鉴王秋娜（2013）和张玲（2014）的部分题项，并根据本书的研究需要对题项的表述做了适度的调整，共设计 4 项测量题项，具体测量指标如表 4-6 所示。

表 4-5　酒店人才实力测量量表

变量名称	变量代码	测量题项	参考依据
人才实力	HUM1	酒店有低碳经营人才团队	赵黎明等（2015）张海波（2014）
	HUM2	酒店的人才激励政策对低碳经营具有良好的激励效果	
	HUM3	酒店在低碳经营人才方面有明确的战略规划	
	HUM4	酒店有较完善的低碳经营人才培养机制	

表 4-6　政策法规测量量表

变量名称	变量代码	测量题项	参考依据
政策法规	POL1	政府强制性的低碳规制与监督	王秋娜（2013）张玲（2014）
	POL2	政府的低碳政策具有吸引力	
	POL3	政府对酒店能源浪费及排污有惩罚措施	
	POL4	政府进行能源价格引导和制定碳排放标准	

(七) 社会规范的测量

社会规范压力指酒店低碳发展是来自利益相关者的低碳约束规范。赵黎明等 (2015) 开发的量表就是用"酒店行业协会组织的低碳督促，社会生态环保组织的低碳督促，民众、当地居民等公众舆论督促，同业竞争者等市场主体的低碳督促"等方面来测量社会规范压力的。张玲 (2014) 在其研究中开发了具有中国城市旅游饭店本土化特点的低碳行为影响因素测量量表，对于社会规范的测量设计了"社会已经开始关注低碳问题；社会的宣传引起了饭店对低碳的重视；社会对低碳的宣传对饭店具有驱动；社会的低碳宣传逐渐改变了饭店的行为"4个测量问项。另外，新闻舆论等社会媒体对于酒店企业与低碳相关行为的负面报道，对企业起着警示作用，媒体在关注环境保护、监督低碳转型等社会传播中发挥着引领作用，在一定程度上塑造着公众和企业的观念和行为，因而本书将"新闻舆论等社会媒体的低碳督促"也作为社会规范因素的一项测量题项。本书采用5项测量指标来测度社会规范因素，最终形成的社会规范测量量表如表4-7所示。

表4-7 社会规范测量量表

变量名称	变量代码	测量题项	参考依据
社会规范	SOC1	酒店行业协会组织的低碳督促	赵黎明等 (2015) 张玲 (2014)
	SOC2	社会生态环保组织的低碳督促	
	SOC3	民众、当地居民等公众舆论的低碳督促	
	SOC4	同行业竞争对手等市场主体的低碳督促	
	SOC5	新闻舆论等社会媒体的低碳督促	

(八) 经济保障因素的测量

对于经济保障因素的测量，赵黎明等 (2015) 在研究酒店企业低碳经营影响因素时用酒店"有足够的资金实力支持低碳经营"作为酒店内部资源实力测量问项之一。张海波（2015）认为，酒店是否有足够的经济实力和资金投入意愿是影响酒店低碳经营的关键因素，将"经济因素"作为能够支撑酒店企业实施低碳的内部资源的四个测量条目之一。赵思香（2011）、魏卫等（2010）在研究酒店业推行节能减排的影响因素时，将"经济因素"作为酒店企业推行节能减排的关键因素，并设计了3个测量问项。王秋娜（2013）在研究海南省酒店业低碳发展的激励机制时，将"经济因素"作为酒店低碳化发展的影响因素，并设立了2个测量题项，根据本书的研究需要借鉴了部分测量题项，最终设计了以下4项测量题项，如表4-8所示。

表4-8 经济保障因素测量量表

变量名称	变量代码	测量题项	参考依据
经济保障	ECO1	国家的税收优惠政策对酒店低碳经营具有吸引力	赵黎明等（2015）
	ECO2	酒店有足够的资金实力支持低碳经营	赵思香（2011）
	ECO3	酒店低碳发展有充分的融资渠道和良好的融资环境	魏卫等（2010） 王秋娜（2013）
	ECO4	政府设立支持酒店低碳发展专项资金	

（九）酒店低碳行为绩效的测量

绩效是一个多维度的构建，测量的因素不同，其结果也不同。与一般企业多用资产回报率等指标来测度企业绩效不同，酒店企业的绩效很难用资产回报率等具体的财务指标来衡量。不同的学者对酒店绩效的测量有不同的方法。例如，杨云（2008）选取平均客房出租率和劳动生产率两个指标衡量酒店经济绩效；范秀成和曹花蕊（2009）在Worsfold和Alleyne等研究的基础上，设计了市场绩效、财务绩效的量表；Zhang等（2008）建立了一个评价企业环境管理绩效的指标体系；李纪明（2009）采用财务绩效和价值绩效对企业绩效进行评价；贡文伟等（2011）用降低成本、获取利润、提升客户服务水平三个维度衡量直接合作绩效，选择提高市场价值、获取竞争优势、提升社会形象三个维度对间接合作绩效进行测量;熊伟和冯施博(2014)、赵科峰(2015)在研究环境管理和节能减排对酒店绩效的影响时,将酒店绩效测度条款分为直接绩效指标和间接绩效指标,"节能减排提升了酒店的知名度,增加了酒店的年销售总额,提高了客户的满意度和酒店的客房入住率"归结为"直接绩效指标","有利于发展新客户,减少老客户流失率,提高客户忠诚度"归属为"间接绩效指标";酒店行业鉴于服务行业的特点,绩效的测量需要同时考虑客观变量(Objective Variables)和主观变量(Subjective Variables)。客观变量包括客房出租率和销售总额等,主观变量包括客户满意度、酒店品牌形象等(Reichel & Haber, 2005)。酒店绩效中的客观变量涉及酒店企业的商业机密,调查获得数据的可行性不大,因而本研究主要采用一些定性变量来反映酒店绩效。通过定性变量测度酒店的绩效具有理论上的科学性和现实的可行性。本书主要参照熊伟和冯施博(2014)、赵科峰(2015)的研究成果,并结合星级酒店特征,提出了酒店企业绩效的相关测量指标,将与酒店销售总额、入住率和运营成本等相关的指标归类为直接绩效,包括测量题项6项,将与客户相关的指标归类为间接绩效,包括测量题项4项,如表4-9所示。

表4-9 酒店低碳行为绩效测量量表

变量名称	变量代码	测量题项	参考依据
直接绩效	PER11	低碳行为提高了本酒店年销售总额	杨云(2008) 范秀成和曹花蕊(2009) Zhang等(2008) 贡文伟等(2011) 熊伟和冯施博(2014) 赵科峰(2015) Reichel和Haber(2005)
直接绩效	PER12	低碳行为提高了本酒店利润增长率	
直接绩效	PER13	低碳行为降低了本酒店运营成本	
直接绩效	PER14	低碳行为增加了本酒店新业务推出率	
直接绩效	PER15	低碳行为提高了本酒店客房入住率	
直接绩效	PER16	低碳行为提高了本酒店的知名度	
间接绩效	PER21	低碳行为减少了老客户流失率	
间接绩效	PER22	低碳行为有利于发展新客户(数量)	
间接绩效	PER23	低碳行为提高了客户满意度	
间接绩效	PER24	低碳行为提高了客户忠诚度	

二、星级酒店低碳行为驱动机制及绩效影响问卷设计

根据以上对星级酒店低碳行为驱动因素及绩效影响的文献分析及整理，借鉴已有的相关研究成果，进行量表开发，编制问卷。

（一）问卷的主要内容

问卷调查法是国内外实证研究中最常采用的获取一手数据的研究方法，它的优点在于调查结果更容易量化、更容易统计分析，可以进行大规模调查，如果实施得当，能够以低廉的成本快速而有效地获取大量一手资料。问卷设计的方法一般可以分为采用已有的成熟问卷、修改已有问卷的部分题项、自己开发问卷三种。虽然国内外已有的、比较权威的量表具有较高的信度和效度，认可度较高，但是这类量表的概念范畴、时间范畴、文化范畴、样本范畴的适用性需要进一步考虑；如果独立开发量表，一个量表从创建—测试—发布传播—进一步测试—成熟，这一过程往往非常漫长（程艳，2016）。因此，本书采用修改已有问卷中部分题项这一方法设计问卷，以完成对相关变量及其相互关系的测量与分析。

由于本书是为了测量酒店管理者和员工对酒店低碳行为驱动因素及绩效的主观感知和态度，考虑到相关变量依赖于被调研对象的判断以及问卷填写过程中可能存在的顾虑，借鉴环保领域以往研究者的做法，问卷的主体部分都采用李克特量表进行测量。李克特量表常用的方法包括五级量表和七级量表，对于辨别力不够强的人而言，使用七级量表会导致信度的丧失，因而本书问卷的测量指标采用李克特5分量表进行度量，被调查者要对每个题项进行评分，其中1表示"完全不符合"，2表示"不符合"，3

表示"不确定",4 表示"符合",5 表示"完全符合"。根据本书的研究目的,调查问卷具体内容共分为五部分,第一部分为酒店基本信息,共设 12 个题项,用于了解酒店规模、等级、所有制性质、平均入住率、能耗占生产经营成本、运营年限、是否为绿色酒店及绿色等级和酒店所在城市及名称等基本信息;第二部分为酒店低碳行为调查,共设 12 个题项,该部分主要了解星级酒店节能减排低碳行为的具体情况;第三部分为酒店低碳行为驱动因素的调查,包括内部低碳管理因素、低碳技术设施因素、低碳责任意识因素、人才实力因素、政策法规因素、社会规范因素和经济保障因素 7 个维度,共设 33 个题项;第四部分为酒店低碳行为绩效调查,包括直接绩效和间接绩效两个维度,共设 10 个题项,该部分主要用于调查了解酒店实施低碳行为后对酒店企业绩效的影响,从直接绩效和间接绩效两方面考察;第五部分为人口统计特征,共设 6 个题项,用于了解填表人的性别、年龄、学历、工作职务和岗位性质。

(二) 问卷的设计过程

问卷设计过程直接决定着问卷本身的质量,而问卷本身的质量受指标选取的合理性以及所采用量表的信度和效度制约,问卷的设计过程十分重要,它影响研究的科学性和最终的结论。首先,本书问卷的设计在参考国内外关于酒店节能减排、低碳化评价指标体系和酒店环境行为及绩效等量表的基础上,根据本书的需要修改已有问卷中的部分题项,设计问卷调查的题库项;其次,根据深度访谈的结果,并结合星级酒店的实际情况,对量表的测量问项进行适当的调整和修正,形成本书调查问卷的初稿;然后,为了提高量表的针对性、适用性和科学性,请来自中山大学酒店管理专业教授、广州凯悦酒店工程部总监、广州南沙酒店总经理、北京第二外国语学院和山西财经大学酒店管理专业教授共 5 位从事酒店管理实践和研究的专家就酒店低碳行为及驱动因素和绩效影响设计的题项可能产生的歧义、语言表达的准确性与清晰性提出建议,并请他们对问卷的结构、可读性、准确性和完整性进行分析调整,同时对问卷的合理性和易懂性提出意见,并对可能遗漏的内容进行补充,完成对调查问卷初稿的修订;最后,对问卷进行预测试,在进行大范围的问卷正式发放之前,对问卷进行小范围预调研,并对问卷进行信度和效度的检验分析,依据预调研及分析结果进一步修订问卷,剔除漏填项较多的题项和不合理的题项,并对专业术语进行解释,根据检验结果对问卷进行适当调整和修正,最终形成正式的调查问卷。

(三) 问卷的防偏措施

本书的调查问卷是根据李克特五级量表法进行设计的,问卷答案是建立在答卷者的主观评价之上,数据结果可能存在偏差,为了保证数据的信度和效度,在参照中外学者研究的基础上,为保证问卷的客观性和准确性,采取以下防偏措施。

(1) 针对答卷者对问卷题项的了解程度不够的情况,本书主要选择在酒店企业工程部或营销部工作的中高层管理人员来填写问卷,同时为了更全面地反映酒店低碳的情况,也选择其他部门和一些一线工作人员填写问卷,并请求答卷者对不清楚或掌握不准确的问题向酒店知情者核实后再填写。

(2) 针对答卷者不愿意回答的现象,问卷在卷首前言部分交代研究目的、意义,承诺对问卷所获取的信息予以保密,并强调问卷仅供学术研究使用,并且如果被调查的酒店企业需要研究结果,将免费赠送综合性研究报告。

(3) 针对答卷者对问卷中的题项不能准确理解的情况,问卷在设计过程中,广泛征集从事酒店管理实践和研究相关专家的建议和意见,并对问卷进行预测试,进行循环和交叉验证,对问卷的表述进行反复修改完善,尽量排除题项难以理解的情况发生,保证测量题项表述的清晰。

三、星级酒店低碳行为驱动机制及绩效影响预调研与问卷修正

由于调研问卷的科学性和有效性对数据的质量以及模型验证起决定性的作用,在进行正式的调查问卷发放之前,有必要对已开发的问卷进行预测试以保证数据的信度和效度。在进行大范围的问卷发放之前,笔者于2017年3月随机选择山西省太原市华康帝景大酒店、凯宾斯基大酒店、青龙大酒店、黄河京都大酒店、并州饭店、大昌酒店、千美酒店等15家不同类型星级酒店为研究对象,对问卷进行小范围预调研,共发放问卷150份,收回127份,其中有效问卷108份。针对调研问卷利用SPSS24.0和AMOS24.0统计软件进行信度和效度分析后,主要发现以下问题:第一,问卷中反向题项的质量都不太好。正如学者DeVellis(2003)建议调查问卷最好不要设计反向题目,除了填写者不容易判断的原因之外,填写者反向意见与题目反转后结果的意义不一定完全一致。因而在设计问卷题项时建议最好避免设计反向题目。第二,发现了三个表述不清楚的题项。第三,有两个题项的表述过于专业化。针对预调研中存在的问题,对问卷进行了一一修正。例如,删除了反向题目,对问卷中表述不清的题项进行了调整,对专业术语进行解释和修正,在前言部分增加了对低碳行为的解释,形成了有55个题项的正式调查问卷(见附录一)。

四、星级酒店低碳行为驱动机制及绩效影响数据获取与统计分析

（一）问卷正式调研与数据收集

正式调查问卷数据的采集时间为 2017 年 4~8 月，历时 4 个月。样本数据的获取有以下三种方式：一是利用毕业在酒店工作的历届学生以及 2013 级酒店管理专业学生毕业实习和 2014 级、2015 级酒店管理专业学生暑期社会实践调查的实习机会向全国各地星级酒店发放问卷。在调查前，研究者对发放问卷者进行了较为细致的培训，介绍了调查问卷的目的和背景，并对调查程序和样本选择进行了指导。二是利用问卷星服务进行网络问卷的录入，生成网络链接，以及通过腾讯网搜索到酒店管理的行业群组织如中国酒店经理人联盟 QQ 群（66247875）、中国酒店高管交流群（60553813）和中国星级酒店联盟（27033683）等，通过问卷星平台以链接的形式发放问卷。三是笔者于 2017 年 7 月利用在广州举办的全国酒店管理专业师资培训的机会，向参加会议的一些酒店管理者比如华夏大酒店、佛山恒威大酒店的人力资源部总监发放问卷，并利用参观酒店的现场培训机会发放调查问卷。问卷发放的酒店包括广州市最具代表性的国际品牌酒店如 Grand Hyatt（君悦）、Park Hyatt（柏悦）、Marriott（万豪）酒店管理集团的 W Hotel，中国最佳服务品牌度假酒店碧水湾温泉度假村、珠三角唯一"巴厘岛式"商务型度假酒店和国内星级酒店如东方宾馆、中国大酒店、广州白天鹅宾馆、文华东方酒店，并与酒店中高层管理人员特别是工程部总监进行访谈。按照样本量一般应为观察变数 10 倍以上的要求，通过实地与网络问卷星平台共发放 750 份调查问卷，回收 638 份，回收率

为85.1%。问卷经过筛选，剔除信息缺失和无效的问卷57份，包括漏答过多和不同潜变量问项选择统一分数，明显不认真填答的问卷，最终得到有效问卷581份，有效回收率为77.5%。样本数量满足Tanaka和Harlow建议的构建结构方程模型的样本量不少于500的要求（吴明隆，2010）。

（二）研究样本的特征描述

和大多数管理学的实证研究一样，本书的数据通过问卷调查获得，因而样本的选择和问卷的发放都是非常重要的。本书主要关注星级酒店低碳行为的驱动因素和酒店低碳行为绩效，因而调查的样本均来自星级酒店员工，基于管理层和决策层对成本费用、能耗运用情况以及运营状况等酒店低碳及绩效问题较了解，问卷主要派发到酒店的工程部和营销部的中高层管理人员。

1. 研究样本所在酒店企业地理分布描述

为了使样本更具有代表性，研究样本取自全国：山西（19）、陕西（7）、内蒙古（3）、甘肃（6）、河北（6）、河南（4）、辽宁（6）、黑龙江（3）、吉林（3）、海南（5）、宁夏（3）、山东（5）、新疆（3）、云南（7）、贵州（2）、四川（4）、重庆（3）、江西（4）、江苏（3）、湖南（5）、湖北（2）、广东（8）、广西（4）、福建（6）、安徽（5）、浙江（5）、北京（12）、天津（5）和上海（5）29个省（直辖市、自治区）不同的星级酒店企业，根据调查问卷酒店所在城市这一题项，笔者统计出153家样本酒店企业在中国所处的省（直辖市、自治区），括号内为星级酒店企业数。从中可以看出，所调查酒店除了台湾、青海、西藏没有分布外，在全国其他省（直辖市、自治区）都有分布，其中以山西和北京的样本酒店企业最多。

2. 研究样本所在酒店特征描述

本次调查的酒店企业所有制性质不同：国有及国有控股酒店41家，占所调查酒店企业总数的26.8%；集体所有制的酒店12家，占7.8%；民营酒店53家，占34.6%；外资企业为26家，占17.1%。其中，民营酒店数量最多,所占比例最大。根据隶属关系划分,集团经营的酒店有103家,占67.3%;独立经营的酒店有50家,占32.7%。其中集团经营的酒店又包括公司所属、公司经营的酒店,特许经营的酒店和合作经营的酒店三种类型(梭伦,2013)。根据酒店的等级划分,五星级酒店样本量最大,有73家,占比47.7%;其次是四星级酒店,有40家,占26.2%;三星级酒店22家,占14.4%;三星级以下的酒店10家,占6.5%。所调查酒店的等级分布符合金字塔分布特征,随着酒店档次的提高,酒店数量增加,高星级酒店数量高于低星级酒店数量。所调查酒店的规模不等,客房总数在300间以下的有74家,占48.3%,300~600间的有59家,占38.6%,600间以上的有20家,占13.1%,三种样本分别代表小型、中型和大型酒店(祖恩厚和孙艳红,2016)。从调查结果可见,小型酒店数量最多,所占比例最大,大型酒店数量最少,所占比例最小。从在职员工数量来看,200人以下的酒店有47家,占30.7%;200~399人的酒店有43家,占28.1%;400~699人的酒店有41家,占26.8%;700~1000人的酒店有14家,占9.2%;1000人以上的有8家,占5.2%。这与酒店客房总数的分布基本一致,共同反映酒店规模的分布规律。从酒店运营年限看,运营年限不足3年的酒店最少,有28家,占18.3%;3~6年的酒店最多,有48家,占31.4%;7~10年的酒店有36家,占23.5%;10年以上的酒店有41家,占26.8%。酒店运营年限和酒店生命周期相关,一般来说,3年以下的酒店处于导入期,刚刚开始运营,3~6年属于酒店的成长期,7~10年及10年以上的酒店是发展较为成熟的酒店。从平均入住率看,30%以下的酒店有7家,30%~50%的酒店有29家,51%~70%的酒店有68家,70%以上的有49家,分别占样本酒店企业的4.6%、19.0%、44.4%和32.0%。酒店的平均入住率可以反映酒店企业的经营状况。从调查结果可以看出,大部分星级酒店经营效益较好,入住率集中在51%~70%,这与酒店所在城市旅游业的发展水平有一定的关系。从酒店能源消耗占生产经营成本来看,所占比重低于5%的酒店只有8家,占样本企业总数的5.2%;5%~10%的酒店有43家,占28.1%;11%~20%的酒店

第四章 星级酒店低碳行为驱动机制及绩效影响研究设计和数据分析

表4-10 样本所在酒店企业特征（N=153）

类别	基本特征	企业数（家）	百分比（%）	类别	基本特征	企业数（家）	百分比（%）
酒店性质	国有企业	41	26.8	运营年限	<3年	28	18.3
	集体所有	12	7.8		3~6年	48	31.4
	民营企业	53	34.6		7~10年	36	23.5
	外资企业	26	17.1		>10年	41	26.8
	其他	21	13.7	平均入住率	<30%	7	4.6
管理模式	集团经营	103	67.3		30%~50%	29	19.0
	独立经营	50	32.7		51%~70%	68	44.4
酒店等级	五星级	73	47.7		>70%	49	32.0
	四星级	40	26.2	能耗占成本	<5%	8	5.2
	三星级	22	14.4		5%~10%	43	28.1
	三星级以下	10	6.5		11%~20%	58	37.9
	其他	8	5.2		21%~30%	31	20.3
客房总数	<300间	74	48.3		>30%	13	8.5
	300~600间	59	38.6	绿色酒店	是	92	60.1
	>600间	20	13.1		否	61	39.9
员工数量	<200人	47	30.7	绿色等级	五叶级	31	33.7
	200~399人	43	28.1		四叶级	34	37.0
	400~699人	41	26.8		三叶级	16	17.4
	700~1000人	14	9.2		三叶级以下	4	4.3
	>1000人	8	5.2		其他	7	7.6

数量最多，有58家，占37.9%；21%~30%的酒店有31家，占20.3%。而能耗占生产经营成本超过30%的酒店有13家，占8.5%。这表明星级酒店的能耗比重总体处于中等水平，需要进一步节能减排，少部分酒店的碳排放量较大，能耗较高，低碳节能更是急不可待。在所调查的酒店企业中，有92家是绿色酒店，占样本总企业数的60.1%；不是绿色酒店的有61家，占比39.9%。92家绿色酒店企业中，达到五叶级的有31家，占33.7%；四叶级的数量最多，有34家，占37.0%；三叶级的有16家，占

17.4%；三叶级以下的有 4 家，占 4.3%；可见，71% 的绿色酒店达到了较高等级，为酒店低碳行为的研究奠定了基础。

3. 研究样本人口特征描述

参与问卷调查的酒店员工个体特征如表 4-11 所示。

从表 4-11 中的数据可以看出，被调查者男性少于女性，男性 227 人，占 39.1%；女性 354 人，占 60.9%。这与酒店业是服务行业的特征有关。从年龄结构来看，小于 25 岁的 214 人，占 36.8%；25~35 岁的 272 人，占 46.8%；36~45 岁的 60 人，占 10.3%，大于 45 岁的 35 人，占 6.0%。整体年龄结构偏年轻化，这与酒店行业的特征有关。从受教育程度看，本科学历的最多，占比为 46.8%；大专学历的其次，占 39.8%；中专及以下的占 9.1%；硕士及以上的人数最少，占 4.3%。这与酒店行业的现状有关，只有少部分高层管理人员学历较高，大部分都集中在本科和大专，这也与中国教育制度由精英化教育转变为大众化教育有关，因而酒店工作人员由中专及以下学历的人为主逐渐转化为大专及本科学历为主。从工作年限看，工作 4~6 年的比例最高，占样本总数的 33.7%；1~3 年的其次，占 19.1%；1 年以下的占 17.1%；7~10 年的占 15.8%；10 年以上的比例最少，占比为 14.3%。酒店业员工的流动率相对较高，但是由于问卷的发放对象主要是中高层管理者，所以工作年限 4~6 年的比例最高。从工作职务看，参与问卷调查的部门经理 141 人，比例最高，占样本总数的 24.3%；总监其次，131 人，占 22.5%；总经理 71 人，占 12.2%。这三者的总比例占到样本总数的 59%。由于中高层管理者更加了解酒店企业成本费用的情况，所以问卷有意派发给这三类酒店管理人员。而领班 89 人，占 15.4%；一线员工 82 人，占 14.1%。这与本书的调查要求也符合，因为通过对基层员工的调查，可以更全面地了解到酒店企业低碳的状况。从参与调查问卷的酒店员工所在的工作部门来看，工程部的员工最多，占 28.2%；营销部员工比例为 23.2%；前厅部、餐饮部、人力资源部和客房部员工比例分别为 11.9%、11.0%、10.5% 和 9.3%。由于工程部和营销部的工作人员对酒店企业能耗状况更为了解，因而问卷主要派发到这两个部门，而其他部门员工的参与，使调查结果更为完善。

表4-11 参与问卷调查的酒店员工特征统计（$N=581$）

类别	基本特征	样本数（人）	百分比（%）	类别	基本特征	样本数（人）	百分比（%）
性别	男	227	39.1	工作职务	一线员工	82	14.1
	女	354	60.9		领班	89	15.4
年龄	<25岁	214	36.8		部门经理	141	24.3
	25~35岁	272	46.8		总监	131	22.5
	36~45岁	60	10.3		总经理	71	12.2
	>45岁	35	6.0		其他	67	11.5
学历	中专及以下	53	9.1	工作部门	前厅部	69	11.9
	大专	231	39.8		客房部	54	9.3
	本科	272	46.8		餐饮部	64	11.0
	硕士及以上	25	4.3		工程部	164	28.2
工作年限	1年以下	99	17.1		营销部	135	23.2
	1~3年	111	19.1		人力资源部	61	10.5
	4~6年	196	33.7		其他	34	5.9
	7~10年	92	15.8				
	10年以上	83	14.3				

（三）题项的描述性统计分析

描述性统计可以将数据和研究对象的特征更好地呈现出来，描述方式是通过使用数学语言描述样本的各项特征或样本各变量间关联的特征。通过描述性统计分析可以使研究者对样本数据形成一个整体和系统的认识。对酒店低碳行为驱动因素及绩效影响的描述性统计分析主要通过均值、均值标准误、标准差、偏度和峰度来描述，如表4-12所示。其中，均值是反映数据集中趋势的一项指标；均值标准误是描述样本均值与总体均值之间平均差异程度的近似度量；标准差是反映样本数据偏离其均值的波动幅度，刻画样本离散程度的描述统计量；而偏度和峰度则是刻画样本总体分布形态的描述统计量。样本标准差值越大，说明变量值之间的差异越大，距离"均值"中心值的离散趋势越大。

表 4 – 12 题项描述性统计（$N = 581$）

测量题项	极小值	极大值	均值		标准差	偏度	峰度
	统计量	统计量	统计量	标准误	统计量	统计量	统计量
ACT11	1	5	3.7470	0.04282	1.03208	-0.489	-0.263
ACT12	1	5	3.5422	0.04290	1.03409	-0.282	-0.489
ACT13	1	5	3.6127	0.04518	1.08902	-0.528	-0.399
ACT14	1	5	3.7143	0.04367	1.05256	-0.522	-0.249
ACT15	1	5	3.6110	0.04227	1.01886	-0.362	-0.374
ACT16	1	5	3.8589	0.04572	1.10206	-0.781	-0.051
ACT17	1	5	4.0501	0.04260	1.02684	-0.801	0.030
ACT21	1	5	3.4420	0.04646	1.11999	-0.414	-0.580
ACT22	1	5	3.5181	0.04936	1.18980	-0.437	-0.655
ACT23	1	5	3.2974	0.04355	1.04983	-0.339	-0.335
ACT24	1	5	2.9888	0.04245	1.02316	-0.246	-0.370
ACT25	1	5	3.5439	0.04578	1.10339	-0.463	-0.383
MAN1	1	5	3.5783	0.04039	0.97352	-0.345	-0.196
MAN2	1	5	3.5077	0.04503	1.08534	-0.251	-0.581
MAN3	1	5	3.3855	0.04404	1.06159	-0.297	-0.573
MAN4	1	5	3.2616	0.04453	1.07337	-0.225	-0.513
MAN5	1	5	3.4028	0.03436	0.82812	0.011	0.140
MAN6	1	5	3.3046	0.04857	1.17082	-0.138	-0.841
TEC1	1	5	3.5972	0.04398	1.06005	-0.396	-0.442
TEC2	1	5	3.2909	0.04736	1.14157	-0.168	-0.691
TEC3	1	5	2.9497	0.05052	1.21767	-0.110	-0.811

第四章 星级酒店低碳行为驱动机制及绩效影响研究设计和数据分析

续表

测量题项	极小值 统计量	极大值 统计量	均值 统计量	均值 标准误	标准差 统计量	偏度 统计量	峰度 统计量
TEC4	1	5	3.2806	0.04728	1.13962	-0.173	-0.705
TEC5	1	5	3.6678	0.04341	1.04625	-0.609	-0.050
TEC6	1	5	3.2719	0.04918	1.18542	-0.246	-0.734
RES1	1	5	4.1244	0.04385	1.05707	-0.647	-0.276
RES2	1	5	4.0139	0.04288	1.03366	-0.776	-0.003
RES3	1	5	3.5852	0.04542	1.09468	-0.365	-0.515
RES4	1	5	3.4182	0.04760	1.14724	-0.325	-0.550
HUM1	1	5	3.4002	0.04241	1.02235	-0.634	-0.242
HUM2	1	5	3.3742	0.04057	0.97787	-0.792	0.194
HUM3	1	5	3.4518	0.04144	0.99884	-0.716	0.031
HUM4	1	5	3.2281	0.04416	1.06434	-0.526	-0.367
POL1	1	5	3.5697	0.04393	1.05897	-0.446	-0.283
POL2	1	5	3.6368	0.04171	1.00548	-0.348	-0.377
POL3	1	5	3.6007	0.04363	1.05157	-0.450	-0.271
POL4	1	5	3.7022	0.04096	0.98741	-0.432	-0.199
SOC1	1	5	3.5714	0.04283	1.03248	-0.390	-0.246
SOC2	1	5	3.5542	0.04363	1.05172	-0.389	-0.306
SOC3	1	5	3.4854	0.04502	1.08527	-0.348	-0.427
SOC4	1	5	3.5404	0.04467	1.07663	-0.396	-0.397
SOC5	1	5	3.5972	0.04350	1.04861	-0.452	-0.188
ECO1	1	5	3.5645	0.04223	1.01780	-0.417	-0.198
ECO2	1	5	3.6695	0.04093	0.98659	-0.489	-0.036
ECO3	1	5	3.5129	0.04335	1.04482	-0.380	-0.319
ECO4	1	5	3.5404	0.04256	1.02579	-0.355	-0.248
PER11	1	5	3.6231	0.03799	0.91581	-0.157	-0.486

续表

测量题项	极小值	极大值	均值		标准差	偏度	峰度
	统计量	统计量	统计量	标准误	统计量	统计量	统计量
PER12	1	5	3.7091	0.03572	0.86088	-0.297	0.020
PER13	1	5	3.8090	0.04176	1.00670	-0.648	0.111
PER14	1	5	3.6145	0.04002	0.96458	-0.286	-0.241
PER15	1	5	3.6386	0.03711	0.89452	-0.240	-0.015
PER16	1	5	3.6472	0.04101	0.98844	-0.386	-0.128
PER21	1	5	3.5508	0.03897	0.93932	-0.285	0.028
PER22	1	5	3.6592	0.04071	0.98131	-0.516	0.142
PER23	1	5	3.7074	0.03775	0.90996	-0.464	0.264
PER24	1	5	3.6179	0.04000	0.96416	-0.377	-0.144

注：ACT 表示低碳行为，MAN 表示低碳管理，TEC 表示技术设施，RES 表示责任意识，HUM 表示人才实力，POL 表示政策法规，SOC 表示社会规范，ECO 表示经济保障因素，PER 表示酒店绩效。

资料来源：SPSS 输出结果。

由表 4-12 可以看到，酒店低碳行为的题项中，"酒店合理控制空调温度和开关时间"（ACT17）的均值最高，且偏度小于 0，说明酒店的这一低碳行为实施水平相对较高；而酒店积极低碳行为中"酒店不断提高投资力度"（ACT24）的均值最低，说明作为酒店管理层这一低碳行为的实施水平不高。题项"酒店对员工进行有关低碳的教育和培训"（ACT22）的标准差最高，表明这一低碳行为在不同的酒店实施的情况差异较大，有的酒店实施得较好，而有的酒店实施得较差。另外，通过对酒店低碳行为变量的均值比较发现，酒店一般低碳行为的均值比酒店积极低碳行为的均值要高一些。可见，酒店对一般低碳行为的实施程度比积极低碳行为的实施程度要高。

酒店内部管理的题项中"酒店有完善的低碳管理制度和奖惩机制"（MAN4）和"酒店有具体的节能减排措施和标准"（MAN6）两个题项的

第四章 星级酒店低碳行为驱动机制及绩效影响研究设计和数据分析

均值相对较低,说明这两项内部管理在酒店低碳管理过程中,实施水平相对较低;"酒店高层对低碳经营达成战略共识"(MAN1)和"酒店有明确的低碳经营目标和专项规划"(MAN2)两个题项的均值相对较高,且偏度都小于0,这两项属于低碳管理规划,说明在实践中应用相对较多。由此可见,酒店在低碳内部管理过程中,低碳管理规划方面做得相对较好,而一些具体的制度措施不是很完善,实施得不够好。其中,标准差最小的题项是"酒店针对低碳薄弱环节提出改进措施"(MAN5),说明酒店普遍没有针对低碳薄弱环节提出改进措施,这一项实施水平较低。标准差最大的题项是"酒店有具体的节能减排措施和标准"(MAN6),说明不同的酒店在这方面实施的差异较大,有些酒店实施较好,有些酒店做得不到位。

在酒店低碳行为的技术设施驱动因素中,"酒店有碳排放在线监测系统"(TEC3)这个题项的均值最低,说明虽然该系统是酒店能源管理的有效工具,但酒店在这方面实施得并不好,可能是由于该系统的安装技术水平要求较高,资金投入也较大。均值最高的题项是"酒店环保型设施设备(如节能空调)使用比例不断提高"(TEC5),且偏度最小并且小于0,说明酒店在低碳发展的过程中节能空调和节能灯具等环保型设备用品的使用率越来越高。

在低碳责任意识驱动因素的题项中,"酒店低碳经营对生态环保意义重大"(RES2)和"低碳经营是酒店的社会责任"(RES1)两个题项均值较高且偏度小于0,说明酒店员工对酒店企业社会责任的认同感较强。"酒店愿意承担应负担的碳排放治理费用"(RES3)和"酒店愿意牺牲一定的利益实施低碳经营"(RES4)均值较低,表明当涉及经济利益的时候,酒店表现出意愿不足。

在人才实力驱动因素的题项中,4个题项的均值与其他驱动因素的均值相比,都相对较低,表明酒店在实施低碳经营过程中,专业人才驱动作用的发挥还是一个"短板"。其中,"酒店拥有低碳经营人才团队"(HUM1),"酒店针对低碳经营人才制定了明确的战略规划"(HUM3)这两个题项均值略高,说明酒店高层意识到了人才在酒店低碳经营中的重要性,并从人才战略规划和团队方面给予一定程度的重视；而"拥有较为完善的低碳经营人才培养机制"（$HUM4$）这一题项分值最低，反映了酒店对低碳经营人才的内部培养重视程度较低。

在政策法规驱动因素的题项中，均值最高的是"政府进行能源价格引导和制定碳排放标准"（$POL4$），且标准差也最低，偏度小于0，可见酒店员工和管理者对此的认同感较强；而题项"政府强制性的低碳规制与监督"（$POL1$）的均值最低，说明酒店员工认为政府在这方面的实施水平相对较低。

在社会规范驱动因素的5个题项中，题项"民众、当地居民等公众舆论的低碳督促"（$SOC3$）均值相对较低，而均值最高的题项是"新闻舆论等社会媒体的低碳督促"（$SOC5$），表明媒体对酒店企业低碳行为的驱动相对于当地民众起着更为重要的作用。

在经济保障因素的题项中，"酒店有足够的资金实力支持低碳经营"（$ECO2$）题项的均值最高，同时该项的标准差最低，说明酒店员工和管理者均认为酒店现有的资金实力较为雄厚，对酒店实施低碳经营能够提供资金保障；题项"酒店低碳发展有充分的融资渠道，良好的融资环境"（$ECO3$）的均值最低，且该项的标准差最高，说明在当前金融机构普遍收紧信贷政策的背景下，星级酒店在低碳经营方面同样面临融资难的困境。

从表4-12中还可以看到直接绩效的各测量题项中，题项"低碳行为降低了酒店运营成本"（$PER13$）的均值最高，且偏度小于0，但这个题项的标准差最高，表明酒店员工和管理者对低碳行为是否能够降低酒店运营成本有争议，看法不一致，有些酒店认为低碳可以降低运营成本，节约成本也是酒店企业积极实施低碳行为的动力，而有些酒店认为低碳不会降低成本，这可能也是造成当前有些酒店没有实施低碳管理的重要原因。在间接绩效的测量题项中，均值最高的题项是"低碳行为提高了顾客的满意度"（$PER23$），并且该题项的偏度小于0，标准差也较低，说明酒店员工和管理者对此比较认同；题项"低碳行为减少了老客户的流失率"（$PER21$）均值最低，表明酒店管理者对这种说法的认同度普遍偏低。

(四) 研究样本数据总体正态分布检验

在使用结构方程模型分析之前首先应对数据进行正态性检验。Kline (1998) 认为，样本数据呈正态分布是使用结构方程模型分析的前提。通常通过计算偏度和峰度来判断样本数据是否呈正态分布。样本偏度 (Skewness) 是描述变量取值分布形态对称性的统计量。偏度值等于 0 时，为对称分布；偏度值小于 0 时，为左偏态，表明高值较多；偏度值大于 0 时，为右偏态，表明低值较多。峰度 (Kurtosis) 是用来描述样本变量取值分布形态陡缓程度的统计量。峰度值等于 0 时，表明数据为正态分布；峰度值小于 0 时，为扁平分布，表示数据的分布比标准的正态分布平缓；峰度值大于 0 时，为尖峰分布，表示数据的分布比标准正态分布更陡峭。本书使用 SPSS24.0 软件计算所有测量题项的偏度和峰度。Kline (2005) 根据经验指出，假如偏态系数绝对值在 2 以内，峰度系数在 7 以内，则称测量题项数据符合正态分布。从表 4-12 可以看出，所有题项中偏度的绝对值最大值为 0.801，小于 2；峰度系数的绝对值最大值为 0.841，远远小于 7。每个测量题项的偏度系数和峰度系数均符合正态分布的条件，说明问卷调研所获数据呈正态分布，可以进行后续的结构方程模型分析。

五、量表的效度和信度的检验

通过调查问卷收集回来的数据，不能保证每一个被访者都认真填写，因此检测问卷的信度和效度尤为重要。效度即有效性，它是指测量工具或手段能够准确测出所需测量事物的程度，分析测量的结果能否真正反映测量的目标和意图 (孙国强, 2014)。量表的效度主要包括量表的内容效度与建构效度；内容效度指测验或量表内容或题目的适切性与代表性；建构效度指能够测量出理论的特质或概念的程度。内容效度的检验一般采用专家判断法，因素分析能测量出量表的建构效度。本量表在设计和形成过程中经过相关学者专家的检视，并经过预调研与预测试，内容能涵盖研究问题的理论边界，因此可认为具有较高的内容效度。在假设检验前，采用因素分析法对量表的建构效度进行检验。统计学上检验建构效度的最常用的方法是因子分析，研究者如果以因子分析去检验量表的效度，并有效地抽取共同因素，则可说此量表具有建构效度（吴明隆，2010）。由于本书的样本量相对较大，并在不同时间和地点收集，因而将581份有效样本随机分半，以一半的样本数（$N=290$）使用探索性因子分析（Exploratory Factor Analysis，EFA）产生因素结构，另一半样本（$N=291$）进行验证性因子分析（Confirmatory Factor Analysis，CFA）对测量模型进行分析。检验表明，两半样本参与调研的人口特征与所测变量分布无显著差异。

（一）探索性因子分析——量表建构效度的检验

1. 星级酒店低碳行为驱动因素量表的探索性因子分析

首先，将星级酒店低碳行为驱动因素量表中所有测量题项放在一起用SPSS24.0进行探索性因子分析，用第一半样本（$N=290$）进行取样适切量分析，由分析结果可知，Kaiser–Meyer–Olkin（KMO）= 0.957，大于0.9，Bartlett's球形检验的 $\chi^2 = 8911.463$，自由度为528，显著性概率 $P = 0.000$，达到0.05显著水平，拒绝Bartlett's球形检验虚无假设，即拒绝经相关矩阵不是单元矩阵的假设，接受净相关矩阵是单元矩阵的假设，代表总体的相关矩阵间有共同因素存在，说明这290份数据适合进行因子分析。再根据特征值大于1的标准，采用主成分分析法中选取含Kaiser正态化最大方差旋转方法，提取因子。第一次探索性因子分析时，测量题项"酒店高层对低碳经营达成战略共识"（MAN1）单独成为一个因子，即一个因子只包含一个测量题项，层面所涵盖的题项内容太少，因而将该测量题项删除。然后，进行第二次探索性因子分析。结果表明，"酒店针对低碳薄弱环节提出改进措施"（MAN5）和"酒店愿意牺牲一定的利益实施低

第四章 星级酒店低碳行为驱动机制及绩效影响研究设计和数据分析

碳经营"(RES4)这两个测量题项的因子载荷量均小于 0.5,表明与其他指标的相关性不大,故将其删除,再进行第三次探索性因子分析,测量题项"酒店有具体的节能减排措施和标准"(MAN6)、"酒店定期进行建筑节能改造"(TEC2)、"酒店在低碳经营人才方面有明确的战略规划"(HUM3)、"政府强制性的低碳规制与监督"(POL1)横跨在两个潜在因素上(交叉负荷 > 0.45),故将这几个题项也删除,再进行因子分析。经过几次探索后,剔除所有不合适的题项重新进行因子分析后,原有的 33 个指标最后调整为 24 个,聚类为 7 个因子,根据测量问项特征,分别命名为内部低碳管理、低碳技术设施、低碳责任意识、人才实力、政策法规、社会规范和经济保障因素,最终得到各项指标符合相关要求的酒店低碳行为驱动因素探索性因子分析结果,如表 4 – 13 所示。其中,各题项的因子载荷值都大于 0.5,累计方差贡献率为 69.801% > 50%,通过以上指标的分析判断,表明星级酒店低碳行为驱动因素量表的建构效度较理想。

表 4 – 13　星级酒店低碳行为驱动因素量表探索性因子分析结果（$N = 290$）

构面命名	题项序号	转轴后的成分矩阵						
		成分						
		1	2	3	4	5	6	7
内部低碳管理	MAN2	0.674						
	MAN3	0.791						
	MAN4	0.820						
低碳技术设施	TEC1		0.537					
	TEC4		0.574					
	TEC5		0.641					
	TEC6		0.673					
低碳责任意识	RES1			0.802				
	RES2			0.804				
	RES3			0.523				

119

续表

构面命名	题项序号	转轴后的成分矩阵						
		成分						
		1	2	3	4	5	6	7
人才实力	HUM1				0.755			
	HUM2				0.765			
	HUM4				0.731			
政策法规	POL2					0.680		
	POL3					0.657		
	POL4					0.709		
社会规范	SOC1						0.744	
	SOC2						0.753	
	SOC4						0.806	
	SOC5						0.688	
经济保障	ECO1							0.639
	ECO2							0.607
	ECO3							0.725
	ECO4							0.693
KMO 取样适切性量数					0.957			
Bartlett's 球形检验		近似卡方分布			8911.463			
		自由度			528			
		显著性			0.000			

注：题项的具体内容见表 4 – 1 的变量测量。提取方法：主成分分析法。旋转方法：含 Kaiser 正态化最大方差法。

2. 星级酒店低碳行为量表的探索性因子分析

采用相同的方法对星级酒店低碳行为的测量题项进行探索性因子分析，从分析的结果可知，测量题项的 $KMO = 0.887$，大于 0.8，Bartlett's 球形检验的 $\chi^2 = 1115.576$，自由度为 28，显著性概率 $P = 0.000$，达到 0.05 显著水平，拒绝虚无假设，表明总体的相关矩阵间有共同因素存在，适合进行因子分析；再根据特征值大于 1 的标准，采用主成分分析法中选取含 Kaiser 正态化最大方差旋转方法，提取因子。第一次探索性因子分析

第四章 星级酒店低碳行为驱动机制及绩效影响研究设计和数据分析

时,测量题项"酒店提倡电子化办公,节约办公用纸"(ACT13)的因子负荷量小于0.5,因而将其删除,然后进行第二次探索性因子分析,分析结果表明测量题项"酒店减少一次性用品的提供"(ACT14)、"酒店定期对用能设备进行检查和保养"(ACT15)和"酒店不断提高投资力度"(ACT24)横跨在两个潜在因素上(交叉负荷>0.45),因而删除这三项交叉负荷较大的测量题项,经过多次探索后,最终得到如表4-14所示,各项指标都符合要求的星级酒店低碳行为量表探索性因子分析结果,从中可知最终提取2个共同因子,根据测量问项的特征,分别命名为酒店一般低碳行为和积极低碳行为,所提取的2个主因子联合解释变异量为67.513%,超过50%的最低要求,说明星级酒店低碳行为量表的建构效度良好。

表4-14 星级酒店低碳行为量表探索性因子分析结果（$N=290$）

变量名称	题项	转轴后的成分矩阵	
		成分	
		一般低碳行为	积极低碳行为
酒店一般低碳行为	ACT11	**0.796**	0.277
	ACT12	**0.843**	0.182
	ACT16	**0.704**	0.360
	ACT17	**0.771**	0.242
酒店积极低碳行为	ACT21	0.234	**0.822**
	ACT22	0.241	**0.804**
	ACT23	0.320	**0.670**
	ACT25	0.087	**0.823**
KMO取样适切性量数		0.887	
Bartlett's球形检验	近似卡方分布	1115.576	
	自由度	28	
	显著性	0.000	

3. 星级酒店低碳行为绩效量表的探索性因子分析

星级酒店低碳行为绩效量表的探索性因子分析结果显示（见表4-15），测量题项的 KMO 值为 $0.928>0.9$，Bartlett's 球形检验的 $\chi^2=1634.674$，自由度为28，显著性概率 $P=0.000$，达到0.05显著水平，表明适合进行因子分析；再采用主成分分析法中选取含 Kaiser 正态化最大方差旋转方法，提取2个共同因子，根据测量问项的特征，分别命名为酒店直接绩效和酒店间接绩效，其中各题项的因子载荷值都大于0.5，所提取2个主因子可以解释测量题项56.342%的变异量，超过50%的最低要求。通过以上指标的分析判断，说明星级酒店低碳行为绩效量表的建构效度良好。

表4-15 星级酒店低碳行为绩效量表探索性因子分析结果（$N=290$）

变量名称	题项	转轴后的成分矩阵 成分	
		直接绩效	间接绩效
直接绩效	PER11	**0.897**	0.202
	PER13	**0.731**	0.349
	PER15	**0.692**	0.571
	PER16	**0.839**	0.254
间接绩效	PER21	0.582	**0.608**
	PER22	0.579	**0.616**
	PER23	0.580	**0.605**
	PER24	0.300	**0.838**
KMO 取样适切性量数		0.928	
Bartlett's 球形检验	近似卡方分布	1634.674	
	自由度	28	
	显著性	0.000	

（二）量表信度的检验

在探索性因子分析之后，为进一步了解问卷的可靠性与有效性，要进

第四章 星级酒店低碳行为驱动机制及绩效影响研究设计和数据分析

行信度检验。信度即可靠性,是检验测量工具(问卷)能否稳定地测量所测的事物或变量,即鉴定测量结果的一致性和稳定性。一致性主要是指量表的不同题项是否测量相同的内容和特质。本书中的信度主要是指一组测量题项是否在测量同一个变量。信度检验就是通过观察剔除某一题项后,整体量表的信度系数变化情形来判定某一题项与其他题项的相关性。目前最常用的信度系数是 Cronbach's α 系数,即内部一致性系数,是由 Cronbach 于 1951 年创用,针对李克特式量表开发的评价指标。Cronbach's α 越接近于 1,内部一致性信度就越高。吴明隆(2010)综合了国内外学者的观点,认为一般的态度或心理知觉量表,其总量表的信度系数最好在 0.80 以上,如果在 0.70 ~ 0.80,也算可以接受的范围。除了采用 Cronbach's α 信度系数,还可通过修正的项目总相关系数 CITC(Corrected Item Total Correlation)对量表的信度进行分析。CITC 分析法是运用修正题项的总相关系数对各变量的测量题项进一步进化筛选,以减少测量条款的多因子,提高整体量表一致性水平的方法。通常,$CITC$ 小于 0.3 的测量题项应该删除,各题项与总体的相关系数 $CITC$ 都应超过建议值 0.4,达到中度相关程度,才能表明量表满足研究的基本需求。本书运用 SPSS24.0 统计软件分析各量表的 Cronbach's α 系数和修正的项目总相关系数 $CITC$ 两项指标来判断调研数据的信度水平。

按照吴明隆(2010)的观点,在社会科学研究领域,如果量表包含分维度的量表,使用者不仅应该提供总量表的信度系数,还应提供各维度的分量表系数。因而,本书通过 SPSS24.0 软件首先对星级酒店低碳行为驱动因素的量表进行信度检验,总量表的信度系数为 0.965,分量表的信度检验结果如表 4-16 所示。从表中的数据可以看出,星级酒店低碳行为驱动因素量表 7 个变量的分量表内部低碳管理、低碳技术设施、低碳责任意识、人才实力、政策法规、社会规范和经济保障的 Cronbach's α 值分别为 0.829、0.882、0.859、0.910、0.856、0.923、0.893,都大于 0.7 的建议标准,各个分量表中删除题项后的 Cronbach's α 值都小于量表层面的 Cronbach's α 值,且量表中所有题项对应的 $CITC$ 值均大于 0.4,表明此量表具有较好的内部一致性与稳定性，信度较高，满足研究的基本要求。

表 4-16　星级酒店低碳行为驱动因素变量信度检验（$N=290$）

变量	保留题项	项目整体统计量				Cronbach's α
		删除项后的标度平均值	删除项后的标度方差	修正后的项与总计相关性	删除项后的Cronbach's α	
低碳管理	MAN2	6.59	3.924	0.661	0.789	0.829
	MAN3	6.78	3.593	0.689	0.762	
	MAN4	6.84	3.576	0.713	0.737	
技术设施	TEC1	9.74	8.310	0.677	0.872	0.882
	TEC4	9.97	7.709	0.755	0.844	
	TEC5	9.98	7.702	0.783	0.833	
	TEC6	10.10	7.456	0.760	0.842	
责任意识	RES1	7.40	3.098	0.795	0.745	0.859
	RES2	7.30	3.236	0.750	0.788	
	RES3	7.62	3.337	0.662	0.871	
人才实力	HUM1	7.52	3.593	0.817	0.872	0.910
	HUM2	7.48	3.621	0.844	0.851	
	HUM4	7.60	3.494	0.799	0.889	
政策法规	POL2	6.98	3.733	0.672	0.849	0.856
	POL3	7.08	3.236	0.770	0.757	
	POL4	7.06	3.298	0.746	0.781	
社会规范	SOC1	10.61	7.630	0.853	0.889	0.923
	SOC2	10.60	7.543	0.845	0.892	
	SOC4	10.57	7.672	0.797	0.909	
	SOC5	10.54	7.986	0.793	0.909	
经济保障	ECO1	10.66	6.605	0.798	0.850	0.893
	ECO2	10.55	6.947	0.762	0.864	
	ECO3	10.65	6.609	0.784	0.855	
	ECO4	10.67	6.749	0.717	0.881	

资料来源：根据 SPSS 输出结果整理而得。

第四章 星级酒店低碳行为驱动机制及绩效影响研究设计和数据分析

同样地，采用 SPSS24.0 软件对星级酒店低碳行为的量表进行信度检验，总量表的信度系数为 0.884，检验结果如表 4-17 所示。从表 4-17 中可以看出，一般低碳行为 4 个题项的修正项目总相关系数介于 0.462 和 0.586 之间，都大于 0.4 的临界值；量表的 Cronbach's α 值为 0.765，大于 0.7 的建议标准，并且量表中的 4 个题项对应的删除题项后的 Cronbach's α 值介于 0.669 和 0.763 之间，都小于量表层面的信度系数 Cronbach's α 值 0.765。可见，此量表的内部一致性和稳定性较好。积极低碳行为的 4 个题项的修正项目总相关系数介于 0.661 和 0.762 之间，显然都大于 0.4，量表的 Cronbach's α 值是 0.857，大于 0.7 的临界值，且量表中 4 个题项对应的删除题项后的 Cronbach's α 值在 0.791 和 0.834 之间，都小于量表层面的 Cronbach's α 值 0.857，所以此量表也具有较好的内部一致性与稳定性。

表 4-17 星级酒店低碳行为变量信度检验（$N=290$）

变量	保留题项	项目整体统计量				Cronbach's α
		删除项后的标度平均值	删除项后的标度方差	修正后的项与总计相关性	删除项后的 Cronbach's α	
一般低碳行为	ACT11	11.07	6.539	0.586	0.699	0.765
	ACT12	11.27	7.015	0.462	0.763	
	ACT16	11.05	5.915	0.637	0.669	
	ACT17	10.93	6.528	0.581	0.701	
积极低碳行为	ACT21	10.44	7.597	0.701	0.818	0.857
	ACT22	10.50	7.109	0.762	0.791	
	ACT23	10.50	8.002	0.661	0.834	
	ACT25	10.44	8.088	0.682	0.826	

资料来源：根据 SPSS 输出结果整理而得。

最后，采用 SPSS24.0 软件对星级酒店低碳行为绩效的量表进行信度检验，总量表的信度系数为 0.931，检验结果如表 4-18 所示。从表 4-18

中可以看出，直接绩效 4 个题项的修正项目总相关系数介于 0.617 和 0.801 之间，都大于 0.4 的临界值；量表的 Cronbach's α 值为 0.857，大于 0.7 的建议标准，且量表中的 6 个题项对应的删除题项后的 Cronbach's α 值介于 0.777 和 0.853 之间，都小于量表层面的信度系数 Cronbach's α 值 0.857。可见，酒店低碳行为直接绩效量表的内部一致性和稳定性较好。间接绩效 4 个题项的修正项目总相关系数介于 0.719 和 0.776 之间，显然都大于 0.4，量表的 Cronbach's α 值大于 0.7 的临界值，且量表中 4 个题项对应的删除题项后的 Cronbach's α 值在 0.847 和 0.868 之间，都小于量表层面的 Cronbach's α 值 0.887，所以，酒店低碳行为间接绩效量表也具有较好的内部一致性与稳定性。

表 4-18 星级酒店低碳行为绩效变量信度检验（$N=290$）

变量	保留题项	删除项后的标度平均值	删除项后的标度方差	修正后的项与总计相关性	删除项后的Cronbach's α	Cronbach's α
直接绩效	PER11	10.90	5.823	0.617	0.853	0.857
	PER13	10.83	5.654	0.717	0.813	
	PER15	10.88	5.279	0.801	0.777	
	PER16	10.86	5.365	0.682	0.828	
间接绩效	PER21	10.88	6.155	0.776	0.847	0.887
	PER22	10.80	6.031	0.761	0.853	
	PER23	10.74	6.281	0.759	0.853	
	PER24	10.82	6.286	0.719	0.868	

资料来源：根据 SPSS 输出结果整理而得。

（三）验证性因子分析——测量模型收敛效度的检验

验证性因子分析（Confirmatory Factor Analysis，CFA）是结构方程模型（SEM）分析的重要部分（Brown，2006），主要是对测量模型的分析。

Kenny（2012）指出，在社会科学和行为科学领域，对 CFA 的重视远远大于 SEM，因为 CFA 提供了关于模型设定、评估及对结果信心水准的足够信息。Thomopson（2000）指出，在分析结构模型之前，应先分析测量模型，只有测量模型能够正确反映研究的构念或潜变量，这些构念或潜变量的连接分析才有意义。如果测量模型的拟合指标是可以接受的，那么再进行完整的结构方程模型分析与评估；如果测量模型的拟合指标不佳时，要对测量模型进行修正，然后才可以进行完整的结构方程模型分析与评估。测量模型的分析主要考虑两种重要的效度，即收敛效度（Convergent Validity）和区分效度（Discriminant Validity）。收敛效度也称为聚合效度或内部一致性效度，表示的是各个指标是否反映同一个潜变量。Cronbach's α 也是最常用来建立内部一致性的方法，而在 SEM 中大多也会采用组成信度（Composite Reliability，CR）去测量。Hair 等（2009）提出四项指标来评估潜变量的收敛效度：一是因素负荷量（Factor Loadings），这一指标是评估每个因素负荷量是否具有统计显著性，一般应大于 0.7，大于 0.6 属于可接受的范围，0.5~0.6 为勉强接受范围，因素负荷量低于 0.5 一般都要删掉，代表该题项信度不高，无法反映潜变量的测量。二是多元相关系数平方（Square Multiple Correlation，SMC）等于或大于 0.5 较理想，0.36 属于可接受的范围。三是潜在变量的组成信度（Composite Reliability），以 CR 表示，潜变量的 CR 值为测量题项的信度组成，表示潜变量各指标的内部一致性，类似于 Cronbach's α 信度越高表示这些指标的一致性越高，0.7 是可接受的门槛。Fornell 和 Larcker（1981）建议值为 0.6 以上，吴明隆（2010）也认为，潜在变量的组合信度值在 0.6 以上，表示模型的内在质量理想。四是潜变量的平均方差萃取量（Average Variance Extracted），以 AVE 表示，*AVE* 可以直接显示被潜在构念所解释的变异量有多少来自测量误差，表示潜变量各测量题项对该潜变量的方差解释力，*AVE* 越大，指标变量被潜在变量构念解释的变异量百分比越大，相对的测量误差就越小，潜变量的信度与收敛效度就越高，一般判别标准是大于 0.5。Fornell 和 Larcker（1981）认为 0.36~0.5 为可接受门槛。区分效度是用来分析验证不同的两个变量在统计上是否有差异，测量不同变量的题目应该不具有高度相关性，如高度相关就表明这些题目是在测量同一个潜变量。本书区分效度的检验将在第五章进行。本书在探索性因子分析检验量表建构效度的基础上，运用 AMOS24.0 软件对另一半样本（$N = 291$）进行验证性因子分析，检验测量模型的收敛效度。

1. 星级酒店低碳行为驱动因素的验证性因子分析

首先对星级酒店低碳行为驱动因素的 7 个测量模型进行验证性因子分析，第一次验证性因子分析的结果中部分指标数据未达到 0.9 的临界值，因此按照吴明隆（2010）提出的相应的测量模型的修正方法对酒店低碳行为驱动因素的测量模型进行修正，经修正后绝对适配度指数中，卡方检验值 χ^2 为 461.122，良适性适配指标值 GFI 的值为 0.925，调整良适性适配指标值 AGFI 的值为 0.902，均大于 0.9 的临界值，均方根残差 RMR 的值为 0.042，小于 0.05 的临界值，近似误差均方根 RMSEA 的值为 0.059，小于 0.08 的临界值，适配合理；增值适配度指数中，规准适配指数 NFI 的值为 0.927，比较适配指数 CFI 的值为 0.961，增值适配指数 IFI 的值为 0.962，均大于 0.9 的临界值；简约适配度指数中，卡方与自由度比率值 $\chi^2/df = 2.022$，小于建议值 3，表示模型有简约适配程度，综合以上适配度指数可以看出数据总体上拟合较好。

从表 4 - 19 可以看出，酒店低碳行为驱动因素 7 个测量模型中标准化因素负荷值在 0.714 ~ 0.939，均大于 0.7，多元相关系数平方 SMC 的值在 0.510 ~ 0.882，均大于 0.5，组成信度 CR 的值介于 0.786 ~ 0.951，均大于 0.7，平均方差萃取量 AVE 的值在 0.551 ~ 0.867，均大于 0.5 的建议值，因此验证了星级酒店低碳行为驱动因素的测量模型具有较高的收敛效度。

2. 星级酒店低碳行为的验证性因子分析

通过 AMOS24.0 软件对星级酒店低碳行为进行验证性因子分析，检验数据是否符合二因子模型，检验得出整体模型适配度指数如下：绝对适配度指数中，$\chi^2 = 36.054$，良适性适配指标值 GFI = 0.985，调整良适性适配

指标值 $AGFI = 0.969$,均大于 0.90 的临界值,均方根残差 $RMR = 0.031$,小于 0.05 的临界值,近似误差均方根 $RMSEA = 0.064 < 0.08$,说明适配合理;增值适配度指数中,相对性指标 $NFI = 0.974$,相对非中心性指标 $CFI = 0.936$,增值适配指数 $IFI = 0.937$,均大于 0.90 的临界值;简约适配度指数中,$\chi^2/df = 2.003 < 3$,所以假设模型有简约适配程度,与实际数据可以契合,通过综合分析以上适配度指数可以看出数据总体拟合较好。

表 4-19 星级酒店低碳行为驱动因素验证性因子分析数据汇总（$N=291$）

变量	指标	参数显著性估计值				收敛效度			
		非标准化因素载荷	标准误 S.E.	C.R. T-value	P	标准化因素载荷	相关系数平方 SMC	组成信度 CR	平均方差萃取量 AVE
低碳管理	MAN2	1				0.714	0.510	0.786	0.551
	MAN3	1.052	0.031	19.573	***	0.727	0.529		
	MAN4	0.801	0.029	14.531	***	0.783	0.613		
技术设施	TEC1	1				0.906	0.821	0.932	0.775
	TEC4	1.032	0.078	13.269	***	0.849	0.721		
	TEC5	1.095	0.08	13.756	***	0.882	0.778		
	TEC6	1.168	0.085	13.757	***	0.882	0.778		
责任意识	RES1	1				0.937	0.878	0.951	0.867
	RES2	0.97	0.035	27.685	***	0.939	0.882		
	RES3	1.019	0.063	16.085	***	0.917	0.841		
人才实力	HUM1	1				0.903	0.815	0.929	0.767
	HUM2	0.961	0.038	24.972	***	0.931	0.867		
	HUM4	0.947	0.051	18.742	***	0.811	0.658		
政策法规	POL2	1				0.854	0.729	0.894	0.739
	POL3	1.048	0.054	19.549	***	0.883	0.780		
	POL4	1.021	0.057	18.019	***	0.841	0.707		

续表

变量	指标	参数显著性估计值				收敛效度			
		非标准化因素载荷	标准误 S.E.	C.R. T-value	P	标准化因素载荷	相关系数平方 SMC	组成信度 CR	平均方差萃取量 AVE
社会规范	SOC1	1				0.932	0.869	0.936	0.786
	SOC2	0.984	0.037	26.32	***	0.901	0.812		
	SOC4	0.971	0.042	23.128	***	0.861	0.741		
	SOC5	0.958	0.043	22.347	***	0.850	0.723		
经济保障	ECO1	1				0.810	0.656	0.885	0.659
	ECO2	0.957	0.061	15.562	***	0.789	0.623		
	ECO3	1.013	0.065	15.515	***	0.788	0.621		
	ECO4	1.039	0.059	17.535	***	0.857	0.734		

注：*** 表示 $p < 0.001$。

资料来源：数据根据 AMOS 输出结果整理而得。

从表4-20可以看出，酒店低碳行为的两个测量模型中标准化因素负荷值在 0.708~0.89，均大于建议值 0.7；多元相关系数平方 SMC 的值除有一个值为 0.493，小于 0.5 但大于 0.36，属于可接受的范围内，其余均介于 0.510~0.792，均大于建议值 0.5；组成信度 CR 的值为 0.887 和 0.842，均大于建议值 0.7；平均方差萃取量 AVE 的值为 0.663 和 0.572，均大于 0.5 的建议值，因此验证了星级酒店低碳行为测量模型的收敛效度较好。

3. 星级酒店低碳行为绩效的验证性因子分析

通过 AMOS24.0 软件对星级酒店低碳行为绩效进行验证性因子分析，检验数据是否符合二因子模型，检验得出整体模型适配度指数如下：绝对适配度指数中，$\chi^2 = 31.769$，良适性适配指标值 $GFI = 0.973$，调整良适性适配指标值 $AGFI = 0.942$，均大于 0.90 的临界值，均方根残差 $RMR = 0.047$，小于 0.05 的临界值，近似误差均方根 $RMSEA = 0.055 < 0.08$，说

第四章 星级酒店低碳行为驱动机制及绩效影响研究设计和数据分析

明适配合理；增值适配度指数中，规准适配指数 NFI 的值为 0.953，比较适配指数 CFI 的值为 0.977，增值适配指数 IFI 的值为 0.977，均大于 0.90；简约适配度指数中，$\chi^2/df = 1.869 < 3$，所以假设模型有简约适配程度，与实际数据可以契合。通过综合分析以上适配度指数可以看出数据总体拟合较好。

表4-20 星级酒店低碳行为验证性因子分析数据汇总（$N=291$）

变量	指标	参数显著性估计值				收敛效度			
		非标准化因素载荷	标准误 S.E.	C.R. T-value	P	标准化因素载荷	相关系数平方 SMC	组成信度 CR	平均方差萃取量 AVE
一般低碳行为	ACT11	1				0.89	0.792	0.887	0.663
	ACT12	1.052	0.061	17.25	***	0.876	0.767		
	ACT16	0.738	0.059	12.492	***	0.764	0.584		
	ACT17	0.718	0.066	10.831	***	0.714	0.510		
积极低碳行为	ACT21	1				0.8	0.640	0.842	0.572
	ACT22	1.007	0.071	14.156	***	0.784	0.615		
	ACT23	0.808	0.067	12.114	***	0.708	0.493		
	ACT25	0.907	0.068	13.416	***	0.749	0.561		

注：*** 表示 $p < 0.001$。
资料来源：数据根据 AMOS 输出结果整理而得。

从表4-21可以看出，星级酒店绩效的两个测量模型中标准化因素负荷值在 0.661~0.806，均接近或大于建议值 0.7；多元相关系数平方 SMC 的值有两个值为 0.437、0.486，小于 0.5 但大于 0.36，属于可接受的范围内，其余均介于 0.531~0.650，均大于建议值 0.5；组成信度 CR 的值为 0.829 和 0.823，均大于建议值 0.7；平均方差萃取量 AVE 的值为 0.549 和 0.539，均大于 0.5 的建议值，因此验证了星级酒店低碳行为绩效的测量模型具有较高的收敛效度。

表4-21　星级酒店低碳行为绩效验证性因子分析数据汇总（$N=291$）

变量	指标	参数显著性估计值				收敛效度			
		非标准化因素载荷	标准误 S.E.	C.R. T-value	P	标准化因素载荷	相关系数平方 SMC	组成信度 CR	平均方差萃取量 AVE
直接绩效	PER11	1				0.733	0.537	0.829	0.549
	PER13	0.963	0.081	11.881	***	0.801	0.642		
	PER15	0.879	0.079	11.189	***	0.734	0.538		
	PER16	0.879	0.082	10.696	***	0.697	0.486		
间接绩效	PER21	1				0.661	0.437	0.823	0.539
	PER22	0.975	0.091	10.769	***	0.732	0.536		
	PER23	0.968	0.09	10.733	***	0.729	0.531		
	PER24	1.127	0.097	11.607	***	0.806	0.650		

注：*** 表示 $p<0.001$。

资料来源：数据根据 AMOS 输出结果整理而得。

六、本章小结

本章主要是对本研究调查问卷的设计、调研和获取的数据进行统计分析。首先，基于相关文献研究并结合本书的情况，确定了本研究实证过程中涉及的星级酒店低碳行为的两个变量、驱动因素的7个变量、低碳行为绩效的两个变量采用的测量量表。其次，从具体实证操作的角度对本研究的调查问卷进行科学设计，阐述了问卷包括的五部分具体内容、问卷的设计过程以及防偏措施，总结了预调研阶段发现的问题并对问卷进行修正，之后对正式问卷进行发放和数据收集。最后，运用 SPSS24.0 和 AMOS24.0 统计软件对问卷正式调研收集到的数据进行统计分析，以保证数据的质

第四章　星级酒店低碳行为驱动机制及绩效影响研究设计和数据分析

量。数据统计分析主要包括研究样本的特征描述、题项的描述性统计分析、研究样本数据的总体正态分布检验、量表信度和效度的检验，其中对各量表进行探索性因子分析，是对量表建构效度的检验，而对潜变量的验证性因子分析，是对测量模型收敛效度的检验。本章对于数据的分析是下一章结构方程模型科学正确分析的重要前提。

第五章
星级酒店低碳行为驱动机制及绩效影响假设检验与结果分析

本章对星级酒店低碳行为驱动机制及绩效影响进行实证研究,首先对本书所涉及的 11 个主要变量进行相关分析和区别效度检验,其次采用 AMOS24.0 软件对结构方程初测模型进行构建,根据结构方程模型的适配度指标对初测模型进行检验,按照修正原则对初测模型进行修正后,从模型基本适配评估、整体模型适配评估、模型内在结构适配度评估三方面对修正后的结构方程模型进行适配度分析。在此基础上对第三章提出的研究假设进行检验,判定其是否成立,并对研究结果进行分析和讨论。

根据侯杰泰(2004)、Kline(2011)等的研究,可知结构方程模型方法分析主要包括六个主要步骤:第一步,模型设定。研究者在前人理论研究的基础上确认初始理论模型包含的主要变量、每个变量的测量以及变量之间关系方向的设定等。这一步是结构方程模型分析最重要部分,因为后续的每一步都是在假设模型正确的前提下进行的。第二步,模型辨识。主要是指理论模型是否可以进行分析,或者说假设的模型在理论上是否提供足够的数据,可求出数学上的最优解。一般而言,估计参数应小于结构方程中的自由度。第三步,模型估计。这部分包括模型估计的方法与资料常态检验。在 SEM 分析中,提供 7 种模型估计的方法:工具性变量法(Instrumental Variables,IV 法)、两阶段最小平方法(Two-Stage Least Squares,TSLS 法)、极大似然估计法(Maximum Likelihood,ML 法)、一般化最小平方法(Generalized Least Squares,GLS 法)、未加权最小平方法(Unweighted Least Squares，ULS 法）、加权最小平方法（Weighted Least Squares，WLS 法）、对角线加权平方法（Diagonally Weighted Least Squares，DWLS 法）。本书采用 AMOS 内定的极大似然估计法进行估计，极大似然估计法也是目前应用最广的 SEM 适配函数估计法（吴明隆，2010）。偏度与峰度是检查单变量常态的两种方法。Kline（2005）建议如果采用最大概似法估计，变量的偏度应在 2 以内，峰度应在 7 以内。第四步，模型评价。主要是根据模型的分析结果和整体模型适配度评价指标及其建议标准进行比较，来考察理论模型与样本数据之间的拟合度好不好。第五步，模型修正。当进行验证性因子分析或结构方程模型分析时，若理论模型和样本数据拟合度不好，需要对模型进行修正。第六步，结果报告。这一步正确且完整地描述整个分析结果。

一、主要变量的相关分析和区别效度检验

在采用结构方程进行模型检验之前，为了进一步考察各个潜变量是否显著相关，首先对变量进行相关性分析，本书采用 SPSS24.0 中的 Pearson 检验来计算星级酒店低碳行为驱动因素及绩效各潜变量的相关性，虽然 Pearson 相关系数不能反映变量之间的因果关系，不能直接检验提出的假设，但是可以通过相关分析考察变量之间的相互影响和相互依存关系，为下一步研究提供基础。各潜变量的均值、标准差及变量间的 Pearson 相关系数如表 5-1 所示，各主要变量指标在 0.01 的显著性水平上正相关。

区别效度是指构面所代表的潜在特质与其他构面所代表的潜在特质间有低度相关或有显著的差异存在；构念间的区别效度指的是个别测量题项应该只反映一个潜在构念（吴明隆，2013），或者说，一个变量测验的分数要与其他变量的测验分数有较低的相关。只有各潜变量之间具有良好的区

表 5-1 潜变量间相关系数矩阵表

变量	均值	标准差	低碳管理	技术设施	责任意识	人才实力	政策法规	社会规范	经济保障	一般低碳行为	积极低碳行为	直接绩效	间接绩效
低碳管理	3.385	0.794	0.551										
技术设施	3.330	0.989	0.366**	0.775									
责任意识	3.908	0.951	0.251**	0.718**	0.867								
人才实力	3.334	0.939	0.240**	0.632**	0.798**	0.767							
政策法规	3.602	0.930	0.251**	0.655**	0.696**	0.718**	0.739						
社会规范	3.566	0.959	0.280**	0.703**	0.738**	0.725**	0.814**	0.786					
经济保障	3.572	0.881	0.315**	0.730**	0.740**	0.736**	0.765**	0.866**	0.659				
一般低碳行为	3.800	0.728	0.351**	0.489**	0.581**	0.621**	0.523**	0.527**	0.523**	0.663			
积极低碳行为	3.450	0.862	0.402**	0.746**	0.700**	0.643**	0.615**	0.653**	0.681**	0.640**	0.572		
直接绩效	3.655	0.666	0.431**	0.325**	0.314**	0.316**	0.315**	0.350**	0.394**	0.343**	0.373**	0.549	
间接绩效	3.634	0.738	0.441**	0.241**	0.278**	0.289**	0.273**	0.270**	0.313**	0.316**	0.300**	0.768**	0.539

注：** 表示 $P<0.01$ 水平（双侧）下显著相关；表格对角线上加黑的数字是各潜变量平均方差萃取量 AVE 的值，对角线下为相关系数矩阵。
资料来源：根据 SPSS 输出数据与 AMOS 输出结果整理。

别效度，才可以进行下一步结构方程模型分析。检验潜变量之间是否有区别效度，可以用相关系数法、信赖区间法（Bootstrap）和平均方差萃取量（AVE）法。本书采用平均方差萃取量法，将 AVE 值与潜变量的相关系数平方进行比较分析，如果该潜变量的 AVE 值大于 0.5 且数值大于各潜变量之间相关系数的平方，则说明各变量的区分效度良好（Fornell & Larcker, 1981）。本书采用 AMOS24.0 软件计算各潜变量的 AVE 值，从表 5-1 可以看出，低碳管理、技术设施、责任意识、人才实力、政策法规、社会规范、经济保障、一般低碳行为、积极低碳行为、直接绩效、间接绩效的 AVE 值分别为 0.551、0.775、0.867、0.767、0.739、0.786、0.659、0.663、0.572、0.549 和 0.539，均大于 0.5。以低碳管理为例，AVE 值为 0.551，与技术设施、责任意识、人才实力、政策法规、社会规范、经济保障的相关系数分别为 0.366、0.251、0.240、0.251、0.280、0.315、0.351、0.402、0.431 和 0.441，AVE 值均大于相关系数的平方，可见低碳管理和其他潜变量之间有较好的区分效度。从表 5-1 可以看出，其他潜变量 AVE 值也均大于各变量之间相关系数的平方。因此，结构方程模型各主要变量之间有较好的区分效度，可以进行变量间的实证检验。

二、结构方程初测模型的构建与检验修正

（一）结构方程初测模型的构建

本书首先构建星级酒店低碳行为驱动因素及绩效影响的初测结构方程模型，如图 5-1 所示，初测模型共有 11 个潜变量、44 个误差变量，它们的路径系数默认值均为 1。误差变量是为了确保模型的检验能够成立，这是由于从调查问卷得到的结果作为指标值难免会有一定的误差，要使指标

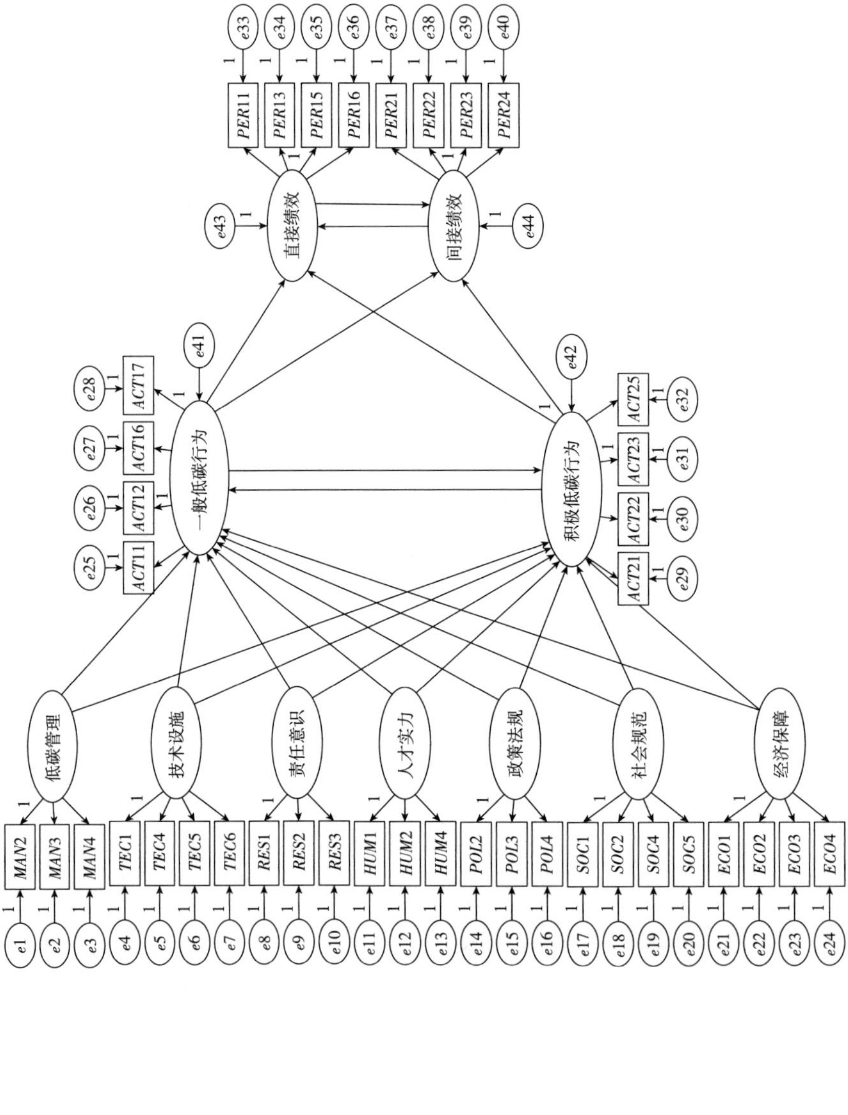

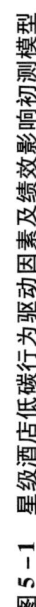

图 5-1 星级酒店低碳行为驱动因素及绩效影响初测模型

值完全匹配于模型几乎是不可能的,为了理论模型能够得到证明,引入误差变量。从图5-1中可以看出,构建的结构方程初测模型包括11个测量模型和1个结构模型,星级酒店低碳行为的7个驱动因素作为外生变量,星级酒店低碳行为的2个维度一般低碳行为与积极低碳行为作为中介变量,星级酒店绩效作为内生变量。

(二) 结构方程初测模型的检验

本书采用 AMOS24.0 软件对星级酒店低碳行为驱动因素及绩效影响模型进行检验,经过软件第一次 Calculate Estimates 计算过程,得到 SEM 模型的参数估计值(见表5-3)和各个适配度指标验证结果。在检验整体模型适配度指标时,应先检验模型参数是否有违反估计现象,查核参数估计值的合理性。所谓违反估计,是指模型内统计所输出的估计系数,超出可接受的范围,也就是模型获得不适当的解的情况(荣泰生,2010)。学者 Hair 等(1998)提出,可从以下几方面检查模型是否有违反估计的情形存在:估计参数中不能有负的误差方差存在;标准化系数不能超过或太接近1;不能有很大的标准误(S.E.),因为非常大的标准误表示指标参数无法被决定,但是由于标准误受到观察变量或潜在变量测量单位的影响,在 SEM 分析中通常不会界定标准误"大"或"小"的定义标准。从软件执行"View Text"运行的结果和表5-2可以看出,模型中误差方差的测量误差值为 0.003~0.074,并无负的误差方差存在。另外,从表5-3可知,模型中标准化系数值的绝对值皆没有超过或太接近1,标准误(S.E.)估计值均很小,检核结果表明此模型并没有违犯估计现象,因此可以进行整体模型适配度的检验,检验结果如表5-4所示。整体模型适配度的统计量中,卡方值为 2146.430,显著性概率值 $P = 0.001 < 0.05$,达到显著水平,拒绝虚无假设,表示理论模型与实际数据无法契合。需要注意的是,卡方值(Chi-square)检验会受到观察个数的影响,当观察值增加时,显著性值(P值)会有接近0的倾向,P值在200个样本以上,几乎所有的研究都是显著的。Rigdon(1995)认为,使用真实世界的数据来评价理论

模型时，χ^2 通常的实质帮助不大，实务上卡方值不是很实用的适配度指标，因为卡方值受估计参数及样本数影响很大，估计的参数越多（自由度越大），影响假设模型的变因越多，假设模型适配度不佳的情形就越明显，而当样本数较大时，往往造成卡方值变大，此时很容易拒绝虚无假设，接受对立假设，表示假设模型的协方差矩阵与观察数据间是不适配的。模型参数越多，所需的样本数就越多，若是在一个模型大而样本小的状态下，χ^2 检验的问题就会更严重，因此应主要从其他适配度指标来检验。由表 5-4 可知，结构方程初测模型残差均方和平方根 RMR 值 = 0.063，大于 0.05 的建议值，适配度指数 GFI 值 = 0.842，调整后适配度指数 AGFI 值 = 0.815，规准适配指数 NFI 值 = 0.875，相对适配指数 RFI 值 = 0.860，均小于 0.9 的建议值，可见初测模型与样本数据适配度不良，无法完全契合，因而要进行模型的修正。

表 5-2　结构方程初测模型方差（Variances）估计值

	Estimate	S. E.	C. R.	P
低碳管理	0.300	0.059	5.087	***
技术设施	0.887	0.074	11.947	***
责任意识	0.912	0.066	13.819	***
人才实力	0.834	0.061	13.627	***
政策法规	0.668	0.058	11.610	***
社会规范	0.874	0.064	13.624	***
经济保障	0.602	0.054	11.179	***
e1	0.876	0.063	13.834	***
e2	0.708	0.062	11.450	***
e3	0.749	0.063	11.951	***
e4	0.496	0.033	15.187	***
e5	0.409	0.030	13.824	***
e6	0.344	0.027	12.901	***

第五章 星级酒店低碳行为驱动机制及绩效影响假设检验与结果分析

续表

	Estimate	S.E.	C.R.	P
e7	0.407	0.031	13.114	***
e8	0.204	0.019	10.914	***
e9	0.223	0.019	11.859	***
e10	0.508	0.033	15.257	***
e11	0.209	0.017	12.159	***
e12	0.155	0.014	10.741	***
e13	0.356	0.025	14.447	***
e14	0.341	0.024	13.944	***
e15	0.306	0.024	12.857	***
e16	0.300	0.024	12.648	***
e17	0.186	0.014	13.014	***
e18	0.230	0.017	13.816	***
e19	0.286	0.020	14.475	***
e20	0.294	0.020	14.738	***
e21	0.318	0.022	14.506	***
e22	0.370	0.024	15.253	***
e23	0.390	0.026	15.058	***
e24	0.315	0.022	14.408	***
e25	0.920	0.055	16.657	***
e26	0.966	0.058	16.780	***
e27	0.569	0.041	13.903	***
e28	0.411	0.033	12.391	***
e29	0.515	0.035	14.868	***
e30	0.583	0.039	14.878	***
e31	0.939	0.056	16.794	***
e32	0.387	0.028	13.591	***

续表

	Estimate	S. E.	C. R.	P
e33	0.697	0.042	16.673	***
e34	0.453	0.029	15.757	***
e35	0.330	0.024	13.520	***
e36	0.543	0.035	15.351	***
e37	0.407	0.028	14.353	***
e38	0.580	0.037	15.621	***
e39	0.485	0.031	15.512	***
e40	0.465	0.031	14.790	***
e41	0.006	0.003	1.985	0.026*
e42	0.024	0.006	3.868	***
e43	0.054	0.017	3.146	***
e44	0.288	0.036	8.057	***

注：*** 表示 $p < 0.001$，* 表示 $p < 0.05$。

资料来源：根据 AMOS 输出结果整理而得。

表 5 – 3 结构方程初测模型参数估计值

初始路径			非标准化系数	标准化系数	临界比 C. R.	标准误 S. E.	显著性 P
一般低碳行为	< – –	低碳管理	0.112	0.170	2.041	0.040	0.012*
一般低碳行为	< – –	技术设施	0.184	0.545	3.812	0.048	***
一般低碳行为	< – –	责任意识	-0.014	-0.043	-0.356	0.04	0.722
一般低碳行为	< – –	人才实力	0.141	0.396	3.272	0.042	0.001**
一般低碳行为	< – –	政策法规	0.056	0.145	1.188	0.047	0.235
一般低碳行为	< – –	社会规范	0.058	0.171	0.756	0.077	0.45
一般低碳行为	< – –	经济保障	0.194	0.472	1.988	0.103	0.059
积极低碳行为	< – –	低碳管理	0.101	0.138	2.901	0.035	0.004**
积极低碳行为	< – –	技术设施	0.19	0.446	5.421	0.035	***

第五章 星级酒店低碳行为驱动机制及绩效影响假设检验与结果分析

续表

初始路径			非标准化系数	标准化系数	临界比 C.R.	标准误 S.E.	显著性 P
积极低碳行为	<--	责任意识	0.128	0.303	3.581	0.036	***
积极低碳行为	<--	人才实力	0.021	0.047	0.594	0.035	0.553
积极低碳行为	<--	政策法规	0.095	0.225	2.343	0.043	0.001**
积极低碳行为	<--	社会规范	0.293	0.832	6.328	0.039	***
积极低碳行为	<--	经济保障	0.084	0.161	0.932	0.09	0.351
一般低碳行为	<--	积极低碳行为	1.234	0.978	4.569	0.214	***
积极低碳行为	<--	一般低碳行为	0.447	0.311	3.401	0.131	***
直接绩效	<--	一般低碳行为	0.551	0.256	2.586	0.213	0.01*
直接绩效	<--	积极低碳行为	0.467	0.274	2.936	0.159	0.003*
间接绩效	<--	一般低碳行为	0.504	0.275	2.016	0.25	0.044*
间接绩效	<--	积极低碳行为	0.188	0.13	1.013	0.186	0.311
直接绩效	<--	间接绩效	0.913	0.994	7.135	0.165	***
间接绩效	<--	直接绩效	0.584	0.690	4.468	0.131	***

注：*** 表示 $P<0.001$，** 表示 $P<0.01$，* 表示 $P<0.05$。

资料来源：根据 AMOS 输出结果整理而得。

表 5-4 初测模型的适配度指标检验结果

类型	统计检验量	适配的标准	检验结果	模型适配判断
绝对适配统计量	χ^2 (CMIN) 值	$P>0.05$（未达显著水平）	2146.430（$p=0.001$）$df=699$	否
	残差均方和平方根 RMR 值	<0.05	0.063	否
	渐进残差均方和平方根 REMSEA 值	<0.05 适配良好 <0.08 适配合理	0.060	是
	适配度指数 GFI 值	>0.90 以上	0.842	否
	调整后适配度指数 AGFI 值	>0.90 以上	0.815	否

续表

类型	统计检验量	适配的标准	检验结果	模型适配判断
增值适配度统计量	规准适配指数 NFI 值	>0.90 以上	0.875	否
	相对适配指数 RFI 值	>0.90 以上	0.860	否
	增值适配指数 IFI 值	>0.90 以上	0.912	是
	非规准适配指数 TLI 值	>0.90 以上	0.901	是
	比较适配指数 CFI 值	>0.90 以上	0.911	是
简约适配统计量	简约适配度指数 PGFI 值	>0.50	0.718	是
	简约调整后规准适配指数 PNFI 值	>0.50	0.784	是
	简约后适配指标 PCFI 值	>0.50	0.817	是
	临界样本数 CN 值	>200	581	是
	NC 值(χ^2 自由度比值)	1 < NC < 3 简约适配 NC < 5 宽松	3.071	是

资料来源：根据吴明隆（2010）研究整理而得。

（三）结构方程初测模型的修正

当初测模型进行参数估计和适配度检验后，发现假设的理论模型与实际数据的适配度不佳，研究者就需要对模型进行适当的修正，修正的目的在于模型适配度的改善。造成模型适配度不佳的原因可能有以下几种：违反数据分布的假定；变量间非直线型关系；缺失值太多、序列误差等（Bentler & Chou，1987）。模型的修正就是侦测与改正序列误差，改善模型适配。序列误差包括从模型中遗漏适当的外衍变量、变量间的重要联结路径，或模型中包含不恰当的联结关系等。模型修正的步骤通常处理的是内在序列误差，如遗漏模型变量中重要的参数或包含不重要的参数，至于外在序列误差，表示研究者的理论或方法上出了问题，单靠模型修正也很难使模型适配度变得较好（Gerbing & Anderson，1984）。

当假设的理论模型与实际数据无法适配时，AMOS 会提供修正指标值

第五章 星级酒店低碳行为驱动机制及绩效影响假设检验与结果分析

(Modification Indices，MI)，修正指标值与期望参数改变值可作为假设初始模型修正的参考，修正指标提供一种简单的方式改善模型适配度或者更精简的模型进行后期分析。AMOS 提供的修正指标值包括增列变量间协方差（Covariances）、增列变量的路径系数（Regression Weights）、增列变量的方差（Variances）估计。各个参数的修正指标值在输出报表中内定的修正指标值的界限为 4，表示只呈现大于 4 的修正指标值。研究者可主要从两方面修正假设初始模型：一是增列变量间的相关，即残差间的协方差关系；二是增列或删除变量间的影响路径。如果外因潜在变量对内因潜在变量的路径系数不显著，或内因潜在变量间关系的路径系数不显著，则这些不显著的直接效果路径可以删除；如果增列潜在变量间某条直接效果路径，模型 χ^2 值会变小，则此路径系数可以增列（吴明隆，2013）。此外，一个固定参数（Fixed Parameter）的 MI 是表示将该固定参数改为待估的自由参数（Free Parameter）后，模型拟合指数卡方值降低的数值，卡方值越小，模型的拟合度就越好。每次修正都可将最大的 MI 对应的固定参数改为自由参数，然后对修正后的模型再次进行参数估计和拟合性检验，每次修正都只能修改一个固定参数，并逐个进行，否则模型修正结果可能会有过度修正的可能。

当参数的修正指标值较大时，表示要进行变量间的释放或路径系数的删除，无论是进行变量间的参数释放（建立变量间的共变关系），还是变量间的因果关系路径增列或删除，均不能违反 SEM 的基本假定，也不能与理论模型假定相矛盾。就 SEM 的基本假定而言，下列五种情形的变量间没有因果关系或共变关系：①外因潜在变量与内因潜在变量的观察变量没有直接因果关系；②内因潜在变量与外因潜在变量的观察变量间没有直接因果关系；③外因潜在变量的观察变量与内因潜在变量的观察变量间没有直接因果关系；④潜在变量与内因潜在变量的预测残差项没有共变关系；⑤观察变量与所有观察变量的误差项间没有共变关系。在协方差的增列方面，预测残差项与任何变量间都不能增列协方差，误差项与潜在变量间也不能增列协方差，因为此种共变关系是违反 SEM 假定且没有实质意义的。

根据 AMOS 提供的修正指标，增列变量间的直接因果关系或共变关系后，若修正后的假设模型无法合理解释或与 SEM 理论界定相违背，即使卡方值的差异量（M.I.）很大，此种参数也不应释放，此时应选择次大的修正指标值，作为模型修正的参考（吴明隆，2013）。

在对同时包含测量模型及结构模型的潜在变量路径分析模型进行修正时，首先，就结构模型中潜在变量间影响的路径加以增删，因为潜在变量路径分析模型关注的重点是结构模型而非测量模型，结构模型探究的是外因潜在变量对内因潜在变量影响的路径系数是否显著，或内因潜在变量对内因潜在变量影响的路径是否显著；其次，统一测量模型中观察变量误差项的协方差可以优先界定；最后，自由参数者是界定两个同为外因潜在变量的观察变量误差项间有共变关系，两个不同测量模型的观察变量误差项间有共变关系。

根据 AMOS 软件运行结果，如图 5-2 和表 5-3 所示，责任意识对一般低碳行为的路径系数为负、人才实力对积极低碳行为的路径系数小于 0.1、政策法规对一般低碳行为路径的临界比、社会规范对一般低碳行为路径的临界比、经济保障对积极低碳行为路径的临界比和积极低碳行为对间接绩效路径的临界比的值均小于 1.96，表明这 6 条路径的路径系数均不显著，因此删除这 6 条路径。从 AMOS 软件运行结果可以看出，在初测模型中，最大的修正指标为测量误差变量 $e39$ 和 $e38$ 之间的共变关系，两者同属潜变量"间接绩效"观察变量的测量误差变量，因此先将此两者的协方差释放，模型卡方值减少的差异值最大。第一次修正之后再次运行 A-MOS 软件程序，可以看到第二次运行结果最大的修正指标为测量误差变量 $e36$ 和 $e40$ 之间的共变关系，将这两个测量误差释放进一步改善卡方值。潜在因素"直接绩效"的测量指标 $PER16$ 与"间接绩效"测量指标 $PER24$ 所测量的某些特质可能类同，因而两个测量指标的测量误差可能有某种程度的关联，这两个测量误差变量可以考虑加以释放。在 SEM 模型修正中，允许测量误差间有共变关系并不违反 SEM 的假定。根据运行结果的修正指标 MI，从大到小经过两次调整后，最大的修正指标为潜在因素"责

第五章 星级酒店低碳行为驱动机制及绩效影响假设检验与结果分析

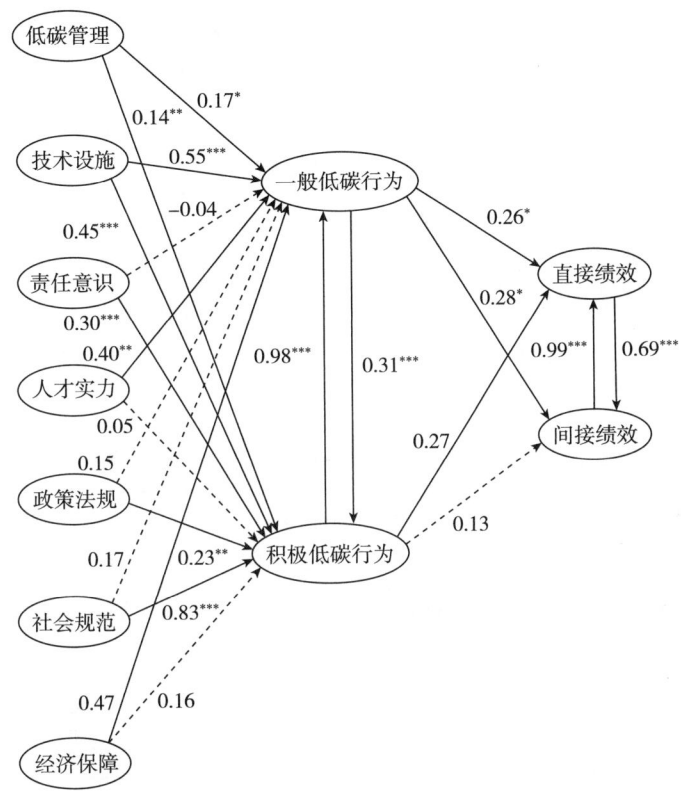

图 5-2 星级酒店低碳行为驱动因素及绩效结构方程初测模型路径分析结果

注：***表示 $P<0.001$，**表示 $P<0.01$，*表示 $P<0.05$；——：影响路径成立；-->：影响路径不成立。

资料来源：根据 AMOS 输出结果整理而得。

任意识"与测量指标 RES3 的测量误差 e10 间的共变关系，若是设定误差 e10 与潜在因素"责任意识"间有共变关系，则至少可以减少卡方值 68.804，但是此种关系的设定违反 SEM 的基本假定：测量指标的残差与潜在因素间无关，故此共变关系不能释放估计。根据修正指标，这里应该考量增列同为外因潜在变量"社会规范"的观察变量误差项 e18 和 e17 间的协方差，而增列误差项 e2 与内因潜在变量"间接绩效"的预测残差项 e44 间的协方差，可大大减少模型的卡方值差异量，但是这种模型修正违反 SEM 的基本假定：内因潜在变量的预测残差项与其他变量间没有共变或因果关系，因而此种参数释放没有意义。根据 AOMS 运行结果中的 MI 指标，从大到小依次进行调整，在初始模型中依次增加如表 5-5 所示的残差间的协方差关系。AMOS 的模型调整通常不是一次或两次就能够完成的，每次调整之后，AMOS 都会在其计算结果中给出相应的调整参考，最终能够得到和数据适配度良好的模型。根据 AMOS 数次运行的结果，在初测模型中删除如表 5-5 所示的潜在变量间的路径关系和增加观察变量误差项间的协方差关系，修正的结构方程模型如图 5-3 所示。

表 5-5 修改模型中删除的变量路径关系和增加的误差间协方差关系

删除的路径关系		
责任意识 - - > 一般低碳行为	人才实力 - - > 积极低碳行为	政策法规 - - > 一般低碳行为
社会规范 - - > 一般低碳行为	经济保障 - - > 积极低碳行为	积极低碳行为 - - > 间接绩效
增加的误差间协方差关系		
$e39 < - - > e38$	$e36 < - - > e40$	$e18 < - - > e17$
$e9 < - - > e10$	$e14 < - - > e16$	$e25 < - - > e32$

资料来源：根据 AMOS 输出结果整理而得。

三、结构方程修正模型的适配度分析

结构方程模型的适配度分析包括基本适配度评估（Preliminary Fit Criteria）、整体模型适配度评估（Overall Model Fit）、模型内在结构适配度评估（Fit of Internal Structural Model）。其中，整体模型适配度的检核可认为是模型外在质量的检验，模型内在结构适配度的程度代表各个测量模型的信度及效度，是模型内在质量的检核。

第五章 星级酒店低碳行为驱动机制及绩效影响假设检验与结果分析

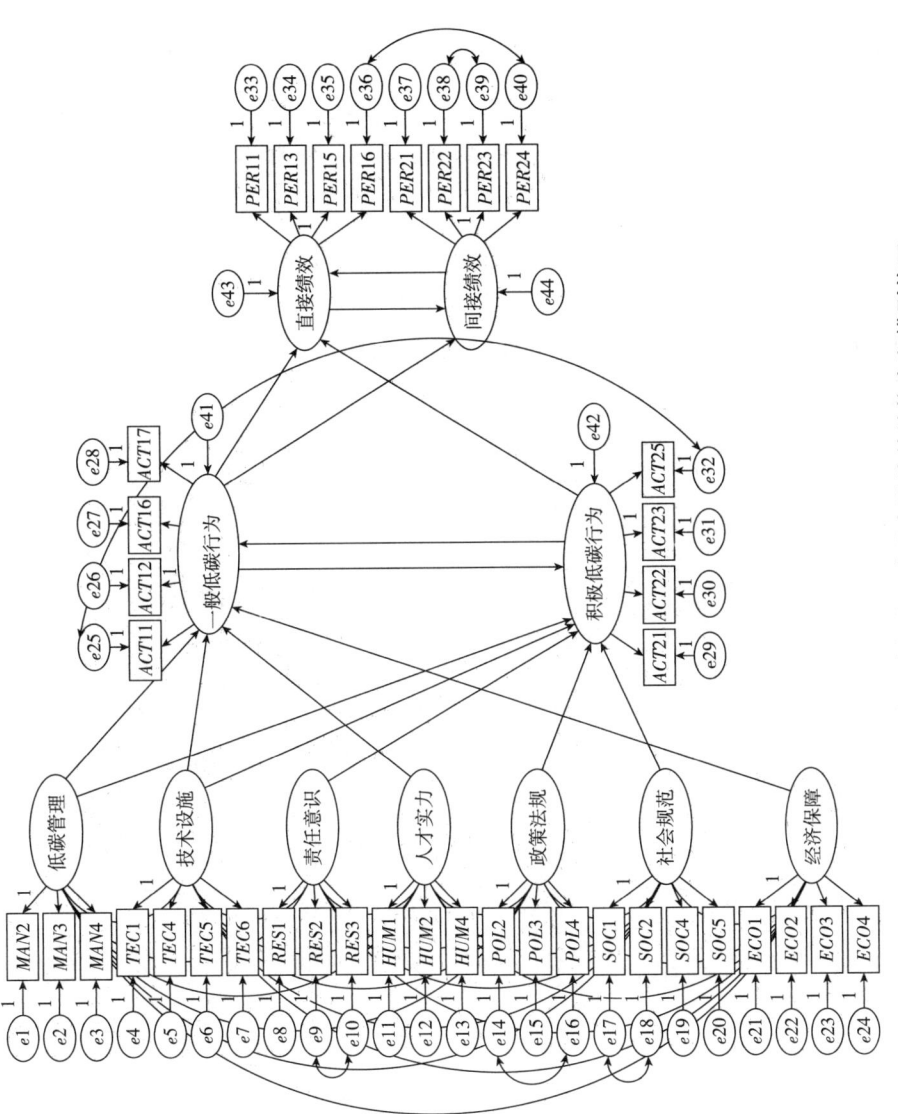

图 5-3 星级酒店低碳行为驱动因素及绩效结构方程模型修正

（一）模型基本适配评估

在模型基本适配指标检证方面，Bagozzi 和 Yi（1988）提出以下几个准则：①估计参数中不能有负的误差变异量；②所有误差变异必须达到显著水平（t 值 > 1.96）；③潜在变量与其测量指标间的因素负荷量值最好介于 0.50~0.95；④不能有很大的标准误。由表 5-6 可知，模型中误差方差的测量误差值为 0.004~0.074，并无负的误差变异量存在。另外，从表 5-7 可知，模型中所有误差的变异均达到显著水平，t 值均大于 1.96；潜在变量与其测量指标间的因素负荷量值适中，也没有很大的标准误，因而根据模型基本适配指标的准则控制模型基本适配。

表 5-6 修正结构方程模型方差（Variances）估计值

	Estimate	S. E.	C. R.	P
低碳管理	0.306	0.059	5.147	***
技术设施	0.883	0.074	11.921	***
责任意识	0.940	0.067	14.065	***
人才实力	0.837	0.061	13.656	***
政策法规	0.731	0.060	12.155	***
社会规范	0.824	0.064	12.909	***
经济保障	0.610	0.054	11.164	***
e1	0.870	0.063	13.782	***
e2	0.708	0.062	11.499	***
e3	0.756	0.062	12.137	***
e4	0.489	0.032	15.239	***
e5	0.414	0.029	14.035	***
e6	0.345	0.026	13.034	***
e7	0.416	0.031	13.415	***
e8	0.176	0.02	8.953	***
e9	0.189	0.019	9.707	***

第五章　星级酒店低碳行为驱动机制及绩效影响假设检验与结果分析

续表

	Estimate	S.E.	C.R.	P
e10	0.211	0.043	4.879	***
e11	0.207	0.017	12.068	***
e12	0.158	0.015	10.849	***
e13	0.355	0.025	14.423	***
e14	0.278	0.025	10.981	***
e15	0.326	0.024	13.688	***
e16	0.231	0.025	9.290	***
e17	0.233	0.018	13.319	***
e18	0.281	0.020	13.886	***
e19	0.267	0.019	13.825	***
e20	0.279	0.020	14.241	***
e21	0.322	0.022	14.685	***
e22	0.372	0.024	15.364	***
e23	0.382	0.025	15.099	***
e24	0.315	0.022	14.517	***
e25	0.895	0.054	16.543	***
e26	0.964	0.057	16.787	***
e27	0.623	0.043	14.526	***
e28	0.457	0.035	13.101	***
e29	0.556	0.037	15.039	***
e30	0.564	0.039	14.613	***
e31	0.943	0.056	16.772	***
e32	0.353	0.028	12.700	***
e33	0.679	0.042	16.200	***
e34	0.411	0.029	14.026	***
e35	0.346	0.029	11.792	***
e36	0.590	0.041	14.459	***
e37	0.451	0.035	12.920	***
e38	0.588	0.041	14.442	***
e39	0.498	0.035	14.343	***

续表

	Estimate	S. E.	C. R.	P
e40	0.511	0.037	13.817	***
e41	0.008	0.004	2.105	0.035*
e42	0.027	0.007	3.997	***
e43	0.034	0.016	3.214	***
e44	0.262	0.036	7.353	***

资料来源：根据AMOS输出结果整理而得。

表5-7 结构方程修正模型参数估计

路径关系			非标准化系数	标准化系数	标准误 S. E.	临界比 C. R.	显著性 P
一般低碳行为	<--	低碳管理	0.091	0.158	0.037	2.434	0.015*
一般低碳行为	<--	技术设施	0.173	0.509	0.047	3.699	***
一般低碳行为	<--	人才实力	0.135	0.386	0.035	3.844	***
一般低碳行为	<--	经济保障	0.138	0.43	0.026	5.304	***
积极低碳行为	<--	低碳管理	0.087	0.119	0.033	2.636	0.008**
积极低碳行为	<--	技术设施	0.229	0.534	0.036	6.271	***
积极低碳行为	<--	责任意识	0.115	0.261	0.220	5.135	***
积极低碳行为	<--	政策法规	0.083	0.189	0.027	3.041	0.002**
积极低碳行为	<--	社会规范	0.274	0.602	0.037	7.466	***
一般低碳行为	<--	积极低碳行为	1.028	0.818	0.167	4.893	***
积极低碳行为	<--	一般低碳行为	0.519	0.368	0.121	4.297	***
直接绩效	<--	一般低碳行为	0.454	0.216	0.196	2.319	0.02*
直接绩效	<--	积极低碳行为	0.370	0.221	0.143	2.583	0.01*
间接绩效	<--	一般低碳行为	0.808	0.451	0.145	5.581	***
直接绩效	<--	间接绩效	1.181	0.936	0.096	12.332	***
间接绩效	<--	直接绩效	0.596	0.506	0.185	2.732	***

注：*** 表示 $P<0.001$，** 表示 $P<0.01$，* 表示 $P<0.05$。

资料来源：根据AMOS输出结果整理而得。

（二）整体模型适配评估

模型的整体适配情况反映模型结构与实际数据的适配程度。整体模型适配度评估分为三类，即绝对适配度测量（Absolute Fit Measurement）、增值适配度测量（Incremental Fit Measurement）及简约适配度测量（Parsimonious Fit Measurement）。在进行模型适配度评估时，最好能同时考虑以上三种指标，这样能对模型的可接受性或拒绝产生比较共识的结果（Hair et al.，1998）。

绝对适配度指数是通过设定模型与饱和模型比较来反映模型拟合效果的指标。如表 5-8 所示，修正结构方程模型的残差均方和平方根 RMR 值为 0.048，小于 0.05 的建议值；渐进残差均方和平方根 $RMSEA$ 值为 0.040，小于 0.05，说明适配良好；适配度指数 GFI 值为 0.916，调整后适配度指数 $AGFI$ 值为 0.905，均大于 0.9 的临界值。可见，模型的绝对适配度测量总体符合标准。

增值适配度统计量通常是将待检验的假设理论模型与基准线模型的适配度相互比较，以判别模型的契合度。在 AMOS 输出的模型适配度摘要表中有一项为基准线比较指标参数，其中包含五种适配度检验统计量：规准适配指数（Normed Fit Index，NFI）、相对适配指数（Relative Fit Index，RFI）、增值适配指数（Incremental Fit Index，IFI）、非规准适配指数（Tacker - Lewis Index，TLI，即 Non - normed Fir Index）和比较适配指数（Comparative Fit Index，CFI）。这 5 个值大多介于 0~1，越接近 1 表示模型适配度越佳，越小表示模型契合度越差，其中 TLI 值（$NNFI$ 值）、CFI 值、IFI 值可能大于 1（吴明隆，2010）。由表 5-8 可知，反映修正结构方程模型增值适配度情况的 NFI 指标值为 0.923，RFI 指标值为 0.918，IFI 指标值为 0.953，TLI 指标值为 0.944，CFI 指标值为 0.951，均大于适配的标准 0.90，可知修正结构方程模型增量适配度良好。

简约适配度统计量惩罚参数多的模型，模型参数越多，简约适配度指数与理想的适配标准值相差越大。由表 5-8 可知，反映修正结构方程模型的简约适配度指数 $PNFI$ 值、$PCFI$ 值和 $PGFI$ 值分别为 0.806、0.840 和 0.745，均大于适配标准值 0.5，χ^2 与自由度比值为 2.173，小于建议的标准值 3，表示模型有简约适配程度，综上指标值的分析表明修正模型的简约适配度良好。

表5-8 修正模型的拟合度指标检验结果

类型	统计检验量	适配的标准	检验结果	模型适配判断
绝对适配度指数	残差均方和平方根 RMR 值	<0.05	0.048	是
	渐进残差均方和平方根 $RMSEA$ 值	<0.08 适配合理 <0.05 适配良好	0.040	是
	适配度指数 GFI 值	>0.90	0.916	是
	调整后适配度指数 $AGFI$ 值	>0.90	0.905	是
增值适配度指数	规准适配指数 NFI 值	>0.90	0.923	是
	相对适配指数 RFI 值	>0.90	0.918	是
	增值适配指数 IFI 值	>0.90	0.953	是
	非规准适配指数 TLI 值	>0.90	0.944	是
	比较适配指数 CFI 值	>0.90	0.951	是
简约适配度指数	简约适配度指数 $PGFI$ 值	>0.50	0.745	是
	简约调整后的规准适配指数 $PNFI$ 值	>0.50	0.806	是
	简约后适配指标 $PCFI$ 值	>0.50	0.840	是
	临界样本数 CN 值	>200	581	是
	NC 值（χ^2 自由度比值）	$1<NC<3$ 简约适配 $NC>5$ 需要修正	2.173	是

资料来源：根据AMOS输出结果整理而得。

(三) 模型内在结构适配度的评估

模型内在结构适配的评价包括测量模型的评价和结构模型的评价。前者关注测量变量是否足以反映其相对应的潜在变量,其目标在于了解建构效度与信度;后者评价理论建构阶段所界定的因果关系是否成立。结构方程模型内在适配度检验项目与标准如表 5-9 所示。通过前面的信度和效度的检验以及相关的分析,表明模型的内在结构适配度良好。

表 5-9 SEM 内在适配度检验项目与标准

评价项目	适配的标准
所估计的参数均达到显著水平	t 绝对值 >1.96
指标变量个别项目的信度	$R^2 > 0.50$
潜在变量的平均方差抽取值	$\rho_v > 0.50$
潜在变量的组合信度	$\rho_c > 0.60$
标准化残差的绝对值	<2.58
修正指标	$MI < 3.84$

资料来源:根据吴明隆(2010)整理而得。

四、结构方程模型检验结果汇总

在 AMOS 软件运行的时候,酒店低碳行为的 7 个影响因素之间必须建立协方差相关关系,否则不能运行出结果。从表 5-10 可以看出,酒店低碳行为 7 个影响因素之间,以及修正结构方程模型增加的误差协方差之间都是显著的,可见,酒店内部低碳管理、低碳技术设施、低碳责任意识、酒店人才实力、政策法规、社会规范和经济保障 7 个因素之间显著相关。

表 5-10 结构方程修正模型协方差（Covariances）参数估计

变量		变量	Estimate	S.E.	C.R.	P
低碳管理	<-->	技术设施	0.251	0.038	6.555	***
低碳管理	<-->	责任意识	0.166	0.032	5.160	***
低碳管理	<-->	人才实力	0.154	0.032	4.872	***
低碳管理	<-->	政策法规	0.156	0.030	5.188	***
低碳管理	<-->	社会规范	0.176	0.032	5.423	***
低碳管理	<-->	经济保障	0.177	0.030	5.966	***
技术设施	<-->	责任意识	0.687	0.054	12.694	***
技术设施	<-->	人才实力	0.579	0.050	11.672	***
技术设施	<-->	政策法规	0.574	0.048	11.899	***
技术设施	<-->	社会规范	0.655	0.052	12.481	***
技术设施	<-->	经济保障	0.591	0.048	12.326	***
责任意识	<-->	人才实力	0.721	0.053	13.727	***
责任意识	<-->	政策法规	0.595	0.047	12.562	***
责任意识	<-->	社会规范	0.663	0.051	13.019	***
责任意识	<-->	经济保障	0.580	0.046	12.591	***
人才实力	<-->	政策法规	0.602	0.047	12.848	***
人才实力	<-->	社会规范	0.644	0.049	13.013	***
人才实力	<-->	经济保障	0.558	0.044	12.553	***
政策法规	<-->	社会规范	0.691	0.051	13.667	***
政策法规	<-->	经济保障	0.560	0.044	12.729	***
社会规范	<-->	经济保障	0.668	0.049	13.536	***
$e39$	<-->	$e38$	0.237	0.030	7.817	***
$e36$	<-->	$e40$	0.245	0.031	7.801	***
$e9$	<-->	$e10$	-0.226	0.028	-7.975	***
$e14$	<-->	$e16$	-0.126	0.019	-6.712	***
$e18$	<-->	$e17$	0.103	0.015	6.887	***
$e25$	<-->	$e32$	-0.120	0.027	-4.413	***

注：*** 表示 $P<0.001$，** 表示 $P<0.01$。

资料来源：根据 AMOS 输出结果整理而得。

第五章　星级酒店低碳行为驱动机制及绩效影响假设检验与结果分析

通过以上分析，结构方程研究结果显示，酒店低碳责任意识对一般低碳行为的路径系数、人才实力对积极低碳行为的路径系数、政策法规对一般低碳行为的路径系数、社会规范对一般低碳行为的路径系数、经济保障对积极低碳行为的路径系数、积极低碳行为对间接绩效的路径系数均不显著（见图5-2），故这6条路径不成立，因而第三章提出的22个研究假设，有16个通过得到验证，6个研究假设没有得到支持，故不成立。假设检验结果汇总如表5-11所示。

表5-11　模型假设检验结果汇总

假设序号	假设内容	检验结果
H1a	酒店内部低碳管理对一般低碳行为有正向影响	支持
H1b	酒店内部低碳管理对积极低碳行为有正向影响	支持
H2a	酒店低碳技术设施对一般低碳行为有正向影响	支持
H2b	酒店低碳技术设施对积极低碳行为有正向影响	支持
H3a	低碳责任意识对酒店一般低碳行为有正向影响	不支持
H3b	低碳责任意识对酒店积极低碳行为有正向影响	支持
H4a	酒店人才实力对酒店一般低碳行为有正向影响	支持
H4b	酒店人才实力对酒店积极低碳行为有正向影响	不支持
H5a	政策法规对酒店一般低碳行为有正向影响	不支持
H5b	政策法规对酒店积极低碳行为有正向影响	支持
H6a	社会规范对酒店一般低碳行为有正向影响	不支持
H6b	社会规范对酒店积极低碳行为有正向影响	支持
H7a	经济保障对酒店一般低碳行为有正向影响	支持
H7b	经济保障对酒店积极低碳行为有正向影响	不支持
H8a	酒店一般低碳行为对酒店直接绩效有正向影响	支持
H8b	酒店一般低碳行为对酒店间接绩效有正向影响	支持
H8c	酒店积极低碳行为对酒店直接绩效有正向影响	支持
H8d	酒店积极低碳行为对酒店间接绩效有正向影响	不支持

续表

假设序号	假设内容	检验结果
H9a	酒店一般低碳行为对积极低碳行为有正向影响	支持
H9b	酒店积极低碳行为对一般低碳行为有正向影响	支持
H10a	酒店直接绩效对间接绩效有正向影响	支持
H10b	酒店间接绩效对直接绩效有正向影响	支持

五、研究结果分析与讨论

（一）酒店内部低碳管理对酒店低碳行为影响的验证结果分析

本书通过实证分析验证了酒店低碳管理对酒店一般低碳行为和积极低碳行为都有显著正向影响。酒店内部的低碳运营管理，涉及酒店高层对低碳经营达成战略共识的前提下，对低碳经营的制度和规划进行系统化制定，建立相应的管理机构，以及对于资金、技术和人才等各种要素的合理配置和有效利用。作为酒店高层推动开展的内部低碳管理活动，在实践中应该特别重视下属的执行力以及对最终结果的检验，因此，这些管理措施对酒店各个层面低碳行为的实施均有正向影响。一方面，酒店可以通过目标责任制等管理活动引导和监督员工日常节能环保等一般低碳行为；另一方面，酒店高层为了满足可持续发展的需要，注重对员工的教育和培训，以及对消费行为的引导和激励。因此，低碳管理对积极低碳行为都具有正向影响作用。

第五章　星级酒店低碳行为驱动机制及绩效影响假设检验与结果分析

（二）酒店低碳技术设施对酒店低碳行为影响的验证结果分析

本书通过实证分析验证了酒店低碳技术设施设备对酒店一般低碳行为和积极低碳行为都有显著正向影响。低碳技术设施设备为酒店实现低碳发展目标提供重要的技术支撑，其他驱动因素如内部低碳管理、人才实力、政策法规、经济保障等最终均需通过低碳技术设施设备产生现实的低碳效应，进而带动酒店实现低碳化发展。如果酒店低碳设施设备老化，缺乏定期的维护保养，无疑会使酒店的能耗增加，碳排放增多；相反，如果酒店低碳技术越先进，低碳设施设备越完善，酒店实施低碳行为的基础就会越好。因此，酒店拥有先进的低碳技术设施设备为酒店日常节能环保等一般低碳行为，以及对低碳消费行为的引导和激励等积极低碳行为可以从技术层面提供现实可能，对这两种低碳行为均会产生正向影响。

（三）低碳责任意识对酒店低碳行为影响的验证结果分析

本书通过实证分析验证了低碳责任意识对酒店一般低碳行为没有显著正向影响，而对酒店积极低碳行为有显著正向影响。酒店业与一般的生产企业、制造企业不同，它属于服务行业，其宗旨是带给消费者便利和舒适，这与低碳的节制在一定程度上是相矛盾的。低碳责任意识对酒店一般低碳行为即日常的节能环保行为没有显著正向影响，说明在中国的星级酒店，低碳责任意识对日常低碳行为的驱动力还不明显。从短期来看，酒店不愿意承担碳排放治理费用，对牺牲一定的经济利益来实施低碳经营持排斥态度，不愿意因承担社会责任而牺牲企业的经济利润，从一定程度上讲，酒店实施低碳行为不是出于责任意识，而是为了提高竞争力和降低运营成本，因而低碳责任意识对酒店一般低碳行为没有显著正向影响；但是从长远角度来看，"利润牺牲说"的低碳责任意识是不成立的，酒店实施低碳经营，在履行社会责任的同时，并不意味着减少经济利润，放弃经济上更有利的选择，反而可以降低酒店的运营成本，酒店的低碳责任意识越强烈，越可能从长远和战略高度看待低碳经营行为，酒店对员工开展低碳教育和培训以及对客户进行低碳消费的引导和激励等低碳积极行为实施的可能性也就越大。因此，低碳责任意识对酒店积极低碳行为有正向影响。

（四）酒店人才实力对酒店低碳行为影响的验证结果分析

本书通过实证分析验证了酒店人才实力对酒店一般低碳行为有显著正向影响，而对酒店积极低碳行为没有显著正向影响。在酒店的日常运营管理中，星级酒店所拥有的低碳方面的专业人才可以充分发挥其专业优势，对酒店日常环保行为从技术层面进行指导，从管理层面对酒店员工的行为进行引导和监督，从而提升酒店日常节能环保行为的实施水平，提高能源利用效率，减少废弃物和二氧化碳等温室气体的排放，因此酒店人才实力对一般低碳行为有显著正向影响；而酒店积极低碳行为的实施由于涉及不同酒店之间、酒店和员工之间，以及酒店和消费者之间的相互关系，这些较为复杂关系的处理需要企业高层加以协调和推动实施，单纯依靠专业人才不可能调动和协调更多资源，因此酒店人才实力对酒店积极低碳行为的正向影响并不显著。

（五）政策法规对酒店低碳行为影响的验证结果分析

本书通过实证分析验证了政策法规对酒店一般低碳行为没有显著正向影响，而对酒店积极低碳行为有显著正向影响。通常，当市场运行到一定阶段，出现依靠市场自身无法解决的问题时，政策法规就能够起调节作用。企业低碳化发展在很多方面属于市场失灵的领域，需要政府进行宏观调控和引导。酒店业的碳排放量虽然明显比城市居民的碳排放量高，但是和生产型企业相比较，其碳排放强度小得多，因此酒店业的碳排放问题还没有引起整个社会的足够重视，政府对酒店业强制性的低碳规制与监督等力度也较小，政策法规对酒店日常节能环保行为没有显著正向影响；而政府制定碳排放标准以及对排污实施惩罚等措施对任何企业都具有一定的强制性，这些政策法规对于酒店开展节能测试、对能源消耗进行监测等积极低碳行为有正向影响作用。

（六）社会规范对酒店低碳行为影响的验证结果分析

本书通过实证分析验证了社会规范对酒店一般低碳行为没有显著正向影响，而对酒店积极低碳行为有显著正向影响。由于星级酒店典型的行业特征，其是以提供服务为核心的产品组合形式运作的，与生产制造企业相比，服务产品的无形性使节能减排问题更加隐蔽，不容易受到社会生态环保组织、民众和当地居民的关注，因此社会规范对以酒店员工为代表的日常节能环保行为即一般低碳行为没有显著正向影响。随着整个社会对能源消耗和环境污染问题的重视，新闻舆论等社会媒体宣传的力度在不断加大，尤其是与低碳相关的负面新闻的曝光对企业起到的警示作用，酒店在制定低碳发展策略时，应该发挥新闻舆论等社会媒体的作用，构建正面的社会舆论氛围，对酒店的低碳发展起促进作用。社会规范是经济学视野之外对酒店低碳发展有重要影响的因素之一，属于伦理因素，虽然对酒店一般低碳行为没有显著正向影响，但对以管理层和决策层为代表的积极低碳行为具有显著正向影响作用，其作用不容忽视。

（七）经济保障对酒店低碳行为影响的验证结果分析

本书通过实证分析验证了经济保障因素对酒店一般低碳行为有显著正向影响，而对酒店积极低碳行为没有显著正向影响。星级酒店实施低碳行为的直接动机来自预期收益的增加，酒店在日常节能环保方面采取措施初期会增加酒店的成本，但是当节能环保方面的技术设施改造到位后会降低酒店运营成本，提高酒店利润。因此，当酒店拥有一定的经济实力，或者政府对节能环保改造给予一定的税收优惠时，酒店会在节能环保方面增加投资，即经济保障因素对一般低碳行为有显著正向影响。而对于积极低碳行为，由于不是采取直接的节能环保措施，即使酒店有实力进行投资也不会在短期内取得明显的经济效益。因此，酒店高层短期内不会将有限资金在积极低碳行为方面进行大量投资，即经济保障因素对积极低碳行为没有显著正向影响。

(八) 酒店一般低碳行为与积极低碳行为相互作用的验证结果分析

本书通过实证分析验证了酒店一般低碳行为对积极低碳行为有显著正向影响，酒店积极低碳行为也对一般低碳行为有显著正向影响。酒店一般低碳行为和积极低碳行为相互促进、相互协调、相互作用、相互渗透。由于积极低碳行为包含酒店为减少碳排放而采取的一些管理措施，如定期进行节能测试、能源消耗监测等，这些管理措施在执行过程中均是具有一定约束力的规范和标准，因此这些措施的实施必定会促进酒店日常节能环保降耗等一般低碳行为的开展，以满足相应的规范和标准；而酒店日常节能环保降耗等一般低碳行为的实施会强化酒店高层和员工的低碳观念及低碳行为，从而促使领导层进一步完善低碳经营的相关制度，并注重与外界的相互交流，即酒店一般低碳行为对积极低碳行为有显著正向影响。

(九) 酒店低碳行为对酒店绩效影响的验证结果分析

本书通过实证分析验证了酒店一般低碳行为对酒店直接绩效和间接绩效都有显著正向影响，酒店积极低碳行为对酒店直接绩效也有显著正向影响，而对酒店间接绩效没有正向影响作用。与酒店日常节能环保降耗相关的一般低碳行为和酒店定期进行节能测试和能源消耗监测等积极低碳行为都可以降低酒店运营成本，提高利润增长率，可见酒店一般低碳行为和积极低碳行为都对与酒店盈利情况相关的直接绩效有显著正向影响；相对于一般酒店，星级酒店的客户低碳观念相对较强，酒店一般低碳行为的实施会提高客户满意度，减少老客户的流失率，并产生良好的口碑效应，而这些均是与客户维护与拓展相关的酒店间接绩效，由此可见，酒店一般低碳行为对酒店间接绩效也有显著正向影响；而酒店积极低碳行为所包含的酒店对员工的低碳教育和培训，酒店之间的节能信息和经验交流等对酒店间接绩效即与客户维护相关的一些指标没有正向影响作用。

第五章　星级酒店低碳行为驱动机制及绩效影响假设检验与结果分析

（十）酒店直接绩效与间接绩效相互作用的验证结果分析

本书通过实证分析验证了酒店直接绩效对间接绩效有显著正向影响，酒店间接绩效对直接绩效也有显著正向影响。在酒店直接绩效中，酒店知名度是衡量直接绩效的重要指标，低碳行为实施后酒店知名度的提高既能减少老客户的流失，又有利于发展新客户，而客户的维护和拓展均属于酒店的间接绩效，可见直接绩效对间接绩效具有正向影响作用。随着酒店低碳行为实施后客户满意度和忠诚度的提升，以及新客户的增加，酒店客房入住率会随之提高，并带来年销售总额和利润增长率的提高，这些均属于酒店直接绩效。因此，酒店间接绩效对酒店直接绩效也有显著正向影响作用。

（十一）酒店低碳行为驱动因素间相互作用的验证结果分析

本书通过实证分析验证了酒店低碳行为 7 个驱动因素之间具有显著相关关系。例如，内部低碳管理对低碳技术设施设备具有正向影响，管理对设施设备的运转具有影响力，只要低碳管理到位，低碳技术水平会得到相应的提高，低碳技术设施设备的投入也会不断加大力度。人才实力对企业责任意识具有影响，作为酒店管理者一部分的低碳经营人才，只有他们具有低碳经营的先进理念，认为酒店低碳行为能够提高酒店市场竞争力和社会声誉，提升酒店形象，才会愿意承担一定的碳排放治理费用，认为实施低碳经营对生态环保意义重大，具有较强的低碳责任意识。社会规范对政策法规具有正向影响作用，政策法规在一定程度上是社会规范的体现与升华，社会规范通过政策法规使酒店企业的减排行为在可持续发展的大环境下得以合法规制。政策法规和人才实力对酒店内部低碳管理具有直接影响，政策法规对酒店实施低碳管理提出约束性目标和要求，可以引导和规范酒店内部的低碳管理行为，人才实力则有助于酒店在低碳管理过程中充分发挥其专业优势，对各种资源进行优化配置和高效利用，提高低碳管理科学化水平。社会规范、政策法规与经济保障三者具有紧密的内在联系，社会规范可以从伦理道德层面对酒店实施低碳行为提出要求，政策法规可以从法律层面对酒店的碳排放行为进行规制，而经济保障则可以对低碳行为的实施提供物质基础。实践中，伦理因素、法律因素和经济因素共同发挥作用，可以推动酒店低碳行为的实施。各个驱动因素之间紧密联系，可以通过相互影响、相互作用共同对酒店低碳行为施加影响。

（十二）星级酒店特点在模型中的体现

模型数据来自全国29个不同省（直辖市、自治区）的星级酒店企业，共581个研究样本，星级酒店的特点在模型中的体现主要有以下几个方面：第一，酒店业的员工的流动率较高，这是酒店业的共同特点，星级酒店也不例外，然而员工的高流动率是一把"双刃剑"。一方面，员工流动率过高可能带来负面效应，造成人力资源成本增加，导致服务质量降低，不利于企业文化的形成，进而影响企业的成长发展；另一方面，适度的人员流动会给酒店企业注入新的活力，带来新的经营管理理念，低碳管理方面的理念和做法得到传播。因此，模型中的星级酒店内部低碳管理因素对低碳行为的显著影响在研究结论中得到证明。第二，与普通酒店相比，星级酒店的功能更齐全、服务质量更高，低碳技术更先进，低碳设施设备更完善，低碳技术设施设备对星级酒店低碳行为的显著影响在研究结论中得到证明。第三，星级酒店由于数量多、规模大，其低碳经营对城市生态环保意义重大，模型中的低碳责任意识因素可以体现星级酒店的这个特点。第四，星级酒店由于员工的待遇水平较高，发展空间较大，在吸引低碳经营所需的专业人才方面具有明显的优势，可以助推酒店利用人才的专业优势开展低碳经营，模型中的人才实力可以体现星级酒店的这一特点。第五，星级酒店主要分布在城市地域，其经营行为对经济和社会具有显著影响，是政府实行管理的主要对象之一，因此政府规制对星级酒店低碳行为具有一定的影响，研究结论也表明在星级酒店低碳化发展过程中政策法规可以起重要的作用。第六，星级酒店一般都位于城市，它们体现一个城市的经济发展水平，代表一个城市的旅游形象，是一个城市对外的"窗口"，

第五章 星级酒店低碳行为驱动机制及绩效影响假设检验与结果分析

因而新闻媒体、公众舆论对其关注较多。社会规范是星级酒店低碳行为的驱动因素之一，凸显星级酒店的这一特点。第七，星级酒店由于自身的资金实力较为雄厚，在低碳经营方面具备先期投资的经济基础，可以为低碳行为的实施提供物质保证，模型中经济保障因素可以体现星级酒店的这一特点。第八，星级酒店由于其酒店规模和建筑设备等都达到一定的水平，其能耗量远远超过城市居民，将星级酒店作为研究对象更容易挖掘低碳行为的驱动因素，研究对象本身的确定也可以体现模型的特点。另外，不同星级水平的酒店，各类驱动因素的影响作用程度可能并不相同。在访谈的过程中发现，三星及以下的低星级酒店低碳行为的实施关键在于酒店高层的低碳管理水平和低碳责任意识的认知，而社会规范等外部环境因素的影响较小，而四星级和五星级等高星级酒店低碳行为的实施更多受到政策法规、社会规范和经济因素等外部驱动力的影响，更加关注低碳对酒店形象和社会声誉的影响。

六、本章小结

本章首先对主要变量进行了相关分析和区别效度检验，其次对结构方程初测模型进行构建与检验，并对初测模型如何进行修正进行了详细的分析，从模型基本适配评估、整体模型适配（模型外在质量）评估、模型内在结构适配度（模型内在质量）评估三方面对修正的结构方程模型进行适配度分析，对前文所提出的 22 个研究假设进行检验，检验结果表明，其中 16 个假设成立，6 个假设不成立，最后对研究结果进行分析和讨论，分别分析了酒店内部低碳管理、低碳技术设施、低碳责任意识、人才实力、政策法规、社会规范和经济保障因素对酒店一般低碳行为和积极低碳行为是否存在正向影响作用，酒店一般低碳行为和积极低碳行为对酒店直接绩效和间接绩效分别是否存在正向影响作用，以及酒店一般低碳行为与积极低碳行为之间、酒店直接绩效与间接绩效之间、酒店驱动因素之间的相互作用，并分析了星级酒店特点在模型中的体现。分析表明，酒店一般低碳行为的驱动因素分别为内部低碳管理、低碳技术设施、人才实力、经济保障，低碳责任意识、政策法规和社会规范的正向影响不显著；而积极低碳行为的驱动因素分别为内部低碳管理、低碳技术设施、低碳责任意识、政策法规和社会规范，人才实力和经济保障因素的正向影响不显著。酒店一般低碳行为和积极低碳行为分别对酒店直接绩效存在显著正向影响作用；酒店一般低碳行为对酒店间接绩效也存在显著正向影响作用，而酒店积极低碳行为对酒店间接绩效的正向影响不显著。酒店一般低碳行为和积极低碳行为之间、酒店直接绩效和间接绩效之间、酒店低碳行为驱动因素之间都存在相互作用。

第六章
星级酒店低碳行为驱动机制系统的构建和优化策略

本章将在第四章和第五章实证分析的基础上,将研究结果应用于星级酒店低碳经营和发展的实践。本章首先剖析星级酒店低碳行为内外部驱动力及其关联耦合机理,基于低碳经济和效益理论深入阐释星级酒店低碳行为的驱动机制,并构建星级酒店低碳行为驱动机制系统。在此基础上,提出星级酒店低碳行为优化的具体策略,这既是对前文星级酒店低碳行为驱动因素、构成维度和绩效影响研究的逻辑延续,同时也是对星级酒店低碳行为研究的实践应用。

一、星级酒店低碳行为驱动机制系统的构建

任何事物的发展都需要驱动力发挥牵引和推动作用,驱动力泛指一切事物运动和发展的推动力量。驱动机制就是驱动力的来源,即发展动力的根源,是将权力、责任、利益等驱动力的各个要素在组织不同成员之间进行优化配置,明晰彼此之间的责权利关系,并将其规范化和制度化,为实现组织目标提供制度保障(石培华,2010)。在驱动机制运行过程中,各

种驱动力要素通过相互作用实现驱动力传导，从本质上揭示事物在动态发展过程中不同要素之间的内在联系，因此驱动机制具有整体性、权变性、开放性和包容性等特点（袁省，2012）。企业驱动机制具有正向激励效应，可通过调动员工工作积极性推动组织目标的实现。酒店作为企业，其低碳行为驱动机制是由若干相互关联的要素构成的综合系统，既包含推动酒店实施低碳行为的驱动力之间相互作用的机理，也包含这一机理运行所需要的各种经济关系和组织制度（郝英奇，2006）。

（一）星级酒店低碳行为的内部驱动力

本书对星级酒店低碳行为驱动力的研究没有按照传统的需求和供给的角度进行分析，侧重从主要的驱动因素进行分析。根据内外因辩证关系原理，将星级酒店低碳行为驱动力分为内部驱动力和外部驱动力，其中内部低碳管理、低碳技术设施、低碳责任意识和人才实力属于内部驱动力。内部驱动力是酒店低碳行为的直接驱动因素，是提升酒店企业在碳减排过程中的内在驱动力。内部低碳管理水平和足够的技术设施设备都属于酒店低碳行为的内部资源实力。内部驱动力中企业的责任意识是企业基于先进的价值理念和高度的社会责任感而主动采取的自觉自愿行为，不受任何外界压力的驱使，是社会发展的必然要求（Mcwilliams & Siegel，2001）。酒店在实施低碳行为过程中，人才实力是各种低碳资源合理配置和有效利用的重要推动力量。人才促使低碳管理实现制度化和规范化，有效引导酒店内部的全员低碳行为，使低碳行为成为一种自觉和习惯，从而更具可持续性。人才也推动酒店低碳技术设施的更新改造和高效利用，提高低碳管理科学化水平。这些因素相互影响、相互作用、相互支持，使酒店低碳行为形成一个良性循环。

（二）星级酒店低碳行为的外部驱动力

在企业经营过程中，追求利润最大化的价值导向会降低低碳行为与企业的黏性，要使企业员工、管理层和决策层都向主动采取低碳行为的方向演化，只依靠企业内部驱动力是远远不够的，还需要有强有力的外部驱动力的规制。星级酒店低碳行为的外部驱动力包括政策法规、社会规范和经济保障。酒店是社会的产物，其行为也一定会受到外界环境的影响。外部驱动力是酒店低碳行为必不可少的条件，对酒店低碳发展具有加速或延缓作用。外部驱动力是酒店低碳行为的间接驱动因素，通常是通过内部驱动力发挥作用的。政府应出台鼓励酒店低碳发展的相关激励和扶持政策，用政策和行为引导低碳生产与消费，为酒店企业低碳发展创造良好的政策条件和提供最佳的平台。在酒店企业的低碳发展过程中，政府应给予优惠政策、资金支持和技术扶持。酒店企业的低碳发展会涉及不同的部门和行业，需要政府协调和处理好利益相关者之间的矛盾和关系。政府应设立支持酒店低碳发展的专项资金，酒店低碳发展有充分的融资渠道和良好的融资环境等都可以为酒店低碳经营提供经济保障，而酒店行业协会的低碳督促和民众、当地居民的公众舆论督促等社会规范因素也会促使酒店低碳行为的实施，可见，经济保障和社会规范都是提高酒店低碳行为实施水平的外部驱动力。

（三）星级酒店低碳行为内外部驱动力间关联耦合机理

本书研究了星级酒店低碳行为的四大内部驱动力和三大外部驱动力，其中内部驱动力是星级酒店低碳行为实施的关键，外部驱动力对星级酒店低碳行为的实施起到推动作用。星级酒店低碳行为的内部驱动力之间、外部驱动力之间相互作用、相互影响，例如在内部驱动力中，内部低碳管理对低碳技术设施设备具有正向影响作用，低碳管理水平得到提升后，低碳技术设施设备的投入和使用率也会随之提高；外部驱动力中，在发挥政府引导、监督和管理作用的同时，还应加大对酒店低碳经营所需资金的支持力度，通过优惠性的税收政策和畅通的融资渠道化解酒店在低碳经营中面临的经济困境。公众的低碳环保意识和新闻媒介等的社会规范舆论导向应该形成一股力量，促进国家和政府低碳政策法规的制定，政策法规在一定程度上是公众社会规范的体现与升华。不仅星级酒店低碳行为内部驱动力之间、外部驱动力之间相互影响和相互作用，而且外部驱动力对内部驱动力、内部驱动力对外部驱动力也都具有影响作用。例如，外部驱动力中的政策法规对内部驱动力中低碳管理和责任意识具有直接影响，外部驱动力中的经济保障对内部驱动力中的低碳管理、低碳技术设施设备和人才实力也都具有直接影响。除了酒店内部资源，酒店低碳行为还要受政府政策法规、社会规范和经济保障等多种外部驱动力的影响。由此可见，星级酒店低碳行为内外部驱动力之间紧密联系、相互影响、相互作用，共同推动酒店低碳行为的实施，进而促进酒店低碳化的进程。星级酒店低碳行为的驱动作用机制随着时间推移以及发展阶段的不同而不断变化，应抓住主导驱动力，适时变换驱动力模式，促进酒店企业低碳发展的进程。

（四）基于低碳经济的星级酒店低碳行为驱动机制的阐释

当今社会，不断加重的能源危机、环境污染和全球气候变暖等问题正日益成为全球关注的焦点，为应对人类面临的这一共同挑战，必须逐渐减少以二氧化碳为主的温室气体的排放量，因此世界各国在大力发展低碳经济方面已经达成普遍共识。低碳经济与传统经济体系相比，通过能效技术、低碳技术和节能技术等的发展，在生产和消费中能够节省能源，降低碳排放总量和强度，促进整个社会向高能效和低能耗的目标发展。低碳经济目前正引导着世界各国和各行各业摒弃传统的经济发展模式，通过低碳生产、低碳技术和低碳生活的新方式，真正转变经济发展方式，做到发展经济、节约资源和环境保护并重，推动可持续发展目标的实现。酒店企业低碳发展的提出是基于低碳经济模式的优势和旅游产业升级即低碳旅游的理念，一方面是为了提升酒店企业的可持续发展水平，另一方面是为了节约资源和保护环境。低碳经济的模式就是要节约资源、降低温室气体排放量和保护环境，实现保护与发展"双赢"。酒店企业低碳发展是对低碳经济的积极响应，其内涵和核心要求与低碳经济相一致，应着力于建立企业制度导向机制，废弃物处理机制，政府、酒店和消费者之间的低碳经济利益均衡机制等低碳经济发展耦合机制。低碳经济的发展态势与目标要求推动星级酒店构建多方联动的低碳行为驱动机制，而酒店企业的低碳行为正是践行低碳经济的理念,是低碳经济得以推广的重要环节。

(五) 基于效益理论的星级酒店低碳行为驱动机制的阐释

星级酒店低碳经营是酒店企业的一种发展模式,企业发展追求利益的目标和原理对星级酒店同样适用,星级酒店发展所追求的不仅是单纯的经济效益,还包括低碳发展所带来的社会效益和环境效益,这三者相互影响、相互作用、相互耦合,因此效益理论是酒店企业低碳行为驱动机制的直接依据。通常来讲,经济效益是显性的,而社会效益和环境效益是隐性的。酒店企业积极利用新能源、新技术和新材料发展循环经济,客户采用低碳消费的方式,都能够对节约能源、保护环境和推动经济发展起重要的作用。目前,中国酒店最关注的还是经济效益或经济利益,对社会效益和环境效益的关注度较低,酒店低碳行为能够减少水电等能源消耗和二氧化碳温室气体的排放,降低酒店的运营成本,对生态环境的保护可以起一定的作用,同时也能够提高酒店的社会声誉、品牌价值,维护社会公共关系。对于星级酒店而言,应该将效益理论所蕴含的综合效益理念与要求作为低碳行为驱动机制构建的重要依据与推动力量,利用低碳理念、技术、制度等方面的优势,实现内生式增长,最终获得酒店经济效益、环境效益和社会效益的"三赢"。

(六) 星级酒店低碳行为"四轮"驱动机制系统的构建

系统是由相互作用、相互依赖的若干组成部分结合而成、具有特定功能的动态和复杂的有机整体。星级酒店低碳行为驱动机制系统是指采用引导、激励、吸引和控制等机制来促使酒店利益相关者自愿参与推动酒店低碳行为各种力量的总和(周连斌,2011)。酒店低碳行为驱动机制系统内各要素之间是相互联系、相互作用和相互渗透的,它们共同作用形成酒店低碳行为系统运行的层次与结构。政府、酒店、消费者、区域四位一体、互相影响、互相作用、共同发展,构成酒店企业低碳行为的"四轮"驱动机制系统,如图6-1所示。首先,政府通过政策制度的制定和完善,对酒店企业具有支持、管理、监督和教育等作用，约束企业的污染、浪费行为，发挥引路人、守夜人的功能；政府通过宣传教育等方式，对于消费者个体具有保护和监督的作用，引导消费者个体的消费行为，保护个体利益；政府通过政策制度等的完善和优惠政策的制定，为区域可持续发展提供良好的环境，使政府的管理实现其目标——福利最大化。其次，酒店企业可以从监督反馈方面对政府工作予以支持，通过保障基础设施供给和提供服务等方式满足消费者个体需求，以物质基础为保障推动区域可持续发展目标的实现，实现其目标——利润最大化。再次，个体对企业扮演着消费者的角色，在特定的政策、制度环境中，对政府有监督作用，对区域可持续发展通过自身效用最大化起着支持的作用。最后，区域可持续发展对政府有支持作用，对酒店企业、个体有约束作用，影响着政府、酒店企业、消费者个体的低碳行为和发展方向、路径。酒店企业的低碳经营和发展，应注重"四轮"驱动所涉及的各个利益主体的相互关系及其各个环节上的控制，即应注重政府政策制度的完善、酒店低碳责任意识的提高、消费者参与水平的提升和区域的可持续发展，在政府福利最大化、酒店利润最大化、消费者个体效用最大化的目标下，推动区域的可持续发展，分别对政府宏观调控引导机制、低碳市场推拉机制、区域利益相关者激励机制和酒店管理控制机制即酒店低碳发展驱动机制系统进行优化，最终实现经济发展和节能减排的目标。

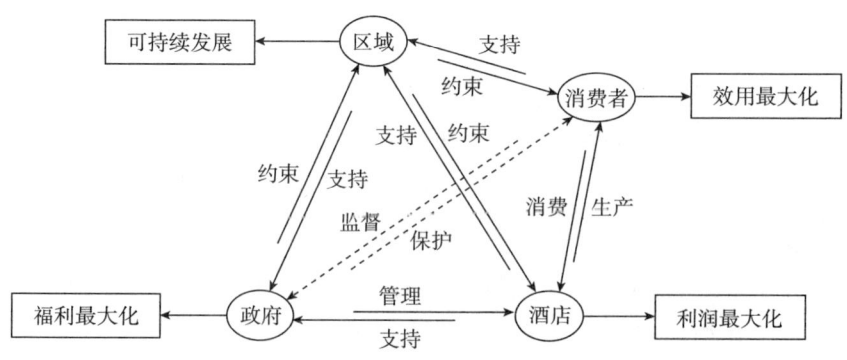

图 6-1　星级酒店低碳行为"四轮"驱动机制系统

第六章　星级酒店低碳行为驱动机制系统的构建和优化策略

二、星级酒店低碳行为的优化策略

（一）星级酒店低碳行为优化的总体思路

酒店作为重要的旅游企业之一，是城市形象的窗口，有必要节约能源，推广低碳技术，降低碳排放强度，走可持续发展之路。酒店低碳化发展是一个长期的、系统性的工程，需要利益相关者共同参与推进，产生协同效应。对于星级酒店，应该在组织内部开展节约能源、减少污染和资源消耗等活动，对不利于健康和环境保护的酒店产品用低碳绿色产品加以替代，确保节能减排目标的实现和低碳工作的展开，进而创建低碳绿色酒店。提高酒店企业低碳行为的实施水平，应该充分调动各方主体共同参与，加强酒店内部低碳管理、加大低碳技术设施设备投入、提高酒店员工和客户低碳意识、加强低碳专业人才的培养、建立健全促进低碳发展的政策法规、加大社会规范影响力度、完善低碳发展资金保障体系等，全方位、多角度入手。此外，酒店应该根据低碳行为绩效的评估结果和经验教训总结向低碳行为实施过程进行反馈，进而改善低碳行为，进一步促进酒店低碳化发展的进程。

（二）星级酒店低碳行为优化的具体策略

为了优化星级酒店低碳行为，进一步促进酒店的低碳化经营和发展，可以通过以下低碳发展措施进行持续性的改进。

1. 进一步加强酒店内部低碳管理

从本书的实证分析可知，低碳管理对酒店一般低碳行为和积极低碳行为均有显著正向影响，可见酒店内部低碳管理对酒店的低碳行为具有重要作用，只有建立科学、系统的低碳管理体制，才能确保酒店低碳工作的顺利、高效进行。酒店应设立专门的低碳管理机构，具体工作包括酒店低碳工作的统筹、低碳技术的引进、低碳奖惩制度的制定等。当然，酒店也不能因为专门低碳管理机构部门的成立，便将酒店的低碳工作只局限于某一部门或者某一负责人，而是应该涉及酒店的各个部门和每一个工作人员。酒店低碳管理机构可以由一名高层领导负责，由各部门选派一名负责人共同参与组成，专门负责酒店低碳工作的开展与实施，做好低碳管理基础工作。酒店低碳管理机构具体的工作包括对主要的用能设备通过专门的计量仪表进行能源消耗监测，定期对所获得的各项耗能数据进行统计，经过对比分析，制定改进措施。同时还可以将能耗指标纳入各部门的考核中，建立能耗考核制度，对表现突出的部门和员工予以奖励，调动全体员工节约能源实施低碳的积极性，实施更加有效的能耗控制与管理。

另外，酒店低碳管理主要涉及政府相关部门、酒店管理者、酒店员工和酒店客户四类核心利益相关者，如图6-2所示。政府相关部门在低碳管

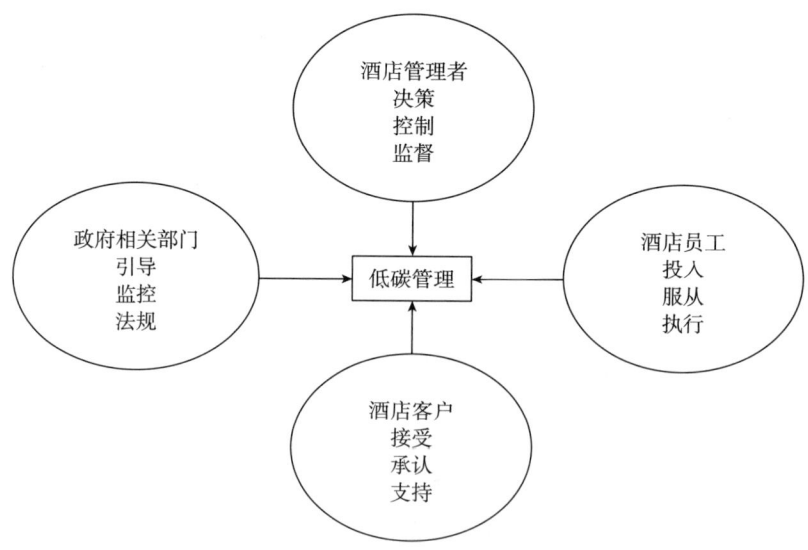

图6-2 酒店低碳管理利益相关者分析

理的倡导、政策法规的支持和监管措施的制定等方面，都发挥着重要的作用，直接影响酒店企业低碳化发展。低碳管理能否实现，很大程度上取决于酒店管理者对各项低碳制度、低碳政策实施的力度；酒店的一线员工是酒店实行低碳的真正执行者，其响应和配合执行程度直接关系到低碳实施的效果；而酒店客户是否能够接受酒店为实现低碳发展而在产品和服务方面所做的变革，是低碳管理能否得以推行的关键所在。政府、酒店管理者、酒店员工和消费者之间相互作用的分析如图6-3所示。只有在各方的共同努力下，才能形成酒店企业、经济和环境多赢的局面。

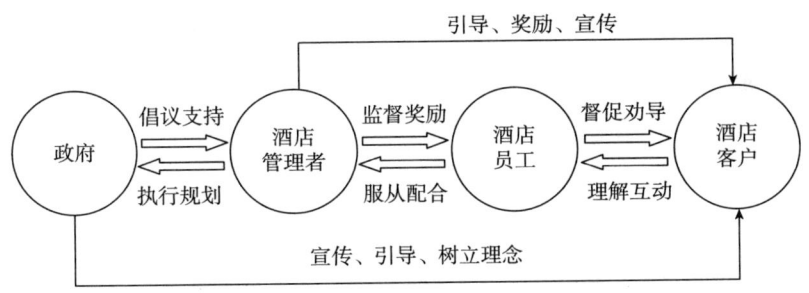

图6-3 酒店低碳管理利益相关者相互作用关系

2. 加大酒店低碳技术设施设备的投入

低碳技术设施设备是酒店实施低碳行为的保障，如今碳捕集技术、碳吸收技术、新型节能技术的快速发展以及低碳设施设备的改进有助于酒店低碳化的发展，并且不影响客户的住宿质量。目前酒店中节能设施设备的种类繁多，例如节水设施、节能电梯、节能空调和绿色照明等。智能房卡的自动断电功能本身也是节能技术的表现之一，因为客人在入住前，客房内采取的是节能模式，客人入住插卡取电后，才能调节房间内空调温度和使用其他客房设施，客人离开房间时需要拔出房卡，这时客房再次断电恢复节能模式。对于尚处于规划设计期的酒店，更应注意节能低碳的设计与定位，突出绿色低碳理念，例如建筑装修材料应选择绝缘隔热保温的绿色环保型材料，能源结构上要注重清洁能源和可再生能源的充分利用，发挥太阳能、风能、水能、生物能和地热能等在实现低碳发展方面的综合效应，采用中水回收系统、空调废热与锅炉余热回收等新型节能产品与技术。与可再生能源相对的是传统的化石能源，如石油、煤炭、天然气等，它们都以排放二氧化碳温室气体为主，而可再生清洁能源不增加二氧化碳温室气体的排放，因此重视可再生能源在酒店中的推广使用，以清洁低排放的能源逐渐取代传统高污染的能源，对优化酒店能源结构、减少二氧化碳等温室气体的排放、缓解酒店对环境造成的负荷具有重要的作用。

3. 全面提高酒店员工和顾客的低碳意识

全面提高酒店管理层、决策层与员工的环境责任意识水平是酒店低碳行为实施的有效措施。企业行为偏好受员工尤其是管理层的影响，因此改善管理层的环境责任意识水平尤为重要，可以将酒店环境绩效作为管理人员绩效考评的内容之一。酒店用能涵盖多个部门和每一个员工，具有典型的分散性和广泛性，酒店低碳工作的开展，离不开每一位员工的推动和努力，因而除了管理层，普通员工低碳责任意识的培育也是推动酒店实现低碳发展的基本保障。酒店可以采取多种形式，通过各种相关的环保活动培养员工的低碳责任意识。例如，组织员工集体学习有关酒店低碳环保的法律常识和技术知识，以寓教于乐的方式开展形式多样的环保知识竞赛活动，进行环保之星评比等。

酒店的低碳转型发展离不开消费者的支持，因此，除了提高酒店员工的低碳责任意识外，还应该提高社会公众的低碳消费意识，培养消费者的低碳消费理念，对低碳消费进行引导和激励。对于客户的低碳消费行为，可以采取灵活的价格机制进行调节。例如，在客户网上预订或到酒店入住登记时询问其是否需要一次性生活用品，如果不需要，可以享受房价折扣优惠或获赠小礼品。在酒店房间或大厅等位置内摆放低碳宣传卡片，例如床单、被罩、毛巾换洗次数由"一日一换"更改为"一客一换"，如果同一位客人在连续入住期间不要求天天对床单进行换洗，酒店可以在赠送水果、房价折扣或提供免费早餐等方面给予优惠，或者可以给客户积分奖励，积分可以兑换礼品或在下次消费时打折，酒店还可以考虑与超市、商场、电影院合作，扩大积分的适用范围。另外，政府可以联合新闻社会媒体，大力宣传低碳环保知识和政策法规，宣传低碳消费理念，对社会公众进行节能减排和绿色低碳消费的引导，改变广大民众印象中"星级酒店=奢侈豪华"的固有思维模式，摒弃以大量消耗能源、增加温室气体排放为代价的消费观念和消费行为，对"奢侈消费""盲目消费""高端消费"和"面子消费"等行为进行教育与引导，提高社会公众的低碳消费意识。

4. 加强低碳专业人才的培养

作为一项系统工程，酒店低碳化发展除了必备的资金和技术设施外，专业人才的支持也是必不可少的。低碳管理研发等专业人才要有丰富的酒店管理经验，熟悉酒店各部门的业务流程，还要有扎实的工程技术专业知识，根据所在酒店实际情况需要，选择适合酒店的低碳技术设施设备，并且熟悉国家和地方的低碳法律法规政策，在酒店管理过程中要严格按照法律法规政策规范自身的经营行为，对政府在低碳经营方面的财税优惠政策要准确理解和运用，提高酒店经济效益。由于酒店业低碳发展起步晚、经验少，相关的专业人才也相对缺乏。在酒店低碳发展的初期，节能减排负责人的选择可以首先考虑工程部门的领导人员，即工程部总监或经理，因为他们不仅有丰富的管理经验，而且还有过硬的工程专业知识。在酒店低碳发展的过程中，引进和培养相关的专业人才，除了从人力资源市场和高校相关专业引进专业人才，还可以通过行业协会的培训和酒店之间经验交流等方式来培养有潜力的低碳专业人才。

5. 建立健全促进低碳发展的政策法规

完善的法律法规政策体系是规范酒店低碳行为、实现低碳化发展的导向系统和支撑系统，而中国促进低碳经济的政策法规相对薄弱，低碳标准体系不完善，缺乏可操作性，且多数都是指令式的，无形中将政府置于企业的对立面，并且企业对低碳政策的执行力度不够，选择性地执行部分低碳政策法规，相应的激励制度也较少，法律法规的不健全以及政策激励机制的缺失容易导致酒店低碳行为发生扭曲。另外，从中国现行法律法规的震慑作用来看，目前对非法排污等破坏环境的行为处罚力度相对较小，对企业的碳排放行为没有足够的震慑力。现实中各种新的环境问题层出不穷，由于缺乏相关的法律法规依据，环境管理的实施效果并不理想。作为政府职能部门有责任完善和优化碳排放认证机制，规范和统一低碳标准和要求，对低碳行为进行规制和协调，使酒店低碳化发展有章可循，并且最好能够建立酒店低碳行为绩效数据库，明确酒店低碳行为绩效评价指标，对低碳行为实施良好的酒店进行税收减免政策奖励等。此外，对于近些年在节能环保领域出现的新兴节能减排机制如节能服务公司等，政府的反应相对被动，没有及时制定配套的政策体系，致使此类机制在推动我国节能环保实践方面没有得到快速发展，在一定程度上影响酒店低碳发展的进程。因此，政府应该健全宏观调控体系，如果能创新性地综合法律、经济手段，加强对环境执法的监督力度，确保新建饭店按低碳标准进行规划和建设，已建成的饭店按照低碳要求进行改造，在进行强制性驱动的同时实行适当的奖励，建立政府与行业支持联动机制，对能效融资等新型服务机构加大支持力度，颁布碳减排政策鼓励企业走低碳技术创新道路，完善相关政策配套体系，确保酒店低碳化发展的进程。另外，对于不同星级的酒店政府可以采取不同的措施。对于高星级酒店，政府可以加大能耗状况的监督，促进清洁能源的充分供给和使用，进而提升高星级酒店的低碳环保能力；而对于低星级酒店，基于其对降低成本的需求，政府可以采取措施让它们使用好阶梯电价等市场工具。

6. 加大社会规范影响力度

首先，发挥酒店行业协会组织的作用。酒店行业协会应该发挥好政府与酒店的桥梁和纽带作用，成立低碳工作委员会，开展低碳培训、节能信息、经验交流、低碳产品技术信息咨询交流活动，并积极参与低碳标准的制定工作，建立低碳化信息共享平台，将低碳化建设信息和新产品信息共享，开展信息传播和咨询服务，系统地优化配置酒店资源，发挥协同效应，实现酒店低碳管理创新和发展，提高酒店核心竞争力。其次，建立民众、当地居民等公众监督机制，公众监督可以有效弥补政府监督的不足，有利于酒店低碳行为的实施。社会生态环保组织和民众、当地居民等公众

第六章 星级酒店低碳行为驱动机制系统的构建和优化策略

舆论的督促也是酒店制定低碳策略时需要考虑的重要因素。公众全方位实时监督酒店低碳行为，对酒店重大环境污染问题随时向相关部门反映，由相关部门对其进行整治。引导民众、当地居民等公众监督成为酒店低碳行为的重要驱动力量，这样可以进一步引导和鼓励酒店的低碳发展。最后，利用新闻媒体加大低碳环保的宣传力度。新闻媒体在企业低碳发展中发挥着舆论传播及监督作用。新闻媒体等对企业的高排放、高能耗和高污染进行曝光，可以在一定程度上约束企业的碳排放行为。同时，可以借助报纸、杂志、标语、广告、电视等传统媒体和互联网等现代媒体，以及开展公益活动等形式，向社会公众宣传低碳环保知识，培育和提高低碳环保意识普及率，呼吁社会切实关注低碳问题，加大社会规范影响力度。另外，酒店的星级水平越高，其来自酒店行业协会、同行业竞争对手等市场主体的低碳督促和节能减排压力就越大，这可能是由于星级酒店经营规模越大，受到的关注度就越高。

7. 完善低碳发展资金保障体系

酒店需要有足够的资金实力支持低碳经营，酒店采用低碳技术和低碳设施设备的改造均需要投入大量的资金，资金缺乏是酒店实行低碳发展的"瓶颈"，尤其在碳减排初期，资金投入量大、回收周期长阻碍了酒店低碳化进程。首先，税收制度的设计要做到奖惩分明。为了发挥税收对企业行为的导向作用，在企业所得税的征收上应该对实行节能减排的酒店予以倾斜，实行低税收甚至"零税收"，而对于酒店的能源浪费及排污要进行惩罚，对酒店中高污染的项目征收重税，进而促使酒店的低碳化改造。另外，从长期来看，征收碳税可以同时实现碳减排与经济增长，优化经济结构，可见碳税是具有"双重红利"的碳减排政策工具（Pearce，1991）。其次，设立低碳专项资金，加大财政补贴力度。为了鼓励酒店使用新型的低碳设备和低碳技术，同时适度减轻酒店在低碳设备和技术引进方面的经济压力，政府可根据投资额按一定的比例进行补贴，用以缓解节能减排初期的资金压力。最后，拓宽酒店融资渠道，创造良好的融资环境。酒店企业低碳经营和发展的融资环境复杂多变，受诸多因素的影响与制约。酒店低碳发展过程中，其主要的融资途径是银行信贷，但由于回收周期长，银行出于资金安全性的考虑，对酒店提供贷款的意愿较低，酒店很难获得此类贷款。鉴于这一现实状况，政府可以建立节能减排投资担保机制，创建融资平台，对酒店低碳化项目的改造与发展提供资金支持。另外，可通过引入并推广合同能源管理项目来拓宽酒店的融资渠道。合同能源管理是由节能服务公司与酒店签订节能服务合同、由具有专业节能技能的专业人士为酒店提供节能服务、通过实施节能项目创造节能价值从而实现互惠双赢的一种新型的市场化节能机制。目前合同能源管理运作模式在国外普遍采用，但是在国内还没有得到较好的推广与普及，如能将合同能源管理模式引入国内市场，可以有效地排除市场障碍，为企业实施节能改造提供诊断、设计、改造、运行和管理一系列服务，解决企业在开展节能项目时的资金、技术、人才及时间等问题。合同能源管理模式体现用专业化、社会化服务的方式来实现企业的低碳发展。如果节能服务公司的费用合理、效益显著，那么酒店企业必定会愿意采用这种模式来实现其低碳化发展。

通过以上具体的优化策略，星级酒店在低碳化发展的过程中不断完善、不断提升，最终将达到经济发展、环境保护和社会和谐的目标。

三、本章小结

基于实证研究结果，本章分析了内部低碳管理、低碳技术设施、低碳责任意识、人才实力四大内部驱动力和政策法规、社会规范和经济保障三大外部驱动力以及内外部驱动力之间关联耦合的机理，并基于低碳经济和效益理论阐释了星级酒店低碳行为的驱动机制，同时构建了政府、区域、酒店和消费者"四轮"驱动的星级酒店低碳行为驱动机制系统。在此基础上，本章提出了星级酒店低碳行为优化策略的总体思路，并围绕内部低碳

第六章　星级酒店低碳行为驱动机制系统的构建和优化策略

管理、技术设施设备、责任意识、人才实力、政策法规、社会规范和经济保障7大驱动因素提出了星级酒店低碳行为具体的优化策略,旨在提高星级酒店低碳行为的实施水平,促进星级酒店低碳化发展的进程,最终达到经济效益、生态效益和社会效益"三赢"的目标。

第七章
研究结论与未来展望

一、研究结论

全球气候变暖早已成为社会各界广泛关注的焦点问题,减少能源消耗和二氧化碳的排放量成为应对人类环境问题的重要举措。随着旅游业对气候变化的作用日益明显,旅游业的碳排放问题也备受关注。面对能源危机和环境问题的日趋严重,酒店作为主要的旅游企业之一,是城市发展水平的一个重要代表和现代旅游业的重要服务窗口,它在能源消耗过程中产生的碳排放不容忽视,它的低碳行为的实施对于酒店节能减排降耗、提升酒店行业整体形象和社会声誉、缓解能源和环境污染问题、保护生态环境、促进旅游业乃至整个社会的低碳发展具有重要的意义。

本书首先在系统梳理和分析国内外相关文献的基础上,清晰准确地界定了本书所涉及的相关核心概念,之后对本书所依据的相关理论进行了系统的阐释。在此基础上,运用访谈的研究方法,根据扎根理论编码程序归纳提取出星级酒店低碳行为的7大驱动因素,并从理论上厘清了低碳行为和绩效各自的构成维度,运用理论分析和逻辑推演的方法,构建了驱动因素—低碳行为—绩效的理论模型，提出研究假设，然后从具体实证操作的角度对本书的调查问卷进行科学设计、预调研、修正、正式发放和数据收集，并运用 SPSS24.0 和 AMOS24.0 统计软件对所获得的研究数据进行描述性统计分析、正态分布检验、信度和效度的检验，最后对构建的结构方程模型进行检验与修正，进而对预期的研究假设进行检验，并对研究结果进行分析和讨论。通过上述研究，形成以下主要结论。

（一）星级酒店低碳行为的研究需要准确识别其驱动因素，厘清低碳行为和绩效各自的构成维度

本书在梳理和分析相关文献的基础上，通过对酒店管理层和普通员工及酒店管理相关专家进行开放性、半结构性深度访谈，根据扎根理论编码程序最终确定了酒店内部低碳管理、低碳技术设施、低碳责任意识、酒店人才实力、政策法规、社会规范和经济保障星级酒店低碳行为的 7 大驱动因素。通过文献研究并结合本书的研究思路，将酒店低碳行为划分为一般低碳行为和积极低碳行为两个维度，确立了酒店低碳行为绩效的考核维度——直接绩效和间接绩效两个维度。

（二）星级酒店一般低碳行为和积极低碳行为的实施程度存在一定的差异，两者的驱动因素也不完全相同

通过调查问卷题项的描述性统计中均值的对比发现，星级酒店一般低碳行为的认知和实施程度比积极低碳行为的认知和实施程度要高。与酒店日常节能环保相关的一般低碳行为基础性较强，节能减排降耗效果较为明显，而为减少碳排放采取的管理措施的积极低碳行为相对需要较高的管理水平，且直接效益不明显，大部分酒店特别是低星级酒店对此的实施程度较低。星级酒店一般低碳行为的实施更多的是受到内部低碳管理、低碳技术设施设备、人才实力、经济保障因素的驱动，低碳责任意识、政策法规和社会规范对星级酒店一般低碳行为的正向影响并不显著；而星级酒店实施积极低碳行为更多地依赖于酒店内部低碳管理、低碳技术设施、低碳责

任意识、政策法规和社会规范，人才实力和经济保障因素的正向影响并不显著。可见，内部低碳管理和低碳技术设施设备对星级酒店一般低碳行为和积极低碳行为的实施都起到了驱动作用，这两个因素较其他因素来讲更为关键和重要。

（三）星级酒店低碳行为对酒店绩效总体来讲存在着正向影响作用

酒店一般低碳行为和积极低碳行为分别对酒店直接绩效都存在正向影响作用；酒店一般低碳行为对酒店间接绩效也存在正向影响作用，而酒店积极低碳行为对酒店间接绩效没有正向影响作用。与酒店日常节能环保降耗相关的一般低碳行为和酒店定期进行节能测试和能源消耗监测等积极低碳行为都可以降低酒店运营成本，提高利润增长率，可见酒店一般低碳行为和积极低碳行为都对与酒店盈利情况相关的直接绩效有正向影响作用；相对于一般酒店，星级酒店的客户低碳观念相对较强，酒店一般低碳行为的实施会提高客户满意度，减少老客户的流失率，并产生良好的口碑效应，而这些均是与客户维护与拓展相关的酒店间接绩效，由此可见，酒店一般低碳行为对酒店间接绩效也有正向影响作用；而酒店积极低碳行为所包含的企业和员工之间、酒店和酒店之间的相互关系对酒店间接绩效即与客户维护相关的一些指标没有正向影响作用。

（四）星级酒店低碳行为驱动因素之间，酒店一般低碳行为和积极低碳行为之间、酒店直接绩效和间接绩效之间都存在着相互作用

星级酒店低碳行为7大驱动因素之间密切联系，它们相互影响、相互促进，共同驱动着酒店低碳行为的实施。酒店一般低碳行为和积极低碳行为之间也相互促进、相互协调、相互作用、相互渗透。本书通过实证分析验证了酒店一般低碳行为对积极低碳行为有显著正向影响，酒店积极低碳行为也对一般低碳行为有显著正向影响。酒店直接绩效对间接绩效有显著

正向影响，酒店间接绩效对直接绩效也有显著正向影响。

（五）星级酒店低碳行为驱动力包括内部驱动力和外部驱动力，它们之间相互关联耦合共同推动酒店低碳行为的实施，政府、区域、酒店和消费者构成"四轮"驱动的星级酒店低碳行为驱动机制系统

内部低碳管理、低碳技术设施、低碳责任意识、人才实力是星级酒店低碳行为实施的四大内部驱动力，政策法规、社会规范和经济保障是星级酒店低碳行为实施的三大外部驱动力。其中，内部驱动力是星级酒店低碳行为实施的关键，外部驱动力对星级酒店低碳行为的实施起推动作用。星级酒店低碳行为内部驱动力之间、外部驱动力之间、内外部驱动力之间紧密联系、相互影响、相互渗透、相互作用，共同推动酒店低碳行为的实施，进而促进酒店企业低碳化的进程。政府、酒店、消费者、区域四位一体、互相影响、互相作用、共同发展构成"四轮"驱动的星级酒店低碳行为驱动机制系统。

（六）围绕驱动因素提出的优化策略有助于推动星级酒店低碳行为的进一步实施

为了进一步提高酒店企业低碳行为的实施水平，应该充分调动各方主体共同参与，加强酒店内部低碳管理、加大低碳技术设施设备投入、提高酒店员工和客户低碳意识、加强低碳专业人才的培养、发挥政府主导作用制定健全的政策法规、加大社会规范影响力度、完善低碳发展资金保障体系等从全方位、多角度入手，促进星级酒店低碳化发展的进程，最终达到经济效益、生态效益和社会效益"三赢"的目标。

研究结论为今后酒店尤其是星级酒店低碳行为的实施和低碳经营提供了新的路径和方法，进一步丰富了酒店企业低碳研究的视角。

二、研究局限与未来展望

(一) 研究局限

本书对于星级酒店低碳行为驱动机制及绩效影响的研究,基本达到了预期的目标,研究也得出了一些有意义的结论。在研究过程中虽然尽可能遵循科学研究的范式,但是由于受主客观条件的限制,本书在以下几个方面仍存在一定的局限性,需要在后续研究中进一步改进和完善。

1. 变量的测量以及调查样本数量和来源有待进一步完善

尽管本书对于主要变量的测量是在参考众多相关量表的基础上并结合本书的实际情况而设计的,但是仍需不断地改进和完善,研究的指标也仍有细化的空间。由于笔者调研能力有限,取得的样本存在一定的局限性,如样本数量有限,若能获得更大量的样本,酒店高层管理者特别是工程部管理人员的比例如能进一步加大,样本结构可进一步优化,研究结果会具有更高的科学性。虽然本书样本量(581 个)为测量题项(55 项)的 10 倍以上,符合样本量为测量题项 5~10 倍的要求,但也有学者认为样本数最好应该是模型观察变数的 10~20 倍,因此如能获取更大量的样本,研究结果更具有科学性,可靠性和准确性会进一步提高。

2. 部分假设未通过检验,有待进一步分析研究

在本书中,依据理论和已有研究成果逻辑推演的假设并未全部得到数据的支持,虽然在第五章对不成立的假设进行了解释,也揭示了一些重要的结论,但其内在的深层次的原因还值得进一步深入研究。虽然本研究已经对样本数据进行信度效度等检验,以保证数据质量,但仍然存在着问卷调查所不可避免的偏差问题。由于客观原因,本书基于酒店员工的感知进

行分析，基于主观判断的感知分析和客观实际可能存在一定偏差，也会对本书的结论产生一定的影响。因此，在今后的研究中，可对未得到数据支持的假设重新进行研究和分析，通过其他不同的方法对研究的问题进行全方位的挖掘和深入分析。

3. 酒店低碳行为驱动因素的研究内容有待深化与扩展

在酒店低碳行为众多的驱动因素中，除了本书分析的 7 个因素之外，还有其他因素的存在，具体还有哪些因素驱动着酒店低碳行为的实施是值得进一步研究的。对于驱动因素之间如何紧密联系、相互影响，共同作用于酒店低碳行为研究还不够深入，今后可进一步深入研究。在酒店不同的运营时期，受内外环境变化的影响，各种驱动因素对低碳行为的影响程度也会发生变化，本书只是从一般意义上研究星级酒店低碳行为的驱动因素，其结论具有一定的局限性。另外，本书主要研究星级酒店低碳行为的驱动因素，而对于阻碍因素没有涉及，今后可对其进行研究。

（二）研究展望

1. 酒店低碳行为的研究视角进一步多元化

酒店低碳行为除了本书一般低碳行为和积极低碳行为的维度划分，还可以从更多不同的视角进行研究，例如技术改造行为、节能减排行为、低碳营销行为、交流合作行为、低碳控制行为、低碳保护行为和低碳投资行为等。本书只是笼统地研究了星级酒店低碳行为的情况，但事实上高星级酒店与低星级酒店在能耗方面的差异还是很大的。高星级酒店设备豪华，设施完善、齐全，为了满足上层管理人员、旅游者和社会名流的需要，能源消耗比低星级酒店更高，而低星级酒店由于客户没有过高的消费需求，低耗能的服务更容易实现。对于不同星级和不同运营年限的酒店低碳行为实施的程度不同，星级的高低和运营年限的长短对低碳行为的影响可以进一步深入研究。另外，对于酒店低碳行为运行内在机理的研究本书没有涉及，后续可对此展开研究。

2. 进一步拓展酒店低碳行为绩效的研究维度和内容

对于酒店低碳行为绩效可以从不同角度或更多维度进行研究，例如人力资源绩效、财务绩效和市场绩效，经济绩效、社会绩效和环境绩效等，而不只局限于直接绩效和间接绩效的维度划分，通过低碳行为对绩效的影响进行评估，可以将评估结果反馈给酒店管理层和相关部门，进而加强酒店低碳行为的实施力度和提高酒店低碳经营管理的水平。今后应该在低碳行为绩效的测评、环境投资与初始成本之间的关系即低碳行为绩效的长短期影响和低碳行为消费者视角方面加大关注力度。作为酒店践行环境管理的一个重要驱动因素，有必要从宏观层面探讨公众消费者低碳行为倾向对酒店低碳行为的影响，如酒店低碳行为新生态范式研究等。随着低碳行为理论和实践体系进一步完善，其研究方法、测量工具、评价指标体系等都将成为该领域的重要研究内容。

3. 进一步考证酒店低碳行为优化策略的实用性

基于理论分析和实证研究结论，本书围绕酒店内部低碳管理、低碳技术设施设备、低碳责任意识、人才实力、政策法规、社会规范和经济保障7大驱动因素等方面提出了星级酒店低碳行为的具体优化策略，旨在提高星级酒店低碳行为实施水平、促进星级酒店低碳化发展的进程，但是这些策略实施的具体效果和面临的实际问题有待通过案例研究或其他研究方法进一步探讨。

参考文献

[1] Scott D, Becken S. Adapting to climate change and climate policy: Progress, problems and potentials [J]. Journal of Sustainable Tourism, 2010, 18 (3): 283-295.

[2] 王丹. 北京市酒店业低碳发展评价 [D]. 河北大学, 2014.

[3] 黄金. 消费者对酒店低碳服务支付意愿的影响因素研究 [D]. 湘潭大学, 2015.

[4] 张海. 酒店环境行为及内部驱动机制研究 [D]. 华南理工大学, 2013.

[5] 刘益. 中国酒店业能源消耗水平与低碳化经营路径分析 [J]. 旅游学刊, 2012, 27 (1): 83-90.

[6] 谢富明. 酒店耗能不容忽视 [J]. 西部大开发, 2007 (12): 38-39.

[7] 魏卫, 张海, 王淑佳. 境外酒店环境行为研究述评 [J]. 旅游学刊, 2014, 29 (6): 117-126.

[8] 黄文胜. 论低碳旅游与低碳旅游景区的创建 [J]. 生态经济 (中文版), 2009 (11): 100-102.

[9] 梅燕. 发展低碳旅游五大措施 [J]. 商业研究, 2010 (9): 157-159.

[10] 蔡萌, 汪宇明. 低碳旅游: 一种新的旅游发展方式 [J]. 旅游学刊, 2010, 25 (1): 13-17.

［11］侯文亮．低碳旅游及碳减排对策研究［D］．河南大学，2010．

［12］廖忠明，王国权，卢志红．发展低碳旅游经济［J］．江西科学，2010，28（3）：411－415．

［13］史云．关于低碳旅游与绿色旅游的辨析［J］．旅游论坛，2010，3（6）：652－655．

［14］董观志，龙茜．低碳旅游的创新发展战略研究［J］．商业研究，2011，407（3）：152－155．

［15］石培华，冯凌，吴普．旅游业节能减排与低碳发展：政策技术体系与实践工作指南［M］．北京：中国旅游出版社，2010．

［16］谢桂敏．我国低碳旅游发展模式及运行体系研究——以河北野三坡为例［D］．北京交通大学，2011．

［17］明庆忠，陈英，李庆雷．低碳旅游：旅游产业生态化的战略选择［J］．人文地理，2010（5）：22－26．

［18］王辉，宋丽，郭玲玲．低碳旅游在海岛旅游发展中的应用与探讨——以大连市海岛旅游为例［J］．海洋开发与管理，2010，27（5）：75－79．

［19］李德山．论低碳型旅游景区的建设［D］．陕西师范大学，2010．

［20］侯文亮，梁留科，司冬歌．低碳旅游基本概念体系研究［J］．安阳师范学院学报，2010（2）：86－89．

［21］Gössling S. National emissions from tourism：An overlooked policy challenge？［J］．Energy Policy，2013，59（8）：433－442．

［22］Yin P. Low－Carbon Tourism Planning Study：A Theoretical Framework［M］．Springer Berlin Heidelberg，2013．

［23］Howitt O J A，Revol V G N，Smith I J，et al. Carbon emissions from international cruise ship passengers' travel to and from New Zealand［J］．Energy Policy，2010，38（5）：2552－2560．

［24］Gössling S，Broderick J，Upham P，et al. Voluntary carbon offsetting schemes for aviation: Efficiency, credibility and sustainable tourism [J]. Journal of Sustainable Tourism, 2007, 15 (3): 223 - 248.

[25] Becken S, Simmons D G, Frampton C. Energy use associated with different travel choices [J]. Tourism Management, 2003, 24 (3): 267 - 277.

[26] Mayor K, Tol R S J. The impact of the UK aviation tax on carbon dioxide emissions and visitor numbers [J]. Transport Policy, 2007, 14 (6): 507 - 513.

[27] Mayor K, Tol R S J. Scenarios of carbon dioxide emissions from aviation [J]. Global Environmental Change, 2010, 20 (1): 65 - 73.

[28] Becken S, Frampton C, Simmons D. Energy consumption patterns in the accommodation sector—the New Zealand case [J]. Ecological Economics, 2001, 39 (3): 371 - 386.

[29] Gössling S, Hall C M, Peeters P, et al. The future of tourism: Can tourism growth and climate policy be reconciled? A mitigation perspective [J]. Tourism Recreation Research, 2010, 35 (2): 119 - 130.

[30] Naewen K, Tengyuan H, Lan C F. Tourism management and industrial ecology: A case study of food service in Taiwan [J]. Tourism Management, 2005, 26 (4): 503 - 508.

[31] Gössling S, Garrod B, Aall C, et al. Food management in tourism: Reducing tourism's carbon "foodprint" [J]. Tourism Management, 2011, 32 (3): 534 - 543.

[32] Peeters P, Dubois G. Tourism travel under climate change mitigation constraints [J]. Journal of Transport Geography, 2010, 18 (3): 447 - 457.

[33] Dawson J, Stewart E J, Lemelin H, et al. The carbon cost of polar bear viewing tourism in Churchill, Canada [J]. Journal of Sustainable Tourism, 2010, 18 (3): 319 - 336.

[34] Becken S, Simmons D G. Understanding energy consumption pat-

terns of tourist attractions and activities in New Zealand [J]. Tourism Management, 2002, 23 (4): 343 - 354.

[35] Dwyer L, Forsyth P, Spurr R, et al. Estimating the carbon footprint of Australian tourism [J]. Journal of Sustainable Tourism, 2010, 18 (3): 355 - 376.

[36] Becken S, Patterson M, Viner D. Measuring national carbon dioxide missions from tourism as a key step towards achieving sustainable tourism [J]. Journal of Sustainable Tourism, 2006, 14 (4): 323 - 338.

[37] 蔡萌. 低碳旅游的理论与实践 [D]. 华东师范大学, 2012.

[38] 耿涌, 董会娟, 郗凤明. 应对气候变化的碳足迹研究综述[J]. 中国人口·资源与环境, 2010, 20 (10): 6 - 12.

[39] 罗芬, 钟永德, 王怀採. 碳足迹研究进展及其对低碳旅游研究的启示 [J]. 世界地理研究, 2010, 19 (3): 105 - 113.

[40] 姚治国. 低碳旅游生态效率研究 [D]. 天津大学, 2013.

[41] 马勇, 刘军. 国内外低碳旅游发展模式研究 [J]. 湖北大学学报（哲学社会科学版）, 2012, 39 (1): 106 - 110.

[42] 陈浩. 低碳经济背景下四川省凉山州低碳旅游发展模式研究 [D]. 昆明理工大学, 2014.

[43] 俞棋文. 低碳旅游开发模式研究——以上海市为例 [D]. 华东师范大学, 2010.

[44] 李瑞芳. 忻州市低碳旅游发展模式研究 [D]. 山西师范大学, 2013.

[45] 肖岚. 系统动力学的低碳旅游系统研究 [J]. 经济问题, 2015 (2): 126 - 128.

[46] Gössling S, Scott D, Hall C M. Inter - market variability in CO_2 emission - intensities in tourism: Implications for destination marketing and carbon management [J]. Tourism Management, 2015, 46: 203 - 212.

[47] Seetaram N, Song H Y, Page S J. Air passenger duty and outbound

tourism demand from the United Kingdom [J]. Journal of Travel Research, 2013, 53 (4): 476 - 487.

[48] Scott D, Peeters P, Gossling S. Can tourism deliver its "aspirational" greenhouse gas emission reduction targets? [J]. Journal of Sustainable Tourism, 2010, 18 (3): 393 - 408.

[49] Smith I J, Rodger C J. Carbon emission offsets for aviation - generated emissions due to international travel to and from New Zealand [J]. Energy Policy, 2009, 37 (9): 3438 - 3447.

[50] Mair J. Exploring air travellers' voluntary carbon - offsetting behaviour [J]. Journal of Sustainable Tourism, 2011, 19 (2): 215 - 230.

[51] Bode S, Hapke J, Zisler S. Need and options for a regenerative energy supply in holiday facilities [J]. Tourism Management, 2003, 24 (3): 257 - 266.

[52] Fortuny M, Soler R, Catalina C, et al. Technical approach for a sustainable tourism development. Case study in the Balearic Islands [J]. Journal of Cleaner Production, 2008, 16 (7): 860 - 869.

[53] 赵雪如, 刘学敏, 丛建辉. 低碳旅游研究进展与未来展望[J]. 资源开发与市场, 2014, 30 (2): 239 - 243.

[54] Yaw F. Cleaner technologies for sustainable tourism: Caribbean case studies [J]. Journal of Cleaner Production, 2005, 13 (2): 117 - 134.

[55] Liu H Y, Wu S D. An assessment on the planning and construction of an island renewable energy system - a case study of Kinmen Island [J]. Renewable Energy, 2010, 35 (12): 2723 - 2731.

[56] Hernandez A B, Ryan G. Coping with climate change in the tourism industry: A review and agenda for future research [J]. Tourism & Hospitality Management, 2012, 17: 79 - 90.

[57] Deng S M, Burnett J. A study of energy performance of hotel buildings in Hong Kong [J]. Energy & Buildings, 2000, 31 (1): 7 - 12.

[58] Hu A H, Huang C Y, Chen C F, et al. Assessing carbon footprint in the life cycle of accommodation services: The case of an international tourist hotel [J]. International Journal of Sustainable Development & World Ecology, 2015, 22 (4): 313-323.

[59] Xin Y, Lu S, Zhu N, et al. Energy consumption quota of four and five star luxury hotel buildings in Hainan province, China [J]. Energy & Buildings, 2012, 45 (45): 250-256.

[60] Rosselló-Batle B, Moià A, Cladera A, et al. Energy use, CO_2 emissions and waste throughout the life cycle of a sample of hotels in the Balearic Islands [J]. Energy & Buildings, 2010, 42 (4): 547-558.

[61] Chan W W, Lam J C. Prediction of pollutant emission through electricity consumption by the hotel industry in Hong Kong [J]. International Journal of Hospitality Management, 2002, 21 (4): 381-391.

[62] Chan W. Energy benchmarking in support of low carbon hotels: Developments, challenges, and approaches in China [J]. International Journal of Hospitality Management, 2012, 31 (4): 1130-1142.

[63] Filimonau V, Dickinson J, Robbins D, et al. Reviewing the carbon footprint analysis of hotels: Life Cycle Energy Analysis (LCEA) as a holistic method for carbon impact appraisal of tourist accommodation [J]. Journal of Cleaner Production, 2011, 19 (17): 1917-1930.

[64] 李鹏, 黄继华, 莫延芬. 昆明市四星级酒店住宿产品碳足迹计算与分析 [J]. 旅游学刊, 2010, 25 (3): 27-34.

[65] Yi L. The Analysis on Carbon Footprint of Catering Products in High-star Hotels during Operation: Based on Investigation Conducted in parts of High-star Hotels in Ji'nan [J]. Energy Procedia, 2011, 5 (5): 890-894.

[66] Wu X, Priyadarsini R, Eang L S. Benchmarking energy use and greenhouse gas emissions in Singapore's hotel industry [J]. Energy Policy, 2010, 38 (8): 4520-4527.

［67］何茜，李睿，刘彬彬．低碳酒店评价初探［J］．标准科学，2013（1）：34-38.

［68］张琼．饭店低碳化评价指标体系构建研究［D］．华南理工大学，2012.

［69］金声琅，曹利江．酒店服务业生命周期评价体系研究［J］．资源开发与市场，2008，24（1）：34-36.

［70］王新宇，阮立新．基于主成分分析法的江苏酒店能耗评价模型的建立与节能措施分析［J］．商业经济，2012（17）：52-55.

［71］Beccali M, Gennusa M L, Coco L L, et al. An empirical approach for ranking environmental and energy saving measures in the hotel sector［J］. Renewable Energy, 2009, 34（1）：82-90.

［72］Teng C C, Horng J S, Hu M L, et al. Developing energy conservation and carbon reduction indicators for the hotel industry in Taiwan［J］. International Journal of Hospitality Management, 2012, 31（1）：199-208.

［73］Michailidou A V, Vlachokostas C, Moussiopoulos N. A methodology to assess the overall environmental pressure attributed to tourism areas：A combined approach for typical all-sized hotels in Chalkidiki, Greece［J］. Ecological Indicators, 2015, 50（50）：108-119.

［74］魏卫，张琼．基于层次分析法的饭店低碳化水平评价指标体系研究［J］．华南理工大学学报（社会科学版），2012（6）：26-31.

［75］沈杨，胡元超，施亚岚．城市酒店业的碳排放核算及低碳指标分析［J］．环境科学学报，2017，37（3）：1193-1200.

［76］郝学军，柴梦．低碳酒店评估指标体系研究［J］．生态经济（中文版），2017（2）：65-67.

［77］Molina-Azorín J F, Claver-Cortés E, Pereira-Moliner J, et al. Environmental practices and firm performance：An empirical analysis in the Spanish hotel industry［J］. Journal of Cleaner Production, 2009, 17（5）：516-524.

[78] Mensah I. Environmental management practices among hotels in the greater Accra region [J]. International Journal of Hospitality Management, 2006, 25 (3): 414 –431.

[79] Kirk D. Attitudes to environmental management held by a group of hotel managers in Edinburgh [J]. International Journal of Hospitality Management, 1998, 17 (1): 33 –47.

[80] Erdogan N, Baris E. Environmental protection programs and conservation practices of hotels in Ankara, Turkey [J]. Tourism Management, 2007, 28 (2): 604 –614.

[81] Zografakis N, Gillas K, Pollaki A, et al. Assessment of practices and technologies of energy saving and renewable energy sources in hotels in Crete [J]. Renewable Energy, 2011, 36 (5): 1323 –1328.

[82] Tsagarakis K P, Bounialetou F, Gillas K, et al. Tourists' attitudes for selecting accommodation with investments in renewable energy and energy saving systems [J]. Renewable & Sustainable Energy Reviews, 2011, 15 (2): 1335 –1342.

[83] Bohdanowicz P. Environmental awareness and initiatives in the Swedish and Polish hotel industries – survey results [J]. International Journal of Hospitality Management, 2006, 25 (4): 662 –682.

[84] Ali Y, Mustafa M, Al – Mashaqbah S, et al. Potential of energy savings in the hotel sector in Jordan [J]. Energy Conversion & Management, 2008, 49 (11): 3391 –3397.

[85] Han H, Hsu L T J, Lee J S, et al. Are lodging customers ready to go green? An examination of attitudes, demographics, and eco – friendly intentions [J]. International Journal of Hospitality Management, 2011, 30 (2): 345 –355.

[86] Manaktola K, Jauhari V. Exploring consumer attitude and behaviour towards green practices in the lodging industry in India [J]. International Jour-

nal of Contemporary Hospitality Management, 2007, 19 (5): 364 - 377.

[87] Kang K H, Stein L, Heo C Y, et al. Consumers' willingness to pay for green initiatives of the hotel industry [J]. International Journal of Hospitality Management, 2012, 31 (2): 564 - 572.

[88] 李祝平. 旅游饭店顾客绿色消费行为研究 [J]. 旅游学刊, 2009, 24 (8): 34 - 39.

[89] Sánchez - Ollero J L, García - Pozo A, Marchante - Mera A, et al. How does respect for the environment affect final prices in the hospitality sector? A hedonic pricing approach [J]. Cornell Hospitality Quarterly, 2014, 55 (1): 31 - 39.

[90] Kostakis I, Sardianou E. Which factors affect the willingness of tourists to pay for renewable energy? [J]. Renewable Energy, 2012, 38 (1): 169 - 172.

[91] 黎梦娜. 遗产旅游地饭店企业低碳行为实证研究——以张家界为例 [D]. 湖南师范大学, 2012.

[92] Hsu S J, Roth R E. An Assessment of Environmental Literacy and Analysis of Predictors of Responsible Environmental Behaviour Held by Secondary Teachers in the Hualien Area of Taiwan [J]. Environmental Education Research, 1998, 4 (3): 229 - 249.

[93] Stern P C. New Environmental Theories: Toward a Coherent Theory of Environmentally Significant Behavior [J]. Journal of Social Issues, 2000, 56 (3): 407 - 424.

[94] 张兴莲, 郭友, 倪佳. 中学生环境行为调查报告 [J]. 首都师范大学学报 (自然科学版), 2004 (1): 100 - 103.

[95] 孙岩. 居民环境行为及其影响因素研究 [D]. 大连理工大学, 2006.

[96] 王琪延, 侯鹏. 北京城市居民环境行为意愿研究 [J]. 中国人口·资源与环境, 2010, 20 (10): 61 - 67.

［97］周曙东. 企业环境行为影响因素研究［J］. 统计与决策, 2011 (22): 181-183.

［98］魏卫, 陆良冰, 黄杜佳. 酒店环境行为对酒店绩效的影响研究［J］. 旅游研究, 2016, 8 (5): 75-85.

［99］Bonillapriego M J, Najera J J, Font X. Environmental management decision-making in certified hotels［J］. Journal of Sustainable Tourism, 2011, 19 (3): 361-381.

［100］Moon S G, Deleon P. Contexts and Corporate Voluntary Environmental Behaviors: Examining the EPA's Green Lights Voluntary Program［J］. Organization & Environment, 2007, 20 (4): 480-496.

［101］Scanlon N L. An analysis and assessment of environmental operating practices in hotel and resort properties［J］. International Journal of Hospitality Management, 2007, 26 (3): 711-723.

［102］Kasim A. Managerial attitudes towards environmental management among small and medium hotels in Kuala Lumpur［J］. Journal of Sustainable Tourism, 2009, 17 (6): 709-725.

［103］Williamson D, Lynch-Wood G, Ramsay J. Drivers of Environmental Behaviour in Manufacturing SMEs and the Implications for CSR［J］. Journal of Business Ethics, 2006, 67 (3): 317-330.

［104］Kamalulariffin N S, Khalid S N A, Wahid N A. The barriers to the adoption of environmental management practices in the hotel industry: A study of Malaysian hotels［J］. Business Strategy, 2013, 14 (14): 106-117.

［105］王凯, 黎梦娜, 葛全胜. 世界遗产地旅游企业环境行为及其驱动机制——张家界饭店企业实证［J］. 旅游学刊, 2012, 27 (7): 64-73.

［106］王秋娜. 海南省酒店业低碳化发展的激励机制研究［D］. 海南大学, 2013.

［107］李进兵. 酒店企业自愿环境行动研究述评［J］. 北京第二外国语学院学报, 2010, 32 (11): 26-31.

［108］张海波. 基于利益相关者视角的旅游产业低碳转型研究［D］. 天津大学，2015.

［109］万昱磊. 财务视角下江西省资源型企业低碳经营行为影响因素与政策仿真研究［D］. 华东交通大学，2018.

［110］李军，谢世珍，顾剑华. 基于ISM的中小企业低碳运营影响因子分析及管理模型构建［J］. 生态经济（中文版），2016，32（7）：74－77.

［111］Taylor S C，Banfill P F，Peacock A D，et al. Reduction of greenhouse gas emissions from UK hotels in 2030［M］. Longman，2010.

［112］刘啸. 低碳旅游——环境经济价值实现的新方向［J］. 科技创新导报，2010，（16）：137－138.

［113］李勇泉. 高星级酒店的节能降耗分析［J］. 齐齐哈尔大学学报（哲学社会科学版），2009（5）：13－15.

［114］Kangting T，Lin T P，Rueylung H，et al. Carbon dioxide emissions generated by energy consumption of hotels and homestay facilities in Taiwan［J］. Tourism Management，2014，42（1392）：13－21.

［115］Dalton G J，Lockington D A，Baldock T E. A survey of tourist attitudes to renewable energy supply in Australian hotel accommodation［J］. Renewable Energy，2008，33（10）：2174－2185.

［116］Dalton G J，Lockington D A，Baldock T E. Feasibility analysis of renewable energy supply options for a grid－connected large hotel［J］. Renewable Energy，2009，34（4）：955－964.

［117］张朝，胡道华. 中国低碳旅游研究综述［J］. 云南地理环境研究，2011，23（4）：53－57.

［118］程占红，徐娇. 五台山景区酒店碳排放效率的典范对应分析［J］. 地理研究，2018，37（3）：577－592.

［119］Wang J C. A study on the energy performance of hotel buildings in Taiwan［J］. Energy & Buildings，2016，133（2）：810－822.

[120] 周梅. 我国低碳旅游及其发展对策研究 [J]. 现代商贸工业, 2010, 22 (7): 124 – 125.

[121] 徐峰. 低碳酒店的实现路径研究 [J]. 特区经济, 2013 (5): 144 – 146.

[122] Wang J C, Huang K T. Energy consumption characteristics of hotel's marketing preference for guests from regions perspective [J]. Energy, 2013, 52: 173 – 184.

[123] Lall S. Reinventing Industrial Policy: The Role of Government Policy in Building Industrial Competitiveness [J]. Annals of Economics & Finance, 2003, 14 (2): 661 – 692.

[124] Oluseyi P O, Babatunde O M, Babatunde O A. Assessment of energy consumption and carbon footprint from the hotel sector within Lagos, Nigeria [J]. Energy & Buildings, 2016, 18: 106 – 113.

[125] 翁钢民, 刘岩. 低碳饭店的实现路径: 基于环境成本控制视角的研究 [J]. 生态经济（中文版）, 2011 (1): 131 – 133.

[126] 董鸿安. 星级酒店业创建低碳酒店的驱动、障碍与路径 [J]. 宁波经济: 三江论坛, 2012 (11): 18 – 21.

[127] 张海. 广州酒店、餐饮企业低碳化发展实证研究 [J]. 价格月刊, 2012 (6): 84 – 87.

[128] 陈静. 低碳经济下低碳酒店的发展途径浅析 [J]. 中国商论, 2011 (27): 112 – 113.

[129] 王洪辉, 朱晓明. 基于低碳生活引导的上海设计酒店 URBN HOTEL 改造 [J]. 华中建筑, 2011, 29 (3): 36 – 41.

[130] 周连斌. 国内外低碳旅游研究进展综述 [J]. 湖南财政经济学院学报, 2013, 29 (2): 53 – 58.

[131] 郑向敏. 酒店管理 [M]. 北京: 清华大学出版社, 2014.

[132] 刘杰. 基于生态位理论的哈尔滨星级酒店竞争力研究 [D]. 东北林业大学, 2015.

［133］刘嫣红. 星级酒店网站服务功能评价研究［D］. 南京财经大学，2015.

［134］刘辰，谭石柳，姜海宁. 江苏省星级酒店空间布局研究［J］. 浙江师范大学学报（自然科学版），2014（3）：352-360.

［135］苏鸿. 星级酒店知识型员工激励研究［D］. 山东大学，2008.

［136］李俊. 饭店管理概论［M］. 北京：北京大学出版社，2014.

［137］曾丽婷. 长沙市饭店低碳化发展对策研究［D］. 中南林业科技大学，2011.

［138］洪文艺. 饭店的低碳化（一）：理念与问题［J］. 饭店现代化，2010（3）：60-62.

［139］韩冬. 绿色饭店的理念及其生态化控制过程［J］. 环境保护，2002（1）：24-25.

［140］罗东霞，李春颖. 国内外绿色饭店标准及认证评级比较研究［J］. 旅游学刊，2013，28（8）：79-86.

［141］赵晓芳. 基于低碳经济概念的酒店运营初探［J］. 信息系统工程，2010（11）：136-138.

［142］赵黎明，张海波，孙健慧. 酒店企业低碳经营影响因素研究——基于天津市酒店的调查数据［J］. 干旱区资源与环境，2015，29（12）：25-30.

［143］窦学飞. 基于DEA的上海三星级饭店经营绩效及转型升级研究［D］. 上海师范大学，2015.

［144］刘碧虹. H酒店绩效管理存在问题与对策研究［D］. 华南理工大学，2014.

［145］赵科峰. 酒店节能减排对绩效的影响研究［D］. 湖南师范大学，2015.

［146］李纪明. 资源观视角下企业社会责任与企业绩效机制研究：一个理论框架及其在浙江的实证检验［M］. 杭州：浙江大学出版社，2012.

［147］孙璐. 基于社会贡献值的公司绩效评价体系研究［D］. 太原

理工大学，2013.

［148］赵君. 酒店绿色管理评价研究［D］. 南京财经大学，2012.

［149］施放，宋竹生. 企业环境管理及其绿色可持续发展［J］. 华东经济管理，2000，14（3）：9-10.

［150］余蓉，陈昌权，吴健. 绿色管理：企业实现可持续发展的新战略［J］. 西南民族大学学报（人文社科版），2004，25（5）：49-51.

［151］奚晏平. 世界著名酒店集团比较研究（第2版）［M］. 北京：中国旅游出版社，2012.

［152］韩鲁安. 旅游地可持续发展理论与实践的探索［M］. 北京：旅游教育出版社，2011.

［153］黄志斌. 绿色和谐管理理论——生态时代的管理哲学［D］. 东南大学，2003.

［154］李红缺. 星级酒店低碳化水平评价体系构建研究［D］. 新疆财经大学，2015.

［155］高兴，张殿光，袁杰. 建立循环经济发展模式的绿色酒店评估体系［J］. 建筑科学，2007，23（2）：61-65.

［156］钱俊生. 循环经济与资源再生产业战略［J］. 环境保护与循环经济，2012（7）：17-20.

［157］陶伦康，鄢本凤. 低碳经济：生态时代的必然选择［J］. 工业技术经济，2011，30（1）：20-26.

［158］Trade D O I. Energy White Paper：Our energy future - creating a low carbon economy［R］. London：TSO，2003.

［159］王慧瑾. 基于LCA的饭店客房服务环境影响研究［D］. 大连理工大学，2005.

［160］Carter A P. The Economics of Technological Change［J］. Scientific American，1966，214（4）：25-31.

［161］王崇梅，毛荐其. "脱钩"理论在烟台开发区循环经济发展模式中的应用［J］. 科技进步与对策，2010，27（2）：45-48.

［162］李忠民，姚宇，庆东瑞．产业发展、GDP 增长与二氧化碳排放脱钩关系研究［J］．统计与决策，2010（11）：108－111．

［163］Ajzen I. The theory of planned behavior［J］．Organizational Behavior & Human Decision Processes，1991，50（2）：179－211．

［164］段文婷，江光荣．计划行为理论述评［J］．心理科学进展，2008，16（2）：315－320．

［165］Guagnano G A，Stern P C，Dietz T. Influences of attitude－behavior relationships：A natural experiment with curbside recycling［J］．Environment & Behavior，1995，27（5）：699－718．

［166］Schwartz S H. Normative Influences on Altruism 1［J］．Advances in Experimental Social Psychology，1977，10：221－279．

［167］Schwartz S H. Normative explanations of helping behavior：A critique，proposal，and empirical test［J］．Journal of Experimental Social Psychology，1973，9（4）：349－364．

［168］Stern P C，Dietz T，Abel T，et al. A Value－Belief－Norm Theory of Support for Social Movements：The Case of Environmentalism［J］．Human Ecology Review，1999，6（2）：81－97．

［169］Baylis R，Connell L，Flynn A. Sector variation and ecological modernization：Towards an analysis at the level of the firm［J］．Business Strategy & the Environment，1998，7（3）：150－161．

［170］Revilla G，Dodd T H，Hoover L C. Environmental Tactics Used by Hotel Companies in Mexico［J］．International Journal of Hospitality & Tourism Administration，2001，1（34）：111－127．

［171］Rivera J. Institutional Pressures and Voluntary Environmental Behavior in Developing Countries：Evidence from the Costa Rican Hotel Industry［J］．Society & Natural Resources，2004，17（9）：779－797．

［172］Becken S，Lama A K，Espiner S. The cultural context of climate change impacts：Perceptions among community members in the Annapurna Conservation Area, Nepal [J]. Environmental Development, 2013, 8 (8): 22 -37.

[173] Zhang B, Bi J, Yuan Z, et al. Why do firms engage in environmental management? An empirical study in China [J]. Journal of Cleaner Production, 2008, 16 (10): 1036 -1045.

[174] 赵思香. 酒店业推行节能减排的影响因素与对策研究 [D]. 华南理工大学, 2011.

[175] Blankson E J. Determinants of hotels' environmental performance: Evidence from the hotel industry in Accra, Ghana [J]. Journal of Sustainable Tourism, 2013, 21 (8): 1212 -1231.

[176] 黄雪丽, 路正南. 基于 TPB 和 VBN 的低碳旅游生活行为影响因素研究模型构建初探 [J]. 科技管理研究, 2013, 33 (21): 181 -190.

[177] 张玲. 城市旅游饭店低碳行为影响因素作用机制研究 [D]. 大连理工大学, 2014.

[178] 江燕玲. 基于低碳理念的酒店经营策略研究——以重庆市为例 [J]. 重庆科技学院学报 (社会科学版), 2016 (1): 83 -85.

[179] 李怡娜, 叶飞. 制度压力、绿色环保创新实践与企业绩效关系——基于新制度主义理论和生态现代化理论视角 [J]. 科学学研究, 2011, 29 (12): 1884 -1894.

[180] Marshall R S, Cordano M, Silverman M. Exploring individual and institutional drivers of proactive environmentalism in the US Wine industry [J]. Business Strategy & the Environment, 2005, 14 (2): 92 -109.

[181] 周丹, 徐红罡. 环境技术在惠州酒店的扩散及影响因子的研究 [J]. 北京第二外国语学院学报, 2010, 32 (7): 56 -62.

[182] Bansal P, Roth K. Why companies go green: A model of ecological responsiveness [J]. Academy of Management Journal, 2000, 43 (4): 717 -736.

[183] Ramus C A, Steger U. The Roles of Supervisory Support Behaviors

and Environmental Policy in Employee "Ecoinitiatives" at Leading – Edge European Companies [J]. Academy of Management Journal, 2000, 43 (4): 605 – 626.

[184] Álvarez Gil M J, Burgos Jiménez J, Céspedes Lorente J J. An analysis of environmental management, organizational context and performance of Spanish hotels [J]. Omega, 2001, 29 (6): 457 – 471.

[185] Holden A. In need of new environmental ethics for tourism? [J]. Annals of Tourism Research, 2003, 30 (1): 94 – 108.

[186] Newsome D, Moore S A, Dowling R K. Natural area tourism: Ecology, impacts and management [J]. Annals of Tourism Research, 2003, 30 (2): 497 – 499.

[187] 张玲, 王尔大. 饭店低碳行为的内部驱动因素研究 [J]. 旅游学刊, 2013, 28 (3): 73 – 79.

[188] 朱敏荣. 完善我国饭店员工绩效管理体系的思考 [D]. 西南财经大学, 2006.

[189] 吴三忙, 李树民. 转轨时期制约我国饭店业绩效的深层原因透视——基于产权结构和市场结构的双重视角 [J]. 旅游学刊, 2006, 21 (8): 64 – 68.

[190] 余慧. 长沙7天连锁酒店员工绩效管理体系优化研究 [D]. 湖南大学, 2016.

[191] 范秀成, 曹花蕊. 服务营销管理体系与酒店绩效关系的实证研究 [J]. 旅游学刊, 2009, 24 (1): 42 – 47.

[192] 杨云. 高层管理团队组成特征与饭店绩效关系的实证研究——以湖南、广东省中高档星级饭店为例 [J]. 旅游科学, 2008, 22 (1): 49 – 56.

[193] Chen L F. Green certification, e – commerce, and low – carbon economy for international tourist hotels [J]. Environmental Science and Pollution Research, 2018.

[194] 刘善仕,周巧笑.中国企业高绩效工作系统研究[M].广州:华南理工大学出版社,2007.

[195] 贡文伟,王娟,陈敬贤.逆向供应链合作绩效影响因素的实证研究[J].工业工程与管理,2011,16(1):6-11.

[196] 熊伟,冯施博.环保与盈利:环境管理对酒店绩效的影响[J].旅游学刊,2014,29(9):83-91.

[197] 魏卫,赵思香,杨新凤.酒店业推广节能减排影响因素的实证研究——以广东省星级酒店为例[J].旅游学刊,2010,25(3):35-40.

[198] Sharma S. Managerial Interpretations and Organizational Context as Predictors of Corporate Choice of Environmental Strategy[J]. Academy of Management Journal, 2000, 43(4): 681-697.

[199] Cordano M, Frieze I H. Pollution Reduction Preferences of U.S. Environmental Managers: Applying Ajzen's Theory of Planned Behavior[J]. Academy of Management Journal, 2000, 43(4): 627-641.

[200] Andersson L M, Bateman T S. Individual Environmental Initiative: Championing Natural Environmental Issues in U.S. Business Organizations[J]. Academy of Management Journal, 2000, 43(4): 548-570.

[201] Henriques I, Sadorsky P. The Relationship between Environmental Commitment and Managerial Perceptions of Stakeholder Importance[J]. Academy of Management Journal, 1999, 42(1): 87-99.

[202] Lynes J K, Andrachuk M. Motivations for corporate social and environmental responsibility: A case study of Scandinavian Airlines[J]. Journal of International Management, 2008, 14(4): 377-390.

[203] Mair J, Jago L. The development of a conceptual model of greening in the business events tourism sector[J]. Journal of Sustainable Tourism, 2010, 18(1): 77-94.

[204] Carroll A B. A Three-Dimensional Conceptual Model of Corporate Performance[J]. Academy of Management Review, 1979, 4(4): 497-505.

[205] 裴广川. 环境伦理学 [M]. 北京：高等教育出版社，2002.

[206] 杨春方. 我国企业社会责任驱动机制研究 [D]. 华中科技大学，2009.

[207] Garay L, Font X. Doing good to do well? Corporate social responsibility reasons, practices and impacts in small and medium accommodation enterprises [J]. International Journal of Hospitality Management, 2012, 31 (2): 329 – 337.

[208] Kasim A. Towards a Wider Adoption of Environmental Responsibility in the Hotel Sector [J]. International Journal of Hospitality & Tourism Administration, 2007, 8 (2): 25 – 49.

[209] Bramwell B, Alletorp L. Attitudes in the Danish tourism industry to the roles of business and government in sustainable tourism [J]. International Journal of Tourism Research, 2001, 3 (2): 91 – 103.

[210] Schaefer A. Contrasting Institutional and Performance Accounts of Environmental Management Systems: Three Case Studies in the UK Water & Sewerage Industry [J]. Journal of Management Studies, 2007, 44 (4): 506 – 535.

[211] Park E, Boo S. An assessment of convention tourism's potential contribution to environmentally sustainable growth [J]. Journal of Sustainable Tourism, 2010, 18 (1): 95 – 113.

[212] 谢雨，毕魏强. 低碳旅游推广过程中地方政府与旅游企业的进化博弈 [J]. 特区经济，2013 (2): 100 – 102.

[213] 李霆，张朋柱，王刊良. 社会规范对技术接受行为的影响机制研究 [J]. 科学学研究，2005, 23 (3): 319 – 324.

[214] Hill R J. Belief, Attitude, Intention and Behavior: An Introduction to Theory and Research [J]. Philosophy & Rhetoric, 1977, 41 (4): 842 – 844.

[215] 龚成威，黎友焕. 如何促进中国企业环境信息公开 [J]. 世

界环境, 2008 (5): 40 - 41.

[216] Thøgersen J. Media attention and the market for "green" consumer products [J]. Business Strategy & the Environment, 2006, 15 (3): 145 - 156.

[217] Lowe T, Brown K, Dessai S, et al. Does tomorrow ever come? Disaster narrative and public perceptions of climate change [J]. Public Understanding of Science, 2006, 15 (4): 435 - 457.

[218] Boykoff M T, Boykoff J M. Climate change and journalistic norms: A case - study of US mass - media coverage [J]. Geoforum, 2007, 38 (6): 1190 - 204.

[219] 谢静. 精英模型公共政策分析中媒体作用的反思 [J]. 安徽行政学院学报, 2011, 2 (6): 64 - 67.

[220] Russo M V, Fouts P A. A Resource - Based Perspective on Corporate Environmental Performance and Profitability [J]. Academy of Management Journal, 1997, 40 (3): 534 - 559.

[221] Goodall B. Environmental Auditing: A Tool for Assessing the Environmental Performance of Tourism Firms [J]. Geographical Journal, 1995, 161 (1): 29 - 37.

[222] Claver - Cortes E, Molina - Azorin J F, Pereira - Moliner J, et al. Environmental Strategies and Their Impact on Hotel Performance [J]. Journal of Sustainable Tourism, 2007, 15 (6): 663 - 679.

[223] Carmonamoreno E, Céspedeslorente J, Burgosjiménez J. De. Environmental strategies in Spanish hotels: Contextual factors and performance [J]. Service Industries Journal, 2004, 24 (3): 101 - 130.

[224] SegarraOña M D V, PeiróSignes Á, Verma R, et al. Does environmental certification help the economic performance of hotels?: Evidence from the Spanish hotel industry [J]. Cornell Hospitality Quarterly, 2012, 53 (3): 242 - 256.

［225］Ayuso S. Comparing Voluntary Policy Instruments for Sustainable Tourism：The Experience of the Spanish Hotel Sector［J］. Journal of Sustainable Tourism，2007，15（2）：144－159.

［226］Tarí J J，Claver－Cortés E，Pereira－Moliner J，et al. Levels of quality and environmental management in the hotel industry：Their joint influence on firm performance［J］. International Journal of Hospitality Management，2010，29（3）：500－510.

［227］Garay L，Font X. Doing good to do well? Corporate social responsibility reasons，practices and impacts in small and medium accommodation enterprises［J］. International Journal of Hospitality Management，2012，31（2）：329－337.

［228］Leonidou L C，Leonidou C N，Fotiadis T A，et al. Resources and capabilities as drivers of hotel environmental marketing strategy：Implications for competitive advantage and performance［J］. Tourism Management，2013，35（4）：94－110.

［229］潘霖. 中国企业环境行为及其驱动机制研究［D］. 华中师范大学，2011.

［230］李纪明. 资源观视角下企业社会责任与企业绩效研究［D］. 浙江工商大学，2009.

［231］Reichel A，Haber S. A three－sector comparison of the business performance of small tourism enterprises：An exploratory study［J］. Tourism Management，2005，26（5）：681－690.

［232］程艳. 煤炭企业协同绿色创新能力研究［D］. 山西财经大学，2016.

［233］吴明隆. 问卷统计分析实务——SPSS操作与应用［M］. 重庆：重庆大学出版社，2010.

［234］梭伦. 新编酒店经营管理［M］. 南京：江苏美术出版社，2013.

[235] Kline R B. Software review: Software programs for structural equation modeling: Amos, EQS, and LISREL [J]. Journal of Psychoeducational Assessment, 1998, 16 (4): 343 – 364.

[236] Kline R B. Principles and practice of structural equation modeling [M]. Guilford Press, 2005.

[237] 孙国强. 管理研究方法（第2版）[M]. 上海：格致出版社, 2014.

[238] Brown T A. Confirmatory factor analysis for applied research [M]. New York: Guilford Press, 2006.

[239] Kenny D A. Measuring Model Fit [J]. Retrieved November, 2012, 1: 1 – 10.

[240] Fornell C, Larcker D F. Evaluating Structural Equation Models with Unobservable Variables and Measurement Error [J]. Journal of Marketing Research, 1981, 18 (1): 39 – 50.

[241] 侯杰泰. 结构方程模型及其应用 [M]. 北京：经济科学出版社, 2004.

[242] Kline R B. Principles and practice of structural equation modeling [J]. Journal of the American Statistical Association, 2011, 101 (12).

[243] 吴明隆. 结构方程模型：Amos 实务进阶 [M]. 重庆：重庆大学出版社, 2013.

[244] 荣泰生. SPSS 与研究方法（第2版）[M]. 重庆：重庆大学出版社, 2010.

[245] Hair J F, Black W C, Babin B J, et al. Multivariate Data Analysis [J]. Technometrics, 1998, 30 (1): 130 – 131.

[246] Bentler P M, Chou C. Practical Issues in Structural Modeling [J]. Sociological Methods Research, 1987, 16 (1): 78 – 117.

[247] Gerbing D W, Anderson J C. On the Meaning of within – Factor Correlated Measurement Errors [J]. Journal of Consumer Research, 1984, 11

(1): 572-580.

[248] Bagozzi R P, Yi Y. On the evaluation of structural equation models [J]. Journal of the Academy of Marketing Science, 1988, 16 (1): 74-94.

[249] 吴明隆. 结构方程模型: AMOS 的操作与应用（第2版）[M]. 重庆: 重庆大学出版社, 2010.

[250] 袁省. 北戴河滨海旅游发展演化机理与动力机制研究 [D]. 燕山大学, 2012.

[251] 郝英奇. 管理系统动力机制研究 [D]. 天津大学, 2006.

[252] Mcwilliams A, Siegel D. Profit-Maximizing Corporate Social Responsibility [J]. Academy of Management Review, 2001, 26 (4): 504-505.

[253] 周连斌. 低碳旅游发展动力机制系统研究 [J]. 西南民族大学学报（人文社会科学版）, 2011, 32 (2): 149-154.

[254] Pearce D. The Role of Carbon Taxes in Adjusting to Global Warming [J]. The Economic Journal, 1991, 101 (407): 938-948.

[255] Thompson B. Reading and Understanding more Multivariate Statistics [M]. Washington, D. C.: APA, 2000: 261-283.

[256] Hair J F, Anderson R E, Tatham R L, Black W C. Multivariate data analysis (7th) [M]. New Jersey: Prentice-HallInc, 2009.

[257] DeVellis R F. Scale Development: Theory and Applications, Applied Social Research Methods Series [M]. ThousandOaks, CA: Sage Publications, 2003.

[258] 祖恩厚, 孙艳红. 饭店管理原理 [M]. 北京: 电子工业出版社, 2016.

附 录

一、调查问卷

星级酒店低碳行为驱动因素及绩效影响调查问卷

尊敬的先生/女士：

您好！非常感谢您在百忙中填写这份问卷。

本问卷是为了研究星级酒店低碳行为问题而设计的，恳请您抽出宝贵时间，据实填写，答案没有对错之分。本问卷仅供学术研究使用，在任何时候都不会泄露酒店和个人的信息。如您需要本调查的分析结果或有其他要求，请与我们联系，我们十分乐意为您效劳。

联系单位：山西财经大学旅游管理学院

联系人 E-mail：38714980@qq.com

说明：低碳行为是指一系列主动积极地减少以二氧化碳为主的温室气体排放的行为。本问卷除第8题、第12题为选做题外其他题目均请作答，每道题有且只有一个答案，画横线的题目请如实填写。

十分感谢您的支持！

第一部分　酒店基本信息

（请您根据贵酒店实际情况填写）

1. 酒店的性质（　　）。

   A. 国有及国有控股企业　　　B. 集体所有制企业

   C. 民营企业　　　　　　　　D. 外资企业

   E. 其他类型企业

2. 酒店的房间总数（　　）。

   A. 300 间以下　　B. 300~600 间　　C. 600 间以上

3. 酒店在职员工数量（　　）。

   A. 200 人以下　　B. 200~399 人　　C. 400~699 人

   D. 700~1000 人　　E. 1000 人以上

4. 酒店的平均入住率（　　）。

   A. 30% 以下　　B. 30%~50%　　C. 51%~70%　　D. 70% 以上

5. 酒店能耗占生产经营成本（　　）。

   A. 5% 以下　　B. 5%~10%　　C. 11%~20%

   D. 21%~30%　　E. 30% 以上

6. 酒店级别为（　　）。

   A. 五星级　　B. 四星级　　C. 三星级

   D. 三星级以下　　E. 其他

7. 是否为绿色酒店（　　）。

   A. 是　　　B. 否

   （如果选择"是"，请做第 8 题；如果选择"否"，请做第 9 题）

8. 酒店绿色级别为（　　）。

A. 五叶级　　　B. 四叶级　　　C. 三叶级
D. 三叶级以下　　　　　　　E. 其他

9. 根据隶属关系划分，酒店属于（　　）。

A. 集团经营酒店　　　　　　B. 独立经营酒店

10. 酒店的运营年限为（　　）。

A. 3年以下　　B. 3~6年　　C. 7~10年　　D. 10年以上

11. 酒店所在城市：_____。

12. 酒店名称：_____。

第二部分　酒店低碳行为调查

（请您为下面每一条描述与您所在酒店实际的符合程度选一个分数：
1 完全不符合；2 不符合；3 不确定；4 符合；5 完全符合）

序号	描述	分数				
1	酒店垃圾分类处理	1	2	3	4	5
2	酒店减少的废弃物排放	1	2	3	4	5
3	酒店提倡电子化办公，节约办公用纸	1	2	3	4	5
4	酒店减少一次性用品的提供	1	2	3	4	5
5	酒店定期对用能设备进行检查和保养	1	2	3	4	5
6	酒店采用多种节水设施	1	2	3	4	5
7	酒店合理控制空调温度和开关时间	1	2	3	4	5
8	酒店定期进行节能测试和能源消耗监测	1	2	3	4	5
9	酒店对员工进行有关低碳的教育和培训	1	2	3	4	5
10	酒店之间进行节能信息和经验交流	1	2	3	4	5
11	酒店不断提高低碳投资力度	1	2	3	4	5
12	酒店对低碳消费有引导和激励措施	1	2	3	4	5

第三部分 酒店低碳行为驱动因素调查

（请您为下面每一条描述与您所在酒店实际的符合程度选一个分数：
1 完全不符合；2 不符合；3 不确定；4 符合；5 完全符合）

序号	描述	分数				
13	酒店高层对低碳经营达成战略共识	1	2	3	4	5
14	酒店有明确的低碳经营目标和专项规划	1	2	3	4	5
15	酒店设立了专门的低碳管理机构	1	2	3	4	5
16	酒店有完善的低碳管理制度和奖惩机制	1	2	3	4	5
17	酒店针对低碳薄弱环节提出改进措施	1	2	3	4	5
18	酒店有具体的节能减排措施和标准	1	2	3	4	5
19	酒店建筑装修中隔热保温材料的使用率较高	1	2	3	4	5
20	酒店定期进行建筑节能改造	1	2	3	4	5
21	酒店有碳排放在线监测系统	1	2	3	4	5
22	酒店空调废热、锅炉余热等回收利用率较高	1	2	3	4	5
23	酒店环保型设施设备（如节能空调）使用比例不断提高	1	2	3	4	5
24	可再生能源（如太阳能等）在酒店的利用率较高	1	2	3	4	5
25	低碳经营是酒店的社会责任	1	2	3	4	5
26	酒店低碳经营对生态环保意义重大	1	2	3	4	5
27	酒店愿意承担应负担的碳排放治理费用	1	2	3	4	5
28	酒店愿意牺牲一定的利益实施低碳经营	1	2	3	4	5
29	酒店有低碳经营人才团队	1	2	3	4	5
30	酒店的人才激励政策对低碳经营具有良好的激励效果	1	2	3	4	5
31	酒店在低碳经营人才方面有明确的战略规划	1	2	3	4	5
32	酒店有完善的低碳经营人才培养机制	1	2	3	4	5
33	政府强制性的低碳规制与监督	1	2	3	4	5

续表

序号	描述	分数				
34	政府的低碳政策具有吸引力	1	2	3	4	5
35	政府对酒店能源浪费及排污有惩罚措施	1	2	3	4	5
36	政府进行能源价格引导和制定碳排放标准	1	2	3	4	5
37	酒店行业协会组织的低碳督促	1	2	3	4	5
38	社会生态环保组织的低碳督促	1	2	3	4	5
39	民众、当地居民等公众舆论的低碳督促	1	2	3	4	5
40	同行业竞争对手等市场主体的低碳督促	1	2	3	4	5
41	新闻舆论等社会媒体的低碳督促	1	2	3	4	5
42	国家的税收优惠政策对酒店低碳经营具有吸引力	1	2	3	4	5
43	酒店有足够的资金实力支持低碳经营	1	2	3	4	5
44	酒店低碳发展有充分的融资渠道和良好的融资环境	1	2	3	4	5
45	政府设立支持酒店低碳发展专项资金	1	2	3	4	5

第四部分　酒店低碳行为绩效调查

（请您为下面每一条描述与您所在酒店实际的符合程度选一个分数：
1 完全不符合；2 不符合；3 不确定；4 符合；5 完全符合）

序号	描述	分数				
46	低碳行为提高了本酒店年销售总额	1	2	3	4	5
47	低碳行为提高了本酒店利润增长率	1	2	3	4	5
48	低碳行为降低了本酒店运营成本	1	2	3	4	5
49	低碳行为增加了本酒店新业务推出率	1	2	3	4	5

续表

序号	描述	分数				
50	低碳行为提高了本酒店客房入住率	1	2	3	4	5
51	低碳行为提高了本酒店的知名度	1	2	3	4	5
52	低碳行为减少了老客户流失率	1	2	3	4	5
53	低碳行为有利于发展新客户（数量）	1	2	3	4	5
54	低碳行为提高了客户满意度	1	2	3	4	5
55	低碳行为提高了客户忠诚度	1	2	3	4	5

第五部分　填表人基本信息

1. 您的性别是（　　）。

A. 男　　　　　　B. 女

2. 您的年龄是（　　）。

A. 25 岁以下　　B. 25～35 岁　　C. 36～45 岁　　D. 45 岁以上

3. 您的受教育程度为（　　）。

A. 中专及以下　　　　　　B. 大专

C. 本科　　　　　　　　　D. 硕士及以上

4. 您在本酒店的工作年限是（　　）。

A. 1 年以下　　B. 1～3 年　　C. 4～6 年

D. 7～10 年　　E. 10 年以上

5. 您的工作职务是（　　）。

A. 一线员工　　B. 领班　　　C. 部门经理

D. 总监　　　　E. 总经理　　F. 其他

6. 您所在的部门是（　　）。
A. 前厅部　　B. 客房部　　C. 餐饮部　　D. 工程部
E. 营销部　　F. 人力资源部　G. 其他

二、访谈提纲

星级酒店低碳行为驱动因素及绩效影响访谈提纲

调研与访谈将按照以下问题开展，并根据实际情况展开互动，具体访谈问题根据酒店实际情况而定，包括但不局限于以下大纲内容。

访谈对象_____　职务_____　工作年限_____

1. 贵酒店是否减少一次性用品的提供？有没有采用节水设施？
2. 贵酒店是否能够合理控制空调温度和开关时间？
3. 贵酒店有没有进行设施设备的节能降耗改造？如有，主要对哪些设备进行改造？改造后效果如何？
4. 员工的低碳环保意识如何？酒店是否有相应的引导措施？常见的措施有哪些？
5. 贵酒店是否组织低碳教育与培训活动？是否与别的酒店进行节能信息和经验交流？
6. 贵酒店有没有对客户进行低碳消费的引导和激励措施？
7. 贵酒店节能空调等环保型设施设备的使用情况怎样？
8. 可再生能源如太阳能等在贵酒店的使用比例怎样？
9. 贵酒店是否有碳排放在线监测系统？贵酒店是否定期进行节能测试和能源消耗监测？

10. 贵酒店对空调废热和锅炉余热有没有进行回收利用？

11. 贵酒店是否了解国家和地方的低碳政策法律法规？能否把相关的政策法规运用到酒店经营管理的过程中？

12. 贵酒店是否缺乏低碳专业人才？在专业人才的引进和培养方面酒店有什么具体的措施？

13. 新闻舆论等社会媒体对贵酒店低碳行为的实施督促作用如何？

14. 贵酒店的节能减排资金主要有哪些来源？

15. 贵酒店实施低碳行为的效果如何？从长期来看是否提高酒店的市场竞争力和社会声誉？

16. 贵酒店低碳行为实施的过程中有哪些成功的经验和失败的教训？

后 记

本书是在我的博士学位论文基础上修改完善而成的。首先要诚挚地感谢我的导师赵国浩教授。在本书成稿的过程中，赵老师从书稿的结构、内容、观点等方面都给予了悉心指导。赵老师在学术上深邃的洞察力、工作中踏实干练的作风，生活中与人相处时平易近人的态度，将会成为我今后人生道路上永远的学习榜样和标杆，使我受益终生。

感谢山西财经大学杨俊青教授、孙国强教授、张所地教授、张宝建副教授等，感谢他们对我的传道授业与人生教诲；感谢山西大学张信东教授、太原理工大学牛冲槐教授、西安理工大学胡海青教授在论文开题和预答辩阶段，对我的论文提出了中肯和宝贵的修改意见，使我的论文不断得到改进和完善；感谢五位论文匿名评审专家所提出的建设性意见与建议；感谢中国社会科学院黄速建研究员、天津财经大学彭正银教授等五位论文答辩专家的真知灼见！

感谢美国北伊利诺伊大学的林海英老师，感谢她和加拿大滑铁卢大学（University of Waterloo）环境、企业与发展学院（School of Environment, Enterprise & Development）院长 Neil Craik 的邀请，使我在英国硕士学习之后再一次有机会在异国他乡学习深造；感谢 SEED 学院的老师们为我在加拿大一年的交流访学提供了良好的环境和氛围；感谢武汉大学张雅杰、崔卫红老师和成都理工大学刘瑞等师友在国外访学期间给予的帮助！

在书稿写作的问卷调查和深度访谈环节，太原市青龙大酒店陈奎总经理、山西国贸大酒店行政办张嘎经理、广州柏悦酒店人力资源部经理 Nancy Si，广州君悦酒店工程部总监 Joyce Gao，山西省旅游职业学校乔美华老师，太原市旅游职业学校梁宇老师、霍岳飞老师，晋中学院旅游与公共管理学院刘志永院长、李中建老师、白瑞芸老师，山西工商学院赵俊萍老师，山西财经大学王红芳、毛成刚、宋鹏飞、崔玲萍等老师，以及山西财经大学 2013 级、2014 级和 2015 级在酒店工作和实习的学生们，帮助我做了大量协调和联络工作，确保了调研工作的顺利开展，在此表示诚挚的谢意！

感谢山西财经大学文化旅游学院弓志刚院长、马景伟书记等领导和老师们在我学习和工作上一直给予的关心和支持；感谢文化旅游学院沈雪瑞、高楠、王慧娴、马慧强等老师和工商管理学院齐永智老师在论文写作过程中给予我的指导和帮助；感谢 2014 级的博士同学张慧敏、张山虎、梁彦清和同一师门的柳亚琴、王莉、焦矅、徐银娜和赵敏等，大家在学术研究上互相切磋，在日常生活中互相关照，成为我博士求学生涯中美好的回忆；感谢研究生学院白利斌等老师的辛勤工作……感谢所有帮助过我的人！

感谢我的家人，家人永远是我坚强的后盾。感谢同为高校教师的我的爱人冯小俊对我工作和学习给予最大的鼓励和支持，以及在生活中无微不至的关心与照顾。感谢父母和婆婆对我无私的付出与奉献，使我能够安心求学与工作；女儿冯欣悦健康茁壮地成长激励着我一直努力前行。

路漫漫其修远兮，吾将上下而求索。我将再接再厉，认认真真做事，踏踏实实做人，用心感恩，用实际行动回报所有关心、支持、鼓励和帮助过我的亲人、老师、同事和朋友！